KB059317

고전역사서를 쉽게 풀어쓴

총서 **삼국유사**

엮음 대한고전문화연구회
원저 일연

三國遺事

법문북스

『삼국유사三國遺事』는 『삼국사기三國史記』와 더불어 우리 고대 사적을 통틀어 최고의 작품으로 불리고 있다.

삼국유사는 활자본이며, 5권 2책으로 구성되었다. 편찬 연대는 미상이나, 1281~1283년(충렬왕 7~9) 사이로 보는 것이 통설이다. 현재까지 고려시대의 각본刻本은 발견되지 않았고, 완본으로는 1512년(조선 중종 7) 경주부사慶州府使 이계복李繼福에 의하여 중간重刊된 정덕본正德本이 최고본最古本이며, 그 이전에 판각板刻된 듯한 영본零本이 전한다.

『삼국사기』는 왕명을 받들어 사관史官들이 저술한 정사正史이며, 글의 체재가 가지런하고 문체가 막힘없이 화려하다. 하지만 『삼국유사』는 중 일연이 지은 것으로 야사이며 체재가 짜임새가 없고 문체 역시 번잡하다. 그렇지만 『삼국유사』는 『삼국사기』와 달리 수많은 내용이 들어있어 학술적 가치가 높다.

『삼국유사』는 『삼국사기』처럼 고구려·신라·백제 등의 역사를 기록했지만, 이 외에 고조선·기자·위만조선·가락국 등의 역사가 들어있다. 이 중에 고조선에 대한 서술은 단군을 국조國祖로 하는 배달민족의 긍지를 심어주었다. 만약 이런 기록이 없었다면 삼국시대 이전의 역사는 오직 중국 사료인 『삼국지三國志』의 「동이전東夷傳」에 의존했을 것이다.

『삼국유사』는 단군신화와 함께 많은 신화와 전설이 수록되어 있다. 이것은 한마디로 우리의 신화와 전설의 모습을 나타내는 설화문학의 보고인 것이다. 더구나 신라의 향가鄕歌 14수가 실려 있는데, 이것은 『균여전均與傳』에 있는 11수와 함께 주옥같은 정형시가定型詩歌이다. 또한 『삼국사기』에서 누락되거나 고의로 누락시킨 많은 사실들이 수록되어 있다는 장점도 가지고 있다. 이밖에 불교에 관한 풍부한 자료와 신앙사상·민속·일화 등도 소중한 자료이기도 하다.

《삼국유사》의 체재와 내용은 다음과 같다. 권1에 〈왕력王曆〉 제1과 〈기이紀異〉 제1을, 권2에 〈기이〉 제2를, 권3에 〈흥법興法〉 제3과 〈탑상塔像〉 제4를, 권4에 〈의해義解〉 제5를, 권5에 〈신주神呪〉 제6과 〈감통感通〉 제7과 〈피은避隱〉 제8 및 〈효선孝善〉 제9를 각각 수록하고 있다.

〈왕력〉은 연표年表로서, 난을 다섯으로 갈라 위에 중국의 연대를 표시하고, 아래로 신라·고구려·백제 및 가락駕洛의 순으로 배열하였으며, 뒤에는 후삼국後三國, 즉 신라·후고구려·후백제의 연대도 표시하였는데《삼국사기》연표의 경우와는 달리 역대 왕의 출생·즉위·치세治世를 비롯하여 기타 주요한 역사적 사실 등을 간단히 기록하고, 저자의 의견도 간간이 덧붙여 놓았다.

〈기이〉편에는 그 제1에 고조선 이하 삼한三韓·부여扶餘·고구려와 통일 이전의 신라 등 여러 고대 국가의 흥망 및 신화·전설·신앙 등에 관한 유사遺事 36편을 기록하였고, 제2에는 통일신라시대 문무왕文武王 이후 신라 마지막 임금인 경순왕敬順王까지의 신라 왕조 기사와 백제·후백제 및 가락국에 관한 약간의 유사 등 25편을 다루고 있다. 〈흥법〉편에는 신라를 중심으로 한 불교 전래의 유래와 고승高僧들에 관한 행적을 서술한 7편의 글을, 다음의 〈탑상〉편에는 사기寺記와 탑·불상 등에 얽힌 승전僧傳 및 사탑寺塔의 유래에 관한 기록을 30편에 나누어 각각 실었다.

〈의해〉편 역시 신라 때 고승들의 행적으로 14편의 설화를 실었고, 〈신주〉편에는 밀교密敎의 이적異蹟과 이승異僧들의 전기 3편을, 〈감통〉편에는 부처와의 영적 감응感應을 이룬 일반 신도들의 영검이나 영이靈異 등을 다룬 10편의 설화를 각각 실었으며, 〈피은〉편에는 높은 경지에 도달하여 은둔隱遁한 일승逸僧들의 이적을 10편에 나누어 실었다. 마지막 〈효선〉편은 뛰어난 효행 및 선행에 대한 5편의 미담美談을 수록하였다.

삼국유사 제 1권
기이紀異 제 1

【 쉽게 풀어쓴 三國遺事 】 ·
차례

삼국유사 제 2권
기이紀異 제 2

삼국유사 제 3권
흥법興法 제 3

삼국유사 제 4권
의해意解 제5

삼국유사三國遺事 서두에 전한다.

　무릇 옛날 성인은 예악禮樂으로써 세웠고, 인의仁義로서 교화하되 괴력난신에 대하여서는 말하지 아니하였다. 그러나 제왕帝王이 생겨나게 되면 신성한 징조인 부명符命과 도록을 받았기 때문에 평범한 사람과는 차이가 있게 되니 그 뒤에 큰 변화 속에서 대기(大器)를 얻어 대업을 이룰 수가 있었다.

　그렇기 때문에 하수河水에서 그림이 나왔고, 낙수洛水에서 글이 나와서 이로써 성인이 일어났던 것이다. 무지개虹가 신모神母를 감싸 복희伏羲를 낳았고, 용이 여등女登과 정을 통해 염제炎帝를 낳았다. 황아皇娥가 궁상窮桑들판에서 혼자 노닐고 있으매, 스스로 백제의 아들이라고 하는 신동神童이 와서 교접하여 소호少昊를 낳았다. 간적簡狄이 알卵을 삼켜 설契를 낳았고, 강원姜嫄은 발자취를 밟아 기

充를 낳았다. 요堯의 어머니는 임신한지 14개월 만에 그를 낳았고, 패공沛公의 어머니는 큰 연못에서 용龍과 정을 통해 패공을 낳았다. 이 뒤에도 이런 일이 무수히 많지만, 여기에 모두 실을 수가 없다. 그런즉 삼국三國의 시조가 모두 신비스러운 곳에서 나왔다는 것이 어찌 괴이하다 할 것인가!..

「기이편」을 「삼국유사」의 첫머리에 싣는 이유는 그 뜻이 실로 여기에 있기 때문이다.

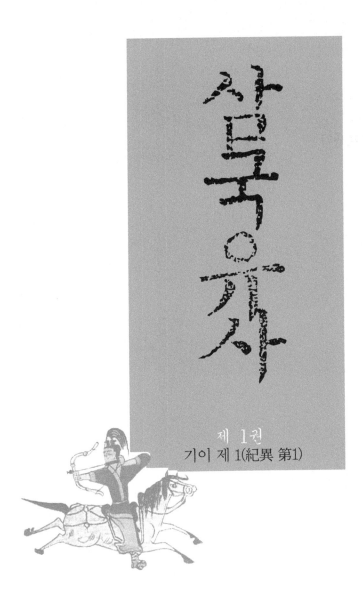

삼국유사

제 1권
기이 제 1(紀異 第1)

왕력

도표생략

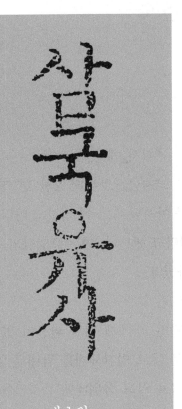

삼국유사

제 1권
기이 제 2(紀異 第二)

고조선古朝鮮

『위서』에는,

"지금으로부터 2천 년 전, 단군왕검壇君王儉이 도읍지를 아사달阿斯達에 정하고 나라를 세워 국호國號를 조선朝鮮이라고 했는데, 때는 요임금과 같은 시대였다."

라고 하였다.

『고기』에는,

"옛날 환인桓因에게 서자 환웅이 있었는데, 그는 종종 천하에 뜻을 두고 인간세계를 탐내고 있었다. 환인이 아들의 원대한 꿈을 알고 삼위태백三危太伯을 내려다보니, 과연 인간을 널리 이롭게 할 만했다. 이에 환웅에게 천부인天符印 3개를 주고, 가서 인간세상을 다스리게 했다. 환웅은 무리 3천 명과 함께 태백산太白山 신단수神檀樹 아래로 내려와 이곳을 신시神市라 이르고, 환웅을 환웅천왕桓雄天王으로 추대했다. 자신의 부하장군인 풍백風伯·우사雨師·운사雲師를 거느리고 곡穀·명命·병病·형刑·선악善惡을 주관하였으니, 무릇 인간의 350여 가지 일이었다. 이때 곰 한 마리와 호랑이 한 마리가 같은 굴에서 살며 항상 신웅神雄에게 빌며 사람이 되기를 기원했다. 그러던 어느 날 신웅이 나타나 신령스런 쑥 한 심지와 마늘 스무 개를 주면서 '너희가 이 것을 먹고 100일 동안 햇빛을 아니하면 사람의 모습이 되리라' 라고 했다. 이에 곰과 호랑이는 삼칠일(21일) 동안 금기를 지키니, 곰은 여자의 몸이 되었고, 호랑이는 금기를 지키지 못하여 사람의 몸이 되지 못하였다. 웅녀는 혼인할 상대가 없으므로 항상 단수壇樹 아래서 임신하기를 빌었다. 그러자 환웅이 이에 잠깐 사람으로 변화하여 그녀와 결혼해 아들을 낳으니, 그를 단군왕검檀君王儉이라 하였다.

당고唐高 즉위 50년 경인년에 평양성에 도읍지를 정하고 비로소 조선朝鮮이라 칭하였다. 도읍지를 백악산白岳山 아사달阿斯達로 옮겨 그곳을 궁홀산弓忽山 혹은 금미달今彌達이라 하였으며, 이곳에서 1,500년 동안 나라를 다스렸다. 주周의 호왕虎王이 기묘년에 기자箕子를 조선왕에 봉하자, 단군檀君은 이에 장당경藏唐京으로 옮겼다가 후에 아사달阿斯達로 돌아와 은거하다가 산신山神이 되었다. 이때 단군의 나이가 1908세였다."

고 하였다.

당나라 『배구전裵矩傳』에는,

"고려高麗는 본래부터 지금의 해주海州인 고죽국孤竹國인데, 주나라가 기자를 봉하면서 조선이라 하였으며, 한漢나라는 이를 나누어 3군을 설치하고 현토玄兔, 낙랑樂浪, 대방帶方이라 불렀다."

고 하였다.

『통전通典』에도 내용이 이와 같다. 그러나 『한서漢書』에는
진번眞蕃 · 임둔臨屯 · 낙랑樂浪 · 현토 등 4군郡으로 되어 있
다. 그런데 여기에는 3군으로 되어 있고 군의 이름도 다르
니 어찌된 까닭인지 알 수 없다.

위만조선魏滿朝鮮

『전한서前漢書』의 「조선전朝鮮傳」에는 이렇게 쓰여 있다. 맨처음 연燕나라가 최초로 진번眞蕃과 조선朝鮮을 침략해 차지하고 관리를 주둔시켜 요새要塞를 쌓았다. 이것을 두고 안사고顔師古는 '전국시대戰國時代에 연燕이 처음으로 이 땅을 침략하여 차지했다.'고 했다. 후에 진秦나라가 연燕나라를 멸망시키면서 이 땅을 요동군遼東郡 변방에 소속시켰다. 한漢나라가 일어나면서 이땅이 너무 멀어 지킬 수가 없다하여 다시 요동의 옛 요새를 수리하여 패수浿水를 경계로 삼아 안사고는 날하기를 '패수는 낙랑군에 있다.' 하였다.

연燕나라 왕 노관이 한漢나라를 배신하고 흉노匈奴에게 가자, 연燕나라 사람 위만衛滿이 망명亡命했다. 그는 1,000여명의 무리들과 요동遼東의 요새지를 넘어 도망해 패수浿水를 건넜다. 진秦나라의 옛 빈 터전인 상하上下의 변방에 자리를 잡고 살았다. 그는 차츰 진번眞蕃과 조선朝鮮의 오랑캐들과 과거 연燕나라와 제齊나라에서 망명한 자들을 자기에게 소속시켜 왕이 되어 왕검王儉에 도읍했다.

위만衛滿은 군사력을 앞세워 이웃의 조그만 읍邑들을 항복
시켰다. 상황이 이렇게 되자 진번眞蕃과 임둔臨屯이 항복하
면서 영역이 사방으로 수천 리가 되었다. 위만이 늙자 아들
에게 왕위를 물려주면서 손자 우거右渠까지 이르렀다. 우거
는 위만의 손자 이름이다.

진번眞蕃과 진국辰國이 한나라에 글을 올려 천자天子를 알
현하고자 했지만, 우거右渠가 길을 막아 방해했다.

원봉元封 2년, 한나라는 섭하涉何를 위만조선으로 보내 우
거를 타일렀지만, 그는 끝내 명을 받들지 않았다. 섭하涉何
는 발길을 돌려 국경 패수에 도착해 말을 다스리는 구종驅
從에게 명해 자신을 호송護送하러 온 조선의 비왕裨王 장長
(안사고는 말하기를 장長은 섭하를 호송하는 자의 이름이라고 했다.)
을 살해했다. 그런 다음 패수를 건너 변경 요새를 거쳐서
본국으로 돌아가 모든 상황을 보고했다.

그러자 한나라 천자는 섭하를 요동 동부東部 도위都尉로 임
명했는데, 조선은 그를 원망해 죽이고 말았다. 이에 천자는
누선장군樓船將軍 양복楊僕에게 병력 5만을 내줘 제齊나라에
서 배를 타고 발해渤海를 건너가 조선을 공격하게 했다. 이
때 좌장군左將軍 순체는 요동에서 출격해 우거右渠를 공격했
다. 그러자 우거는 지형이 험한 곳에서 그들을 막았다. 누
선장군樓船將軍은 제齊나라 군사 7,000명을 이끌고 왕검성
王儉城에 먼저 도착했다. 이때 성을 지키고 있던 우거는 누
선장군의 군사가 적다는 것을 알고 선공하자 그는 패해 홀

쉽게 풀어쓴 三國遺事】 · 26

로 산속으로 도망쳐 죽음을 면했다. 좌장군左將軍 순체 역시 조선의 패수 서쪽을 공격했지만 이기지 못했다.

이에 천자는 두 장군으로는 불리하다고 생각해 위산胃散에게 명해 군사의 위력을 앞세워 우거를 만나게 했다. 그러자 우거는 항복을 약속하고 태자太子를 시켜 말을 바치겠다고 했다. 이 말을 듣고 1만여 명의 병력과 함께 패수를 건너려고 할 때, 사자 위산과 좌장군은 태자의 변란을 의심해,

"이미 항복했으니, 병기兵器는 두고 오시오."

라고 했다.

이 말을 들은 태자는 사자 위산이 혹시 자신을 해칠까 의심해 패수를 건너지 않고 군사를 되돌렸다. 위산은 이 상황을 낱낱이 보고하자 천자는 그를 참수시켰다. 이때 좌장군左將軍은 패수 상류에 주둔한 조선 군사를 무찌르고 전진해 단숨에 왕검성까지 진격하여 서북쪽 성을 포위했다. 이때 누선장군 역시 이들과 합세하여 남쪽성에 머물렀다. 그렇지만 우거가 굳게 성을 지켰기 때문에 몇 달이 지나도 함락시키지 못했다.

싸움이 길어져 승패가 없자 천자는 옛날 제남태수濟南太守 공손수公孫遂에게 명해 공격하게 하면서, 모든 일을 편의便宜장군이 처리하게 만들었다. 먼저 공손수는 누선장군을 묶어 놓고 군사를 합쳐 그 좌장군과 함께 조선을 공격했다. 이때 조선의 상相 노인路人과 상相 한도韓陶와 이계尼谿의 상相 삼參과 장군將軍 왕겹王唊:(안사고는 말하기를, 이계는 지명인

데, 이들은 모두 네 명이라고 했다)은 서로 의논해 항복하려고 했지만, 왕은 끝까지 거부했다. 그러자 한도韓陶와 왕겹은 조선을 도망쳐 한나라에 항복했고 노인은 도중에서 죽었다.

원봉元封 3년 여름, 이계尼谿의 상相 삼參은 부하에게 명해 왕 우거를 죽이고 한나라에 항복했지만 왕검성은 함락되지 않았다. 그러자 우거의 대신大臣 성기成己가 또 조선을 배반하고 말았다. 좌장군左將軍은 우거의 아들 장長과 노인路人의 아들 최最에게 명해 백성을 아우르게 하고 성기를 죽이도록 했다. 이리하여 마침내 조선을 평정하고 진번眞番, 임둔臨屯, 낙랑樂浪, 현토의 네 군으로 삼았다.

마한馬韓

　　『위지魏志』에는,

　　"위만魏滿이 조선朝鮮을 공격했을 때 조선왕朝鮮王 준準은 궁인宮人과 신하들을 데리고 바다 건너 서쪽 한漢에 도착해 나라를 세워 마한馬韓이라고 했다."

라고 전했다.

　　견훤甄萱이 고려高麗 태조太祖에게 올린 글에,

　　"옛날에 마한이 나라를 세웠고, 그 다음으로 혁거세赫居世가 나라를 세웠고, 백제百濟는 금마산金馬山에서 나라를 세웠다."

라는 내용이 있다. 최치원崔致遠은,

　　"마한은 고구려高句麗이고, 진한辰韓은 신라新羅이다."

라고 말했다.

　　『삼국사기三國史記』 본기에 신라가 먼저 갑자년에 나라를 세웠고, 고구려는 그 뒤인 갑신년에 나라를 세웠다고 기록되어 있다. 이렇게 기록한 것은 조선왕 준이 있었기 때문이다. 이것을 유추해 보면 동명왕이 나라를 세울 때 이미 마한까지 차지했다는 사실을 알 수 있다. 그래서 고구려高句麗를 마한馬韓으로 기록한 것이다. 지금 사람들은 금마산이 존재한다고 해서 마한을 백제라고 부르는데, 이것은 잘못된 것 같다. 고구려 땅에는 원래부터 읍산邑山이 존재했기 때문에 마한으로 부른 것이다.

사이四夷・구이九夷・구한九韓・예맥穢貊 등이 있었는데, 『주례周禮』에 직방씨職方氏가 사이四夷와 구맥九貊을 다스렸다고 한 것은 그가 동이東夷종족이기 때문에 곧 구이九夷를 말한 것이다.

『삼국사三國史』에는,

"명주溟州는 옛날 예국穢國인데, 야인野人이 밭을 갈다가 예왕穢王의 도장을 주워 바쳤다. 또 춘주春州는 옛날 우수주牛首州인데, 곧 옛날의 맥국麥麴이다. 혹은 지금의 삭주朔州가 맥국貊國이다. 혹은 평양성平壤城이 맥국이다."

라고 쓰여 있다.

『회남자准南子』 주注에는,

"동방東方에 있는 오랑캐는 아홉 부류가 있다."

고 했다.

『논어정의論語正義』에는,

"구이九夷는 1. 현토玄兎, 2. 낙랑樂浪, 3. 고려高麗, 4. 만식萬飾, 5. 부유鳧臾, 6. 소가嘯歌, 7. 동도同屠, 8. 왜인倭人, 9. 천비天鄙 등이다."

라고 전했다.

『해동안홍기海東安弘紀』에는,

"구한九韓이라는 것은 1. 일본日本, 2. 중화中華, 3. 오월吳

越, 4. 탁라, 5. 응유鷹遊, 6. 말갈靺鞨, 7. 단국丹國, 8. 여진
如眞, 9. 예맥穢貊이다."

　라고 전했다.

이부二府

『전한서前漢書』에는,

"소제昭帝 시원始元 5년 기해己亥년에 두 외부外府를 두었다. 이것은 조선朝鮮의 옛 땅인 평나平那와 현토군玄兎郡 등을 평주도독부平州都督府로 삼고, 임둔臨屯, 낙랑樂浪의 두 군郡의 땅에 동부도위부東部都尉府를 설치한 것을 말한다."

고 했다. 필자의 생각에 조선전朝鮮傳에는 진번, 현토, 임둔, 낙랑 등 4군으로 되어 있는데, 지금 이 기록에는 평나平那가 있고 진번眞蕃이 없으니 아마도 한 지방을 두 개의 이름으로 불렀을 것으로 추정된다.

칠십이팔국七十二八國

 『통전通典』에는,

"조선 유민遺民들은 모두 70여 개의 나라로 산재해 있는데, 이들의 땅은 사방四方 백리百里다."

라고 했다.

또한 『후한서後漢書』에는,

"서한西漢이 조선 옛 땅에 처음으로 4군郡을 설치했다가 뒤에 2부府로 만들었다. 법령法令이 점점 복잡해지면서 78개의 나라로 나눴는데, 이들은 각각 만호萬戶였다."

고 했다. 마한馬韓은 서쪽에 54개의 조그만 읍邑을 차지하고 있었는데, 모두가 나라라고 불렸다. 진한辰韓은 동쪽에 12개의 작은 읍邑을 차지하고 있었는데, 모두가 나라라고 불렸다. 변한卞韓은 남쪽에 12개의 작은 읍邑을 차지하고 있었는데, 모두 나라라고 불렸다.

낙랑국樂浪國

 전한前漢 때 처음으로 낙랑군樂浪郡을 설치했는데, 응소應邵가,

"고조선국古朝鮮國이다."

라고 했다.

『신당서新唐書』 주注에는,

"평양성平壤城은 옛날 한漢나라가 설치한 낙랑군樂浪郡이다."

고 했다.

『국사國史』에는,

"혁거세赫居世 30년에 낙랑樂浪 백성이 신라로 항복했다. 또 3대 노례왕弩禮王 4년에 고구려高句麗 3대 무휼왕無恤王이 낙랑樂浪을 멸망시키자 그곳 백성들은 대방帶方 또는 북대방北帶方과 함께 신라에 투항했다. 또 무휼왕無恤王 27년에 광호제光虎帝가 사자使者에게 명해 낙랑을 공격하고 그 땅을 빼앗아 군현郡縣을 삼으니 살수薩水 이남 땅이 한漢나라에 소속되었다."

라는 말이 있다.

이처럼 여러 기록에 따르면 낙랑樂浪은 평양성平壤城이 맞

다. 혹은 낙랑樂浪의 중두산中頭山 밑이 말갈靺鞨과의 경계이
고, 살수薩水는 지금의 대동강大洞江이라는 기록도 있다. 어
느 것이 맞는지 알 수가 없다.

또 백제百濟 온조왕溫祚王이,

"동쪽에 낙랑이 있고, 북쪽에 말갈이 있다."

고 했으니 이것은 아마도 옛날 한漢나라 때 낙랑군에 속해
있었던 현縣일 것이다. 신라 사람들도 이곳을 낙랑樂浪으로
불렀기 때문에 지금 고려高麗에서도 덩달아 낙랑군부인樂浪
郡夫人이라 부른다. 또 태조太祖가 딸을 김부金傅에게 시집보
내면서 역시 낙랑공주樂浪公主라고 불렀다.

북대방北帶方

북대방北帶方은 원래 죽담성竹覃城인데, 신라 노
례왕弩禮王 4년에 대방帶方과 낙랑樂浪 사람들이
신라로 항복했다. 대방과 낙랑은 전한前漢 때 설치된 군郡의
이름이다. 그 후에 참람히 나라라고 부르다가 이때에 이르
러 항복했던 것이다.

남대방南帶方

조위曹魏 때 지금의 남원부南原府인 남대방군南帶
方郡을 두면서 남대방이라 불렀다. 대방 남쪽에
있는 바닷물이 천리千里가 된다하여 한해澣海라고 불렀다.
후한後漢 건안建安 연간年間에 마한馬韓의 남쪽 황무지를 대
방군帶方郡으로 삼았는데 왜倭와 한漢이 드디어 여기에 속하
게 되었다는 것이 바로 이것이다.

말갈(靺鞨 : 일명 勿吉)과 발해渤海

『통전通典』에 이르기를,

"발해渤海는 본래 속말말갈粟末靺鞨이다. 추장 조영祚榮에 이르러 나라를 세우고 국호國號를 진단震旦이라 하였다. 선천先天 연간에 비로소 말갈이라는 칭호를 버리고 오로지 발해라 하였다. 개원 7년 기미에 조영이 죽자 시호를 고왕이라 하였다. 세자가 왕위에 오르자 명황은 그를 책봉해 왕위를 잇도록 했다. 사사로이 연호를 고치고 마침내 해동의 큰 나라가 되었다. 그 땅에 오경五京·십오부十五府·육십이주六十二州가 있었는데, 후당後唐 천성天成 초년 에 거란契丹이 공격하여 깨뜨려 이후부터 거란의 지배를 받게 되었다."라고 하였다.

『삼국사三國史』에는,

"의봉儀鳳 3년 고종高宗 무인년戊寅年에 고구려의 잔당들이 북쪽 태백산太伯山 밑에서 발해渤海라는 국호로 나라를 세웠다. 개원開元 20년경에 당나라 명황明皇이 장수를 보내 발해를 토벌했다. 성덕왕聖德王 32년, 현종玄宗 갑술년甲戌年에 발해·말갈이 바다를 건너 당나라 등주登州를 공격하였지만 현종玄宗이 이들을 물리쳤다."

라는 기록이 있다.

『신라고기新羅古記』에는,

"고구려 옛 장수 조영祚榮의 성이 대大씨이다. 그는 잔병들을
모아 태백산 남쪽에 나라를 세우고 국호를 발해라고 불렀다."
라는 말이 있다.

이로써 알 수 있듯이 발해는 말갈의 별종으로 다만, 세월
이 흐르면서 그 갈라지고 합한 것이 서로 동일하지 않을 뿐
이다. 『지장도指掌圖』를 보면 발해가 만리장성 동북쪽 모퉁
이 밖에 있다 하였다.

가탐賈耽 『군국지郡國志』에는,

"발해국渤海國의 압록鴨綠, 남해南海, 부여扶餘, 추성宋城 등
4부는 모두 고구려高句麗 옛 땅이었다. 신라 천정군泉井郡에
서 추성부에 이르기까지 도합 39역三十九驛이 있다."
고 했다.

『삼국사三國史』에는,

"백제百濟 말기에 발해·말갈·신라가 백제 땅을 나눠 가
졌다."
고 했다.

이 말에 근거하면 발해는 또 나뉘어 두 나라가 된 것이다.

신라 사람들은,

"북쪽에는 말갈, 남쪽에는 왜인倭人, 서쪽에는 백제가 있
어 이들로 말미암아 나라가 해롭다."
고 했다.

또,

"말갈의 땅은 아슬라주阿瑟羅州와 잇닿아 있다."

고 했다.

『동명기東明記』에는

"졸본성卒本城은 땅이 말갈(또는 지금의 동진東眞이라고 한
다)과 잇닿아 있다. 신라 6대 지마왕祗摩王 14년에 말갈군사
가 북쪽 국경으로 쳐들어와 대령大嶺의 성책城柵을 습격하
고 이하泥河를 지나갔다."

고 했다.

『후위서後魏書』에는,

"말갈은 바로 물길勿吉이다."

고 했고, 『지장도指掌圖』에는

"읍루와 물길 모두 숙신肅愼이다."

고 했다.

흑수黑水와 옥저沃沮에 관하여서는 동파東坡의 『지장도指掌
圖』에,

"진한辰韓 북쪽에 남북의 흑수黑水가 있다."

고 했다. 돌아보면, 동명제東明帝는 왕위에 오른 지 10년
만에 북옥저北沃沮를 멸했고, 온조왕溫祚王 42년에 남옥저南
沃沮의 20여 호가 신라에 투항했다. 또 혁거세赫居世 53년에
동옥저東沃沮가 신라에 좋은 말을 바쳤다고 했다. 그리하여
또 동옥저東沃沮란 땅도 있었음이다. 『지장도指掌圖』에는,

"흑수黑水는 만리장성 북쪽에 있고, 옥저는 만리장성 남쪽
에 있다."

고 했다.

이서국伊西國

노례왕弩禮王 14년에 이서국伊西國 사람이 금성 金城을 공격했다. 운문사雲門寺에 예로부터 전해 져온 『제사납전기諸寺納田記』를 보면,

"정관貞觀 6년 임진壬辰에 이서군伊西郡의 금오촌今오村 영 미사零味寺에서 밭을 바쳤다."

고 했다.

금오촌은 지금의 청도淸道로 청도군淸道郡이 바로 옛날의 이서군이다.

오가야五伽耶

『가락국기駕洛國記』에는,

"찬贊을 상고해 보면 자주색 끈 하나가 하늘에서 내려와 둥근 알 6개를 주었다. 이 가운데 5개는 각 읍邑으로 돌아가고 1개는 이곳 성城에 있어서 수로왕首露王이 되었다. 또 각 읍邑으로 돌아간 5개는 각각 다섯 가야伽耶의 주인이 되었다."

고 했다. 그러므로 금관국金官國은 이 5개에 속하지 않음이 마땅하다. 그런데 『본조사략本朝史略』에는 금관金官까지 그 수에 넣고 창녕昌寧까지 기록했으니 잘못이다.

아라阿羅(야耶라고도 했다) · 가야伽耶(지금의 함안) · 고령가야古寧伽耶(지금의 함경) · 대가야大伽耶(지금의 고령) · 성산가야星山伽耶(지금의 경산 또는 벽진) · 소가야小伽耶(지금의 고성) 등으로 불렀다.

『본조사략本朝史略』에는

"태조太祖 천복天福 5년 경자庚子에 오가야五伽耶의 이름을 고쳤는데,

1. 금관金官은 김해부金海府,

2. 고령古寧은 지금의 가리현加利縣,

3. 비화非火는 지금의 창녕昌寧이니, 고령高靈을 잘못 기록한 것 같다. 그리고 나머지 둘은 아라阿羅와 성산星山이다.”

라고 했다.

위 주住와 같다. 또한 성산星山은 혹은 벽진가야碧珍伽耶라고도 한다.

북부여北扶餘

『고기古記』에는,

"전한서前漢書에 선제宣帝 신작神爵 3년 임술壬戌 4월 8일 에 천제天帝가 흘승골성訖升骨城에(대요 의주경계에 있다.) 오룡차五龍車를 타고 내려왔다. 도읍을 정하고 왕위에 올라 국호를 북부여北扶餘라 하였으며, 자칭 이름을 해모수解慕漱 라고 했다. 해모수는 아들을 낳아 이름을 부루扶婁로 짓고 해解로 씨氏를 삼았다. 왕은 후에 상제의 명으로 도읍지를 동부여東扶餘로 옮겼다. 동명제東明帝는 북부여北扶餘를 계 승해 졸본주卒本州에 도읍을 정하면서 졸본부여卒本扶餘가 되었으니, 곧 고구려高句麗의 시조始祖이다."

라고 하였다.

동부여東扶餘

북부여北扶餘왕 해부루解夫婁의 대신大臣 아란불
阿蘭弗 꿈에 천제가 말하기를,
"장차 내 자손으로 하여금 이곳에 나라를 세우게 할 것이
니, 너희는 다른 곳으로 피하여라.(이것은 앞으로 동명왕이
나타날 징조를 말한 것이다) 동해東海 변두리 가섭원迦葉原
이 있는데, 이곳은 땅이 기름지니 왕도王都를 세울만하다."
라고 했다.
이에 아란불阿蘭弗은 왕에게 청해 도읍을 그곳으로 옮기게
하고 국호를 동부여東扶餘라 했다.
부루夫婁는 늙도록 자식이 없어 산천에 제사를 지내어 후
사를 구하였는데, 이때 타고 가던 말이 곤연鯤淵에 이르러
큰 돌을 보고 마주 향하여 눈물을 흘리므로 왕이 이를 이상
하게 여겨 사람을 시켜 돌을 굴리니 금빛 개구리를 형상의
어린아이가 있었다. 이를 왕이 기뻐하며,
"이는 분명 하늘이 나에게 아들을 내려준 것이다."
하고 곧 거두어 기르고 이름을 금와金蛙라 하였다. 그가 성
장하자 태자로 삼았고 부루가 죽자 금와가 왕위를 이었다.

다음에 왕위를 태자 대소帶素에게 전하였으나 지황地皇 3년 임오壬午에 이르러 고구려왕 무휼無恤이 이를 쳐서 왕 대소를 죽이니 나라가 없어졌다.

고구려高句麗

고구려는 곧 졸본부여卒本扶餘이다. 혹은 말하기를 지금의 화주和州 또는 성주成州라고 하지만 이것은 모두 잘못이다. 졸본주卒本州는 요동遼東의 경계에 있었다. 『국사國史』 고려본기高麗本紀에는,

"시조 동명성제東明聖帝의 성姓은 고高씨요, 이름은 주몽朱蒙이다."

이보다 앞서 북부여北扶餘 왕 해부루解夫婁가 이미 동부여東扶餘로 피해가 갔고, 해부루가 죽자 금와가 왕위를 물려받았다."

이때 금와는 태백산太伯山 남쪽 우발수優渤水에서 여자를 만나 여자가 말하기를,

"나는 하백河伯의 딸로 이름은 유화柳化입니다. 여러 동생들과 물 밖에서 놀고 있는데, 어떤 남자가 다가와 자신을 천제의 아들 해모수라 하면서 나를 웅신산熊神山 밑 압록강鴨綠江가의 집으로 유인해 저를 범하고 가더니 돌아오지 않습니다."

『단군기檀君記』에는,

"단군이 서하西河 하백河伯의 딸과 정을 통해 아들을 낳아 부루夫婁라 이름을 지었다."

고 했다. 이 기록을 상고해 보면, 해모수가 하백의 딸과 친하여 후에 주몽을 낳았다고 했다. 「단군기」에는 '아들을 낳아 이름 지었다' 했으니 부두와 주몽은 이복 형제일 것이다.

부모는 내가 중매도 없이 혼인한 것을 꾸짖어 드디어 이곳으로 귀양 보냈습니다."고 했다.

금와金蛙가 이상히 여겨 그녀를 방에 가두자 햇빛이 방으로 비쳐오는데 그녀가 몸을 피하면 햇빛이 따라와 비쳤다. 이로 말미암아 태기가 있어 알 하나를 낳으니, 크기가 5되들이만 하였다.

왕이 그것을 버려 개와 돼지에게 주었으나 모두 먹지 않았다. 다시 길에 버리자 소와 말이 알을 피해서 갔고, 들에 버리자 새와 짐승들이 알을 덮어주었다. 왕이 알을 쪼개 보려 애썼지만, 껍질이 깨지지 않아 그 어머니에게 돌려주었다.

어머니가 천으로 싸서 따뜻한 곳에 두니, 껍질을 깨고 한 아이가 나왔다. 골격과 외모가 영특하고 기이했다. 나이 7세가 되어 스스로 활과 화살을 만들어 쏘는데 백발백중이었다. 당시 활을 잘 쏘는 사람들을 가리켜 주몽이라 하였으므로 이 아이의 이름을 주몽이라고 했다.

금와왕에겐 7명의 아들이 있어 늘 주몽과 함께 놀았는데 총명과 재주가 주몽을 따르지 못했다.

장자長子인 대소帶素가 왕에게 말하기를,

"주몽은 사람의 자식이 아닙니다. 만약 일찍 제거하지 않는다면 후환이 있을까 두렵습니다."

하였다.

왕은 이 말을 듣지 않고, 주몽에게 말을 기르게 하였는데, 주몽에게는 좋은 말을 알아보는 재주가 있어 좋은 말은 적게 먹여 여위게 하고, 둔한 말은 잘 먹여 살을 찌웠다. 이에 금와왕은 살찐 말은 자신이 타고 여윈 말은 주몽에게 주었다.

금와왕의 아들들과 신하들이 계략을 꾸며 장차 주몽을 죽이려고 하니 유화부인이 눈치를 채고 아들 주몽을 불러 이르기를,

"나라 안의 모든 사람들이 너를 죽이려고 한다. 너의 재주와 재략才略이면 어디를 가든 살 수 있을 것이다. 속히 이곳을 떠나거라."

하였다.

이에 주몽은 오이烏伊 등 세사람의 친구로 삼아 엄수(淹水: 지금은 어딘지 알 수 없다)에 이르러 물을 향해 말하기를,

"나는 천제의 아들이고, 하백의 손자이다. 지금 도망가는데 뒤쫓는 자들이 거의 따라 왔으니 어찌하면 좋겠느냐?"

하였다. 이에 물고기와 자라가 다리를 만들어 주었다. 모두 강을 건너자 이내 풀어지니 뒤쫓던 기병들은 건너지 못했다. 졸본주에 이르러 현토 군과의 경계에 도읍을 정하

였다.

미처 궁실을 세울 겨를이 없었으므로 비류수沸流水 위에 집을 짓고 살면서 국호를 고구려高句麗라 하고, 고高를 씨氏로 삼았다.

본성本姓은 해解이지만 천제의 아들이 햇빛을 받아 태어났다 하여 스스로 고高를 성으로 삼았다. 이때의 나이 12세로서, 한漢나라 효원제孝元帝 건소建昭 2년 갑신년甲申年에 즉위하여 왕이라 일컬었다.

고구려가 가장 왕성했을 시기에는 21만 508호였다고 한다.

『주림전珠琳傳』 제21권에는,

"옛날 영품리왕寧稟離王의 시비侍婢가 임신을 하였는데, 이때 점보는 사람이 점을 쳐 말하기를, '귀한 인물로 장차 왕이 될 것이오.'라고 하자, 왕이 '내 아들이 아니니 마땅히 목숨을 거둬야 한다.'고 했다. 그러자 시비侍婢가 '어떤 이상한 기운이 하늘에서 내려와 저절로 임신된 것입니다.'고 했다. 산달이 되어 아이를 낳았는데, 왕은 상서롭지 못하다 하여 돼지우리에 버렸다. 하지만 돼지는 아이에게 입김으로 보호해 주었고, 마구간에 버리자 말이 젖을 먹여 살렸다. 이 아이가 성장해 부여扶餘의 왕이 되었다. 이것은 동명제東明帝가 졸본부여卒本扶餘의 왕이 된 것을 말한 것이다. 졸본부여卒本扶餘는 북부여北扶餘의 별도 도읍이었기 때문에 부여왕扶餘王으로 부른 것이다. 영품리寧稟離는 부루왕夫

婁王의 다른 이름이다.”

라고 기록되어 있다.

변한卞韓과 백제百濟

 변한 백제百濟는 다른 이름으로 남부여南扶餘이며 사비성을 말한다.

신라 시조 혁거세赫居世가 왕위에 오른 지 19년 임오壬午에 변한卞韓 백성이 나라와 함께 항복했다.

『신당서新唐書』와 『구당서舊唐書』에 이르기를,

"변한卞韓의 후손이 낙랑樂浪 땅에 있었다."

고 했다.

또 『후한서後漢書』에 이르기를,

"변한卞韓은 남쪽에 있고, 마한馬韓은 서쪽에 있고, 진한辰韓은 동쪽에 있다."

고 했다.

최치원崔致遠이 이르기를,

"변한卞韓은 바로 백제百濟다."

고 했다.

본기本紀를 살펴보면 온조왕溫祚王이 나라를 세운 것은 홍가鴻嘉 4년 갑진甲辰의 일이라고 하였다. 이것을 근거로 한다면 혁거세赫居世나 동명왕東明王의 시대보다 년이나 후의 일이 된다. 그런데 『당서唐書』에서 이르기를 변한卞韓 후손들이 낙랑樂浪에 살았다고 한 것은 온조왕溫祚王이 동명왕東明王의 계통에서 나온 때문에 그렇게 말한 것이다. 혹 어떤 사람이 말로는 낙랑樂浪에서 나서 변한卞韓에 나라를 세우고, 마한馬韓 등과 대치한 적이 있었다 함은 온조왕溫祚王 이전에 있었던 모양이고, 그 도읍한 곳이 낙랑樂浪 북쪽에 있었다는 것은 아니다. 혹자가 구룡산九龍山을 잘못 알고 역시 변나산卞那山으로 불렀기 때문에 고구려를 변한卞韓이라고 하지만 이것은 잘못이다. 마땅히 옛날 현인의 말이 옳을 것이다. 백제 땅에도 변산卞山이 있었기 때문에 변한이라 한 것이다. 백제가 전성했을 때는 15만 2천3백 호가 있었다.

진한辰韓

 또한 진한(秦韓)이라고도 쓴다.

『후한서後漢書』에는,

"진한辰韓의 노인이 스스로말하길 '진秦나라에서 망명한 사람들이 한국韓國에 오자 마한馬韓이 동쪽 경계에 있는 땅을 떼어 주었다. 그리고 서로 부르기를 도徒라 했는데, 마치 진秦나라 말과 비슷했다. 이런 까닭에 이곳을 진한秦韓이라 하였다. 여기에는 12개의 작은 나라들이 있었는데, 각각 1만호萬戶나 되었으며 각각 나라로 불렀다."

라고 했다.

또한 최치원崔致遠은,

"진한秦韓은 원래 연燕나라 백성이 피난해와 있던 땅이다. 그런 까닭에 탁수의 이름을 빌려 자신들이 사는 읍邑과 리里를 사탁이나 점탁으로 불렀다."

고 했다.

신라 사람의 방언에 탁을 도道라고 발음하는데, 이 때문에 지금도 혹 사량沙梁이라 하고, 양梁을 도道로 읽는다.

신라 전성기때에는 서울에 17만 8,936호 1,369방 55리 35개의 금입택(金入宅 : 부유하고 큰집)이 있었다. 남택南宅·북택北宅 · 우비소택亏比所宅 · 본피택本彼宅 · 양택梁宅 · 지상택池上宅(본피부) · 재매정택財買井宅(유신 공의 조종) · 북유택北維宅 · 남유택南維宅(반향사의 아랫마을 · 대택隊宅 · 빈지택賓支宅 · 장사택長沙宅 · 상앵택上櫻宅 · 하앵택下櫻宅 · 수망택水望宅 · 천택泉宅 · 양상택楊上宅(양부 남쪽) · 한기택漢岐宅 · 비혈택鼻穴宅 · 판적택板積宅 · 별교택別敎宅 · 아남택衙南宅 · 금양종택金梁宗宅 · 곡수택曲水宅 · 유야택柳也宅 · 사하택寺下宅 · 사량택沙梁宅 · 비상택非上宅 · 이남택里南宅 · 사내곡택思內曲宅 · 지택池宅 · 사상택寺上宅 · 임상택林上宅 · 교남택橋南宅 · 항질택巷叱宅 · 누상택樓上宅 · 이상택里上宅 · 명남택檜南宅 · 정하택井下宅이 있었다.

우사절유택又四節遊宅

봄에는 동야택東野宅, 여름에는 곡량택谷良宅, 가을에는 구지택仇知宅, 겨울에는 가이택加伊宅에서 놀았다. 제49대 헌강대왕憲康大王 때는 성안에 초가집은 하나도 없었고, 집의 처마와 담이 이웃과 잇닿아 있었다. 노래와 피리소리가 길거리에 가득 찼으며, 밤낮으로 끊이지 않았다.

신라시조 혁거세왕新羅始祖 赫居世王

진한辰韓 땅에는 옛날부터 6촌村이 있었는데, 첫
번째는 알천양산촌閼川楊山村으로 그 남쪽은 지금
의 담엄사曇嚴寺이다. 이곳 촌장村長의 이름은 알평謁平으로,
처음 하늘에서 표암봉으로 내려왔으니, 이 사람이 급량부及
梁部 이씨李氏의 조상이 되었다. 노례왕弩禮王 9년에 부部를
설치해 급량부及梁部라 했다. 고려高麗 태조太祖 천복天福 5
년 경자庚子에 이름을 중흥부中興部라고 고쳤는데, 파잠波
潛·동산東山·피상彼上의 동촌東村이 여기에 소속된다.

두 번째는 돌산突山 고허촌高墟村으로 이곳의 촌장村長은
소벌도리蘇伐都利다. 처음 하늘에서 형산兄山으로 내려왔으
니, 이 사람이 바로 사량부沙梁部 정씨鄭氏의 조상이 되었다.
지금은 남산부南山部라고 하는데 구량벌仇梁伐, 마등오麻等
烏, 도북道北, 회덕 등 남촌南村이 여기에 소속된다.(지금이
라고 한 것은 고려 태조가 설치한 것이다. 아래도 이와 같
다.

세 번째는 무산茂山 대수촌大樹村으로, 촌장村長의 예마禮馬
다. 처음 하늘에서 이산伊山으로 내려왔으니, 이 사람이 점

량부漸梁 또는 모량부牟梁部 손씨孫氏의 조상이 되었다. 지금은 장복부長福部라고 하는데 박곡촌朴谷村 등 서촌西村이 이에 소속된다.

네 번째는 취산 진지촌珍支村으로 이곳 촌장村長은 지백호智伯虎이다. 처음 하늘에서 화산花山으로 내려왔으니, 이 사람이 본피부本彼部 최씨崔氏의 조상이 되었다. 지금은 통선부通仙部라고 하는데, 시파柴杷 등 동남촌東南村이 이곳이다. 최치원崔致遠이 바로 본피부本彼部 사람이다. 지금은 황룡사黃龍寺 남쪽 미탄사味呑寺 남쪽에 옛터가 있다고 하는데, 이곳이 최후崔侯의 옛집임이 분명하다.

다섯 번째는 금산金山 가리촌加利村으로 이곳의 촌장村長은 지타이다. 처음 하늘에서 명활산明活山으로 내려왔으니, 이 사람이 한지부漢지部 또는 한지부韓지部 배裵씨의 조상이 되었다. 지금은 가덕부加德部라고 하는데, 상하서지下西知, 내아乃兒 등 동촌東村이 여기에 소속된다.

여섯 번째는 명활산明活山 고야촌高耶村으로 이곳 촌장村長은 호진虎珍이다. 처음 하늘에서 금강산金剛山으로 내려왔으니, 이 사람이 습비부習比部 설薛씨의 조상이 되었다. 지금은 임천부臨川部라고 하는데, 물이촌勿伊村, 잉구미촌, 궐곡 등 동북촌東北村이 여기에 소속된다.

위의 글을 상고해 보건대 이 6부部의 조상들은 하늘에서 내려온 것 같다. 노례왕弩禮王 9년에 처음으로 6부의 이름을 고치고, 그들에게 6성을 주었다. 지금의 풍속에는 중흥부中興部를 어머니로 삼고, 장복부長福部를 아버지, 임천부臨川部를 아들, 가덕군加德郡을 딸로 삼고 있다. 그러나 그 실상은 자세히 알 수가 없다.

전한前漢 지절地節 원년元年 임자壬子 3월 초하루에 육부六部의 조상들은 저마다 자제들를 거느리고 알천閼川 언덕 위에 모여 의논하기를,

"우리에게 임금이 없어 백성을 잘 다스리지 못한 까닭에 백성이 모두 방지하여 제멋대로 행동하고 있다. 그러니 어찌 덕이 있는 사람을 찾아 임금을 삼아 나라를 세우고 도읍을 정하지 않을 것인가."

하였다.

이에 그들은 높은 곳에 올라 남쪽을 바라보니, 양산楊山 밑 나정蘿井이란 우물가에 번갯빛처럼 이상한 기운이 땅에 닿도록 비치고 있었다.

또 흰 말 한마리가 땅에 무릎을 꿇어앉아 절하는 모습을 하고 있었으므로 그곳을 찾아가니, 그곳엔 자줏빛(또는 푸른 큰 알이라고도 함) 알 하나가 있었다.

그러나 말은 순간 길게 울고는 하늘로 날아가 버렸다. 알을 깨고서 어린 사내아이를 얻으니, 모습이 단정하고 아름다웠다. 모두 놀라 이상히 여겨 그 아이를 동천東泉에 목욕시키니, 몸에서 광채가 나고 새와 짐승들이 따라서 춤을 췄다. 이내 천지가 진동하고 해와 달이 매우 맑고 깨끗해졌다. 이에 그 아이의 이름을 혁거세왕赫居世王이라 하고(혁거

세赫居世는 분명히 향언鄕言일 것이다. 혹은 불구내왕弗矩內王이라고도 하니, 밝게 세상을 다스린다는 의미이다. 해설하는 자는 말하기를, 이는 서술성모西述聖母가 낳을 때 일이다. 그런 때문에 중국 사람들이 선도성모仙桃聖母를 찬양한 말 가운데, '어진 자를 낳아 나라를 세웠다' 는 말이 있으니 바로 이런 까닭이다, 했다. 또한 계룡이 상서祥瑞를 나타내어 알영閼英을 낳았다는 이야기도 서술성모西述聖母의 현신을 말한 것이 아니겠는가.) 위호位號를 거슬한居瑟邯 이라 하였다. (또는 거서간居西干이라고도 하니 그가 처음 입을 열 때에 스스로 말하기를, '알영거서간閼英居西干이 한번 일어났다.' 하였으므로 그렇게 일컬은 것이다. 이후부터 모든 왕자王者의 존칭이거서간居西干으로 되었다.)

이에 당시 사람들은 다투어 시하하기를,

"이미 천자가 내려으니 마땅히 덕이 있는 왕후를 찾아 배필을 삼아야 합니다."

고 했다. 이날 사량리沙梁里의 알영정閼英井 가에 계룡鷄龍이 출현해 왼쪽 갈비에서 어린 여자아이를 낳았다. (또는 용이 나타났다가 죽었는데 그 배를 가르고 어린 여자아이를 얻었다고 했다) 얼굴과 자태는 매우 아름다웠으나, 입술이 닭의 부리와 같았다. 이에 월성月城 북쪽 냇물에 목욕을 시키자 부리가 떨어졌다. 이 일로 그 내를 발천撥川이라 하였다.

지금의 창림사昌林寺인 남산南山 서쪽 기슭에 궁실을 짓고 이들 두 성스러운 어린이를 모셔다 길렀다. 남자아이는 알에서 낳았고, 알의 모양이 마치 박과 같아서 향인들은 박을 박朴으로 썼기 때문에 성姓을 박이라 하였다. 또 여자아이는 그가 나온 우물 이름으로 이름으로 지었다.

두 성인이 13세가 되자 오봉五鳳 원년元年 갑자甲子에 남자는 왕이 되어 그 여자로 왕후를 삼았다.

나라이름을 서라벌徐羅伐, 서벌徐伐 또는 사라斯羅, 사로斯盧라고도 했다. 처음 왕이 계정鷄井에서 출생했기 때문에 혹 나라 이름을 계림국鷄林國이라고도 하였다. 이것은 계룡鷄龍이 상서祥瑞를 나타냈기 때문이다.

일설에는 탈해왕脫解王 때 김알지金閼智를 얻었는데, 닭이 숲속에서 울었다 하여 국호國號를 계림鷄林이라 했다고도 한다. 후세에 와서 드디어 신라로 정했던 것이다.

나라를 다스린 지 61년 되던 어느 날, 왕은 하늘로 올라갔는데 7일 그 뒤에 죽은 시신이 땅으로 흩어져 떨어졌다.

그후다음 왕후 역시 왕을 따라 세상을 떠났다 한다. 사람들은 이들을 합해서 장사 지내려 하였으나 큰 뱀이 나타나 쫓아다니면서 방해하므로 오체五體를 각각 장사 지내어 오릉五陵을 만들었고, 또 능의 이름을 사릉蛇陵이라 했다. 담엄사曇嚴寺 북릉北陵이 바로 사릉蛇陵이다. 태자 남해왕南解王이 왕위에 올랐다.

제2第二 남해왕 南解王

남해거서간南解居西干을 차차웅次次雄이라고도 한다. 이것은 존장尊長에 대한 칭호로 오직 남해왕南解王만을 차차웅이라 불렀다. 아버지가 혁거세赫居世요, 어머니는 알영부인閼英夫人이 어머니이며, 비妃는 운제부인雲帝夫人이다. 운제부인을 운제雲梯라고도 한다. 지금 영일현迎日縣 서쪽에 운제산雲梯山 성모聖母가 있는데, 가물었을 때 이곳에서 기도하면 감응感應이 있다. 전한前漢 평제平帝 원시元始 4년 갑자甲子에 즉위해 21년이 지난 지황地皇 4년 갑신甲申에 죽었는데, 이 왕을 삼황三皇의 첫째라고 한다.

『삼국사三國史』를 상고해 보면,

"신라新羅에서는 왕을 거서간居西干이라 불렀는데, 이것은 진한辰韓의 말로 왕이란 말이다. 혹자는 말하기를 이는, 귀인貴人을 부르는 칭호라 하고, 혹은 이를기를 또는 차차웅이나 자충이라고도 한다."

고 했다.

김대문金大問이 이르기를,

"차차웅次次雄은 무당을 이르는 방언이다. 세상 사람들은 무당이 귀신을 섬기고 제사를 숭상하기 때문에 그들을 두

려워하고 공경한다. 그런 까닭에 존장尊長되는 사람을 자충慈充이라 한다."고 했다. 혹은 이르기를,

"이사금尼師今이라고도 하는데, 이것은 잇금齒理을 이르는 말이다."

고 했다.

남해왕南解王이 죽어 그 아들 노례弩禮가 탈해脫解에게 왕위를 잇게 했다. 이에 탈해脫解가 말하기를,

"내가 듣기로 성스럽고 지혜가 있는 사람은 이齒가 많다고 한다."

하고 떡을 입으로 물어 시험해 보았다.

고전古典에는 이와같이 전하고 있다. 혹자는 임금을 마립간麻立干이라고도 했다. 이것을 김대문金大問이 해석하기를,

"마립간麻立干은 서열을 뜻하는 방언方言이다. 서열은 위位에 따라 정하는 것으로, 임금의 서열은 주主가 되고 신하는 아래에 위치한다. 그래서 이렇게 이름을 정하게 된 것이다."

고 하였다.

제3第三 노례왕 弩禮王

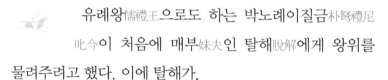

유례왕儒禮王으로도 하는 박노례이질금朴弩禮尼叱今이 처음에 매부妹夫인 탈해脫解에게 왕위를 물려주려고 했다. 이에 탈해가,

"보통 덕이 많은 사람에게는 이齒의 수가 많습니다. 그러니 잇금을 가지고 시험하는 것이 좋겠습니다."

라고 했다.

이에 떡을 이로 물어 시험해 보니, 왕의 이가 더 많았기 때문에 먼저 왕위를 계승했다. 이 일로 이질금尼叱今이라 이름 짓고 왕은 잇금이라 칭한 것이다.

유성공劉聖公은 갱시更始 원년元年 계미癸未에 즉위해 육부六部의 이름을 개정하고 여섯성姓을 하사했다. 이때 도솔가兜率歌를 지으니, 차사嗟辭와 사뇌격詞腦格이 있었다. 또, 보습과 얼음을 저장하는 창고와 수레가 비로소 만들어졌다. 건호建虎 18년에 이서국伊西國을 공격해 멸했으며, 같은 해 고구려高句麗 군사가 쳐들어왔다.

제4 탈해왕第四 脫解王

 탈해치질금脫解齒叱今은 토해니사금吐解尼師今으로 불리는,

남해왕南解王 때 가락국駕洛國 바다에 배 와 닿았다. 그 나라 수로왕首露王이 백성과 함께 북을 치면서 떠들썩하게 그들을 맞아 머물게 하려고 했으나 배는 쏜살같이 계림鷄林 동쪽에 있는 하서지촌下西知村의 아진포阿珍浦로 달아났다. (지금도 상서지촌上西知村과 하서지촌下西知村이란 이름이 있다.) 이때 포구에 한 노파가 있어 이름을 아진의선阿珍義先이라 불렀는데, 이 사람이 바로 혁거세왕赫居世王에게 고기를 잡아주는 노파였다.

노파는 배를 바라보면서 말하기를,

"이곳 바다 가운데에는 원래 바위가 없는데, 무슨 이유로 까치들이 모여들어서 울고 있는 것인가?"

라고 하였다.

노파가 배를 끌어당기자 까치들이 배 위로 모여들었고, 배 안에는 궤짝 하나가 놓여 있었다. 궤짝의 길이는 20척이고, 너비가 13척이었다. 노파는 배를 끌어와 나무 밑에 매어놓고 길흉을 몰라 하늘에게 고하였다. 이윽고 궤짝을 열어 보니 용모가 단정한 사내아이와 칠보七寶와 노비奴婢가 가득 있었다. 노파가 7일 동안 그들을 극진히 대접하자 마침내 사내아이가 말하기를,

"나는 원래 용성국龍城國 사람이다. (용성국은 정명국正明國 또는 완하국琓夏國이라고도 한다. 완하 역시 화하국花厦國이라고도 하니, 용성은 왜국倭國에서 동북쪽으로 1천리 떨어진 곳에 있다.) 우리나라에는 원래부터 28 용왕龍王이 있어 그들은 모두 사람의 태胎에서 났으며, 5, 6세 때부터 왕위에 올라 만백성을 가르쳐 성명性命을 바르게 했다. 그리고 팔품八品의 성골이 있는데, 그들은 간택 없이 모두 왕위에 올랐다. 그때 부왕 함달파含達婆가 적녀국積女國의 왕녀를 왕비로 삼았다. 오래되도록 아들이 없어 얻기를 빌어 7년 만에 큰 알 하나를 낳았다. 이에 대왕은 신하들에게 '사람이 알을 낳음은 고금에 없는 일이다. 필경 이것은 좋은 일이 아니다' 하고, 궤짝을 만들어 나를 비롯해 칠보와 노비들을 함께 넣고 배에 실어 바다에 띄우면서 빌기를, '부디 인연 있는 곳에 닿아서 나라를 세우고 가업을 이루도록 해주소서' 했다. 축원이 끝나자 갑자기 붉은 용이 나타나 배를 호위하여 이곳에 당도한 것이다."

라고 했다.

말을 마친 아이는 지팡이를 끌고 두 종과 함께 토함산吐含山에 올라 돌집을 짓고 7일 동안 기거하면서 성안에 살 만

한 곳이 있는지를 살폈다. 산봉우리 하나가 마치 사흗날의 달 모양으로 보이는 곳이 오래 살만 하였다. 이내 그곳을 찾아가니 곧 호공瓠公의 집이었다. 이에 속임수로써 몰래 숫돌과 숯을 집 곁에 묻어 놓고 다음날 아침 문 앞으로 가서 이르기를,

"이 집은 옛날부터 우리조상들이 살던 곳입니다."

고 했다.

그러자 호공이, '그렇지 않다.' 라고 하여 서로 다투다가 관청에 고발했다.

관청에서,

"어떤 근거로 네 집이라고 하느냐?"

라고 묻자 사내아이는 "우리 조상은 대대로 대장장이였습니다. 잠시 이웃 마을에 가 있는 동안 다른 이가 빼앗아 살고 있었던 것이니, 그 집 땅을 파 보면 증거가 있을 것입니다."

라고 했다.

이 말에 따라 땅을 파 보니 과연 숫돌과 숯이 나왔다. 그리하여 호공의 집을 빼앗아 살게 되었다. 이때 남해왕南解王은 어린 탈해脫解가 지혜 있음을 알고 맏 공주로 아내를 삼게 하니 이 공주가 아니부인阿尼夫人이다.

하루는 토해吐解:탈해가 동악東岳에 올라갔다가 내려오던 중 백의白衣에게 물을 길어오게 했다. 백의는 물을 길어오다가 먼저 마시고는 탈해에게 드리려 하였다. 그런데 물그

릇 한 쪽의 입에 붙어 떨어지지 않았다. 이 일을 본 탈해가 꾸짖자 백의가 맹세하기를,

"이후부터는 가깝거나 멀거나 먼저 맛을 보지 않겠습니다."

라고 하였다. 그러자 입에서 물그릇이 떨어졌다. 이때부터 백의는 탈해를 두려워했고 감히 속이지 못했다.(지금 동악 東岳 가운데 우물 하나가 있는데, 속세에서 요내정遙乃井이라 부르는 우물이 바로 이것이다.)

노례왕弩禮王이 죽자 광호제光虎帝 중원中元 6년 정사丁巳 6월에 탈해脫解가 왕위에 올랐다. 지난날 남의 집을 빼앗았다 하여 성을 석昔이라고 했다.(혹은 까치덕에 궤를 열었다고 하여 까치鵲라는 글자에서 조鳥 자를 떼고 글자인 석昔으로 성姓을 삼았다고 한다. 또한 궤를 열고 알에서 나왔다 하여, 이름을 탈해脫解라 했다고 한다.) 그는 재위 23년 건초建初 4년 기묘己卯에 죽어 소천구疏川丘 속에 장사를 지냈다. 그런데 신이 명하기를,

"조심해서 내 뼈를 묻으라."

고 했다.

그 머리뼈 둘레는 석자 두 치, 신체의 뼈 길이는 아홉 자 일곱 치였다, 이齒는 서로 엉기어 하나가 된 듯도 하고 뼈 마디는 연결되어 있었다. 이것은 소위 천하무적 역사力士으 골격骨格이었다. 이것을 부숴 소상塑像으로 만들어 대궐 안에 모셨는데, 또다시 신神이 말하기를,

"내 뼈를 동악東岳에 안치하라."

하였다.

이에 그곳에 봉안하게 되었다. 혹자는 말하기를 탈해脫解가 죽은 뒤 27세 문호왕文虎王 때인 조로調露 2년 경진庚辰 3월 15일 신유辛酉 밤에 태종이 꿈을 꾸었는데, 매우 사나운 노인이 나타나,

"내가 탈해脫解다. 내 뼈를 소천구에서 파내어 소상塑像을 만들어 토함산에 안치하여라."

라고 하여 왕이 그의 말을 이로부터 지금까지 나라에 제사가 끊이지 않았으니 이를 동악신東岳神이라 한다.

김알지金閼智 탈해왕대 脫解王代

영평永平 3년 경신庚申 8월 4일, 호공瓠公이 밤에 월성月城 서리西里를 걸어가고 있는데, 크고 밝은 빛이 시림始林 속에서 비치는 것을 보냈다.

자줏빛 구름이 하늘에서 땅으로 뻗쳤는데, 그 구름 속에는 황금黃金 궤가 나뭇가지에 걸려 있고, 그 빛은 궤 속에서 나오고 있었다. 또 흰 닭이 나무 밑에서 울고 있어 호공瓠公이 이 일을 왕에게 아뢰었다.

왕이 그 숲에 가서 궤를 열어보니 그 속에 사내아이가 누워 있다가 일어났다. 이것은 마치 혁거세赫居世의 고사故事와 같았기 때문에 그 말에 따라 아이의 이름을 알지閼知라 지었다. 알지는 곧 우리말로 소아小兒를 말한다. 그 사내아이를 안고 대궐로 돌아오니 새와 짐승들이 서로 따르면서 기뻐하고 뛰놀며 춤을 추었다.

왕은 좋은 날을 택해 태자로 봉했지만, 후에는 태자 자리를 파사왕破娑王에게 물려 주고 왕위에 오르지 않았다. 금궤金櫃에서 나왔다 하여 성姓을 김金씨라 했다.

알지는 열한熱漢을 낳고 열한은 아도阿都를, 아도는 수류首留를, 수류는 욱부郁部를, 욱부는 구도俱道를, 구도는 미추未

鄒를 낳으니, 미추未鄒가 왕위에 오르니 신라 김金씨는 알지
에서 비롯되었다.

연오랑延烏郎과 세오녀細烏女

제8대 아달라왕阿達羅王이 즉위한 지 4년 정유丁
酉에 동해 바닷가에는 연오랑延烏郎과 세오녀細烏
女 부부가 살고 있었다. 어느 날 연오랑이 바다에서 해조海
藻를 따고 있는데, 갑자기 바위 하나가(또는 물고기 한 마
리) 나타나 그를 일본으로 데리고 가버렸다. 이것을 본 나
라 사람들은 말하기를,

"그는 비상한 사람이다."

라면서 왕으로 추대했다.

『일본제기日本帝紀』를 살펴도 신라 사람이 왕이 된 경우가
없다. 그렇기 때문에 이 기록은 변읍邊邑의 작은 왕王이고
진짜 왕은 아닐 것이다.

세오녀細烏女는 남편이 돌아오지 않자 이상하게 여겨 바닷
가로 나갔는데, 남편은 없고 그가 벗어놓은 신발만 있었다.
바위에 올라가자 그 바위 또한 세오녀를 업고 연오랑과 마
찬가지로 일본으로 데려갔다. 그 나라 사람들은 놀라고 이
상하게 생각해 왕에게 아뢰었는데, 이로써 부부가 서로 만
나게 되어 그녀를 귀비로 삼았다. 당시 신라는 해와 달에
광채光彩가 없었다. 이에 일자日者가 왕에게 이르기를,

"해와 달의 정기가 우리나라에 있었는데, 지금은 일본으로 가버렸기 때문에 이런 괴변이 나타났습니다."

고 아뢨다.

왕이 사자使者를 보내 두 사람을 찾았는데, 연오랑이 말하기를,

"내가 이 나라에 온 것은 하늘이 시킨 일로 어찌 돌아갈 수 있는가. 그러나 나의 비妃가 짠 고운비단으로 하늘에 제사를 올리면 될 것이다."

라고 하면서 비단을 주었다. 사자가 돌아와 사실을 고하고 그 말에 따라 하늘에 제사를 올렸다. 그러자 해와 달의 정기가 전과 같았다. 이에 그 비단을 국보로 삼아 임금의 창고에 보관했는데, 이 창고를 귀비고貴妃庫라 한다. 더불어 하늘에 제사지낸 장소를 영일현迎日縣 또는 도기야都祈野라고 한다.

미추왕未鄒王과 죽엽군 竹葉軍

미조未祖 또는 미고未古라고도 하는 제13대 미추
니질금未鄒尼叱今은 김알지金關智의 7대손으로, 대
대로 현명하고 성스러운 덕을 지니고 있었다. 첨해왕의 뒤
를 이어 비로소 왕위에 올랐다.(지금 세상에서는 미추왕의
능을 시조당始祖堂이라고도 한다. 이것은 대개 김씨로서 처
음으로 왕위에 오른 때문인데, 후대 모든 김씨 왕들이 미추
未鄒를 시조라 하는 것은 당연한 것이다.) 왕위에 오른지 23
년 만에 죽었으며, 능陵은 흥륜사 동쪽에 있다.

제14대 유리왕儒理王 때 이서국伊西國 사람들이 금성金城으
로 쳐들어왔다. 신라도 군사를 크게 동원했지만, 오랫동안
저항할 수가 없었다. 그때 갑자기 이상한 군사들이 나타나
신라군을 도왔는데, 그들은 댓잎을 귀에 꽂고 있었다. 그들
은 신라 군사들과 함께 적을 격파하였는데 적이 물러간 뒤
에는 어디로 사라졌는지 알 수가 없었다. 오직 대나무 잎만
미추왕릉 앞에 쌓여 있을 뿐이었다. 그제야 선왕先王이 음陰
으로 도와 나라에 공을 세웠음을 알았다. 이리하여 그 능을
죽현능竹現陵이라 불렀다.

제37대 혜공왕惠恭王 14년 기미己未 4월, 회오리바람이 갑

자기 유신공庾信公 무덤에서 일어났는데 가운데 한 사람이 준마를 타고 있었으니, 모양이 마치 그 장군將軍같았다. 또한 갑옷에 무기武器를 든 40명의 군사가 그 뒤를 따라 죽현능竹現陵으로 들어갔다. 그리고 곧 능 안에서 진동振動과 우는 듯한 소리가 나고 혹은 하소연 하는 듯한 소리가 들려왔다. 그 호소하는 듯한 말에 이르기를,

"신은 평생 어려운 시국을 구하고 삼국을 통일한 공이 있었습니다. 비록 혼백일지라도 나라를 지켜 재앙을 없애고, 환난을 막고자 하는 마음 지금도 변함없습니다. 그런데 지난 경술庚戌년에 신의 자손이 죄도 없이 죽음을 당하였으니 이는 임금이나 신하들이 신의 공적을 생각하지 않은 것입니다. 이제 신은 먼 곳으로 가 다시는 나라를 생각하지 않겠습니다. 청컨대 왕께서는 윤허해 주시옵소서!"

라고 했다.

왕이 답하기를,

"공이 나라를 지키지 않는다면 저 백성은 어떻게 할 것인가. 공은 예전처럼 힘을 아끼지 말아주시오."

하고 세 번이나 청했지만, 세 번 와 듣지 않았다. 회오리바람도 이내 돌아가고 말았다.

왕은 이를 듣고 두려워 하며 곧바로 김경신金敬信을 보내 김유신공金庾信公의 능에 가서 잘못을 사과하고, 그를 위해 공덕보전功德寶田 30결結을 취선사鷲仙寺에 하사해 명복을 빌도록 했다. 취선사는 김유신이 평양을 토벌한 후에 복을

기원하기 위해 세웠던 절이다. 이때 미추왕未鄒王의 혼령魂靈이 아니었다면 김유신의 노여움을 막지 못했을 것이다. 그러니 미추왕이 나라를 수호한 힘은 크다고 아니할 수 없다. 이런 이유로 나라 사람들은 그의 덕을 생각해 삼산三山과 함께 제사지내면서 지극정성으로 모셨으며, 그 서열을 오릉五陵 위에 두어 대묘大廟라고 불렀다.

내물왕奈勿王 나밀왕과 김제상金堤上

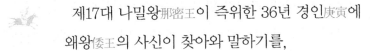

제17대 나밀왕那密王이 즉위한 36년 경인庚寅에 왜왕倭王의 사신이 찾아와 말하기를,

"우리 임금께서 대왕이 신성神聖하다는 말을 듣고 신 등으로 하여금 백제의 죄를 대왕에게 아뢰게 했습니다. 청컨대 대왕께서 왕자 한 분을 보내 우리 임금께 신의를 표하게 하여 주십시오."

라고 했다.

이에 왕은 열 살인 셋째 아들 미해美海를(미토희未吐喜라 함) 왜국으로 보냈다. 언행이 미숙했기 때문에 신하 박사람朴娑覽을 부사로 임명해 함께 보냈다. 왜왕은 이들을 30년 동안 억류하여 돌려 보내지 않았다.

눌지왕訥祇王이 즉위한 3년 기미己未에 고구려 장수왕長壽王의 사신이 와서 이르기를,

"우리 임금께서 대왕의 아우 보해寶海가 지혜와 재주가 뛰어나다는 말을 듣고 서로 지내기를 원해 특별히 소신을 보내 간청하는 바입니다."

라고 했다. 왕은 이의 말을 듣고 다행스럽게 생각했다. 이

일로 고구려와 화친하기로 결정하고 아우 보해를 고구려로 보냈다. 이때 신하 김무알金武謁을 보좌로 함께 보냈는데, 장수왕 역시 그들을 억류하고 돌려보내지 않았다.

눌지왕 10년 을축乙丑에 왕은 여러 신하들과 나라안의 호협한 사람들을 불러 잔치를 열었다. 술이 세 순배를 돌아가고 음악이 울려 퍼지자 왕은 눈물로 신하들에게 말하기를,

"옛날 선왕께서는 백성을 아끼신 까닭에 사랑하는 아들을 동쪽 왜국까지 보냈지만, 끝내 다시 보지 못하고 돌아가셨다. 또 내가 왕위에 오른 뒤부터 이웃 나라의 군사가 강성해 전쟁이 끊임없이 일어나고 있다. 유독 고구려만이 화친을 제의했으니, 나는 그것을 믿고 아우를 고구려로 보냈던 바 고구려 또한 억류하고 돌려보내지 않은 것이다. 이런 까닭에 내가 부귀를 누려도 단 하루라도 이 일을 잊고 울지 않은 날이 없었다. 만약 이 두 아우를 만나 선왕의 사당에 함께 간다면 온 백성에게 반드시 은혜를 갚겠노라. 누가 나의 소원을 풀어줄 수 있겠는가?"

하였다.

이 말을 들은 백관들은 이구동성으로 아뢰기를,

"이 일은 쉽지 않는 일이옵니다. 반드시 지혜와 용맹을 겸한 사람이 있어야만 할 것입니다. 신들의 생각에 삽라군揷羅郡 태수 제상堤上이면 가능할 것입니다."

라고 했다.

이에 왕이 그를 불러서 묻자 재상은 두 번 절하고 대답하

기를,

"신이 듣기로 '임금에게 근심이 있으면 신하가 욕을 당하고, 임금이 욕을 당하면 신하가 죽는다' 합니다. 신하로서 일의 경중을 골라 행한다면 이것은 충성스럽지 못한 것이고, 또한 생사를 생각한 뒤에 움직이는 것은 용맹이 없는 것입니다. 신이 비록 불초하나 왕의 명을 받아 행하기를 원합니다."

하였다.

왕은 매우 가상히 여겨 술잔을 주고받으면서 손을 잡으며 작별하여 보냈다. 제상은 왕 앞에서 명을 받고 곧 북해北海 길로 떠나며 변복하고 고구려로 들어가 보해를 찾아 함께 도망칠 날짜를 약속했다. 제상은 먼저 5월 15일에 고성高城 수구水口에 배를 대고 기다리고 있었다. 약속한 날짜가 가까워지자 보해는 병을 핑계로 며칠 동안 조회에 나가지 않았다. 그러다가 한밤중에 도망쳐 고성 바닷가에 당도했다. 고구려 왕이 이 이를 알고 수십 명의 군사에게 쫓게 하니 고성에 이르러 따라잡게 되었다. 그런데 보해는 고구려에 억류되어 있을 때 주변사람들에게 많은 은혜를 베풀었기 때문에 추격해온 군사들은 그를 불쌍하게 생각해 화살촉을 뽑고 화살로 쏘아 몸이 상하지 않고 돌아올 수 있었다.

눌지왕은 보해를 만나자 미해美海에 대한 생각이 더더욱 간절해졌다. 일희일비 눈물을 흘리며 좌우 신하들에게 말하기를,

"마치 한 몸에 팔뚝 하나만 있고, 한쪽얼굴에 한 개의 눈만 있는 것 같다. 지금 하나는 얻었지만 하나는 잃은 그대로이니 어찌, 마음이 아프지 않겠는가."

라고 했다.

이에 제상은 말을 탄 채 재배하여 임금에게 하직하고 집에도 들르지 않고 가서 율포栗浦 갯가에 닿았다. 그 아내가 이 소식을 듣고 말을 달려 율포에 도착했지만, 남편은 이미 배를 탄 뒤였다. 아내는 간절히 남편을 불렀지만, 제상은 다만 손을 흔들 뿐 배를 멈추지 않았다. 이윽고 왜국倭國에 도착한 제상은 거짓으로 말하기를,

"계림왕鷄林王이 죄도 없는 나의 부형父兄을 죽였기로 이곳으로 도망쳐 왔습니다."

라고 했다.

왜왕은 그의 말을 믿고 집을 주어 편히 살게 하였다. 이때부터 그는 항상 미해와 함께 해변으로 나가 놀면서 물고기와 새를 잡아 그 잡은 것을 왜왕에게 바치니, 이때부터 왜왕이 기뻐하면서 의심하지 않았다. 어느 날 새벽, 마침 안개가 자욱하게 깨었는데, 제상이 제상은 미해에게 말하기를,

"지금 곧바로 떠나야 합니다."

하였다. 미해가 말하기를,

"그렇다면 함께 떠납시다."

라고 했다. 이에 제상은,

"신이 함께 떠난다면 왜인들이 알고 당장 뒤를 추격할 것입

니다. 청컨대 신은 여기에 남아 뒤쫓는 것을 막겠습니다."

라고 했다. 또다시 미해가 말하기를,

"나는 지금 그대를 부형으로 생각하고 있는데, 어찌 그대를 남겨두고 혼자만 돌아간단 말입니까?"

라고 했다.

제상이 말하기를,

"공의 목숨을 구하는 것으로, 대왕의 마음이 편안해진다면 신은 그것으로 만족할 뿐입니다."

라고 했다.

그리고는 술을 따라 미해에게 올렸다. 이때 계림 사람 강구려康仇麗가 왜국에 있었는데, 그에게 호송 맡겨 함께 떠나게 했다. 미해가 떠난 후 제상은 그의 방에서 이튿날 아침까지 있었다. 미해를 모시는 좌우의 사람들이 방으로 들어오려고 하자 제상이 가로막으면서 말하기를,

"미해공은 어제 사냥을 한 탓에 병이 심하여 아직 일어나지 않았습니다."

라고 했다.

그러나 저녁때가 되면서 사람들이 이상하게 생각해 또다시 물었다. 이에 제상은 대답하기를,

"미해공은 이미 떠난 지 오래되었습니다."

하였다.

좌우 사람들이 급히 달려가 왜왕에게 고하자, 왜왕은 기병을 시켜 추격하게 했지만, 이에 왕은 제상을 옥에 가두고

묻기를,

"너는 무슨 이유로 너의 나라 왕자를 몰래 돌려보냈느냐?"

하였다.

그러자 제상이 대답하기를,

"나는 계림의 신하이지, 왜국의 신하가 아니오. 이제 우리 임금의 소원을 풀어드렸을 뿐인데, 어찌 이 일을 그대에게 고하겠소."

라고 했다.

왜왕이 노하여 이르기를,

"이제 너는 이미 내 신하가 되었는데도 계림 신하라고 하느냐? 그렇다면 반드시 오형五刑을 가할 것이고, 왜국 신하라고 하면 후한 녹을 내리겠다."

하였다.

이에 제상이 말하기를,

"계림의 개나 돼지가 될지언정 왜국의 신하는 되지 않겠다. 계림의 형벌을 받을지언정 왜국의 작록을 절대로 받지 않겠다."

고 했다.

왜왕은 노하여 제상의 발 가죽을 벗기고 갈대를 베어 그 위를 걸어가게 했다.(지금 갈대 위에 혈흔이 있는 것은 세상에서 제상의 피라고 한다.)

그리고는 다시 묻기를,

"너는 어느 나라 신하이더냐?"
하자, 제상은,
"계림의 신하다!"
라고 했다.
또 이번엔 왜왕이 쇠를 달궈 그 위에 세워 놓고 묻기를,
"어느 나라 신하냐?"
하니 재상이 이르기를,
"계림의 신하다!"
하였다.
왜왕은 그를 굴복시키지 못함을 알고 목도木島라는 섬에서
불태워 죽였다.

미해는 바다를 건너 돌아와 먼저 강구려康仇麗로 하여금
나라 안에 그의 충성을 알리도록 했다. 눌지왕은 놀라고 기
뻐하면서 백관들에게 명해 미해를 굴헐역屈歇驛으로 나가
맞이하게 했다. 왕은 아우 보해와 함께 남교南郊에 나가 직
접 미해를 맞아 대궐로 돌아와 잔치를 열고 대사령을 내렸
다. 그리고 제상의 아내를 국대부인國大夫人으로 봉하고, 그
의 딸은 미해 공의 부인으로 맞게 했다. 이때 의논하는 사
람이 말하기를,

"옛날 한나라의 신하 주가周苛가 형양滎陽에 있다가 초나
라의 포로로 잡힌 일이 있었다. 이때 항우項羽는 주가에게
'네가 나의 신하가 된다면 만호후萬戶侯를 내리겠다' 라고
했다. 그러나 주가는 도리어 항우를 꾸짖고 굴복하지 않았

기 때문에 죽임을 당했다. 이번 제상의 충성은 주가보다 못하지 않다."

라고 했다.

처음에 제상이 신라를 떠날 때 부인이 그 소식을 듣고 남편의 뒤를 쫓아갔지만 따르지 못했다. 이에 망덕사望德寺 문 남쪽 모래밭 위에 주저앉아 애타게 부르짖었는데 이런 일로 그곳을 장사長沙라고 불렀다. 이때 친척 두 사람이 부인을 부축하여 돌아오려 했지만 그녀는 두 다리를 뻗고 앉아 일어나지 않았다. 그리하여 그곳을 벌지지伐知旨라는 이름이 붙여졌다. 세월이 흐른 뒤에도 제상의 부인은 남편을 사모하는 마음을 이기지 못해 세 딸을 데리고 치술령에 올라가 왜국을 바라보면서 통곡하다가 죽었다. 그래서 그를 '치술신모'라고 하는데, 지금도 그를 제사 지내는 사당이 있다.

제18第十八 실성왕實聖王

의희義熙 9년 계축癸丑에 평양주平壤州의 대교大橋
가 완성되었다. (남평양南平壤인 듯한데, 지금의
양주楊州를 말한다.) 왕은 전왕의 태자 눌지訥祗가 덕망이
있는 것을 꺼려 그를 죽이려 하였다. 이에 계략을 꾸며 고
구려 군사를 청하여 거짓으로 눌지에게 맞도록 했다. 하지
만 고구려 사람들은 눌지가 어질다는 것을 알고 창끝을 뒤
로 돌려 실성왕을 살해하고 눌지를 왕으로 추대하고 되돌
아갔다.

사금갑射琴匣

소지왕昭智王이라고도 하는 제21대 비처왕毗處王
이 즉위 10년 무진戊辰에 천천정天泉亭으로 행차
했다. 이때 까마귀와 쥐들이 몰려와 울었는데, 이때 쥐가
사람의 말로 이르기를,

"까마귀가 가는 곳을 찾아보시오."

라고 했다.(혹은 말하기를 신덕왕神德王이 흥륜사興輪寺에
가서 분향하여 하는데 길에서 보니 여러 마리의 쥐가 꼬리
에 꼬리를 물고 있었다. 왕은 이를 괴이하게 여겨 돌아와
점을 쳐 보니, '내일 가장 먼저 우는 까마귀를 따라찾아보
라' 라 했다 한다. 그러나 이 설은 잘못이다.)

왕이 기사騎士에게 명해 까마귀를 따르게 했다. 남쪽 피촌
避村에 (지금의 양피사촌壤避寺村으로 동쪽 기슭에 있다.) 이
르고 보니, 돼지 두 마리가 싸우고 있었다. 이것을 한참 지
켜보다가 그만 까마귀가 날아간 곳을 잃어버리고는 길에서
서성거리고 있었다. 이때 한 늙은이가 못 속에서 나와 글을
올렸는데, 그 글 겉봉에 이르기를, '이 글을 떼어 보면 두
사람이 죽을 것이고, 떼어 보지 않으면 한사람이 죽을 것입
니다' 라고 했다. 기사가 돌아와 비처왕毗處王에게 이 글을

바치니, 왕이

"두 사람이 죽느니보다 떼어 보지 않고 한 사람만 죽게 하는 편이 낫겠다."

하였다.

이때 일관이 아뢰기를,

"두 사람이란 서민을 말함이요, 한 사람이란 왕을 말하는 것입니다."

하였다.

왕이 그의 말을 글로 옳게 여겨 글을 떼어 보니, '금갑琴匣을 쏴라[射琴匣]' 라는 글뿐이었다. 왕은 곧바로 궁중으로 들어가 글대로 거문고 갑匣을 쏘았다. 그 거문고 갑 속에는 내전에서 분수焚修를 하던 중이 궁주와 몰래 간통하고 있었다. 이에 두 사람을 사형에 처했다.

이런 일을 계기로 해마다 정월 상해上亥·상자上子·상오일上午日에는 모든 일을 조심해서 행하고, 움직이지는 것을 삼갔다. 또 15일을 오기일烏忌日로 정해 찰밥을 지어 제사지냈는데, 이것은 지금까지 이어지고 있다. 이언俚言에서는 이것을 달도라고 하는데, 슬퍼하고 조심하며 모든 일을 금하며 꺼린다는 의미다. 그리고 노인이 나온 못을 서출지書出池라 하였다.

지철로왕智哲老王

　　제22대 지철로왕智哲老王의 성은 김金씨이고 이름은 지대로智大路 혹은 지도로智度路이며, 시호諡號는 지증智證이다. 시호를 씀이 여기서 시작되었다. 또 우리말에 왕을 마립간麻立干이라 한 것도 이 왕 때부터 시작되었다. 부른 것 역시 이때부터였고, 왕은 영원永元 2년 경진庚辰에 즉위했다.(혹은 신사辛巳라고도 하는데, 그렇다면 영원永元 3년이다.)

　왕의 음경陰莖의 길이가 한 자 다섯 치로 배필 얻기가 어려웠다. 그리하여 삼도三道로 파견시켜 구했다. 사자가 모량부牟梁部 동노수冬老樹에 도착했을 때, 두 마리의 개가 북처럼 큰 똥 덩어리를 서로 물고 싸우는 것을 보고 똥 임자를 마을에서 찾아보니 한 소녀가 있어 고하기를,

　"이 고을의 상공의 딸이 이곳에서 빨래하다가 숲 풀 속으로 들어가 눈 것입니다."

　라고 했다.

　이에 사자가 상공의 집을 찾아가 살폈는데, 그 여자는 키가 7척 5촌이나 되었다. 이 사실을 왕에게 아뢰니, 왕은 수레를 보내 상공의 딸을 궁중으로 맞아 황후로 봉하니 모든

신하들이 하례했다.

또한 지금의 명주溟州인 아슬라주阿瑟羅州 동쪽 바다 가운데는 순풍으로 이틀 걸리는 곳에 지금의 우릉羽陵인 우릉도于陵島가 있다. 이 섬은 둘레가 2만 6,730보이다. 오랑캐들은 바닷물이 깊은 것을 믿고 교만해져 조공을 바치지 않았다. 이에 왕은 이찬伊飡 박이종朴伊宗에게 군사를 주어 공격하게 했다. 이때 이종은 위협하기를, 나무사자木獅子를 만들어 큰 배에 싣고 그들에게

"만약 항복하지 않으면 이 짐승을 풀어놓겠다."

고 하자, 오랑캐들은 두려워 항복하였다. 이에 이종을 상주어 주백州伯을 삼았다.

진흥왕眞興王

      제24대 진흥왕眞興王은 즉위할 당시의 나이가 15세로 태후가 섭정했다. 태후는 법흥왕法興王의 딸로서 입종갈문왕立宗葛文王의 비였다. 진흥왕은 임종할 때 머리를 깎고 법의를 입고 죽었다. 승성承聖 3년 9월에 백제가 진성珍城을 침범하여 남녀 3만 9,000명과 말 8,000필을 약탈하여 이보다 앞서 백제가 신라와 곤사를 합쳐 고구려를 치고자 하였다. 이때 진흥왕이 말하기를,

"나라의 흥망은 하늘에 달려 있다. 만약 하늘이 고구려를 미워하지 않는다면 내 어찌 고구려가 망하기를 바라겠는가."

라고 했다. 그리고 이 말을 고구려에 전하게 하니 고구려는 이말에 감동받아 신라와 좋게 지냈다. 이런 이유로 백제가 신라를 원망하여 침략한 것이다.

도화녀桃花女와 비형랑鼻刑郎

제25대 사륜왕四輪王의 시호는 진지대왕眞智大王이고 성姓은 김金씨이며, 왕비는 기오공起烏公의 딸 지도부인知刀夫人이다. 그는 대건大建 8년 병신丙申에 즉위했다.(『고본』에는 11년 기해己亥라고 기록되어 있는데, 이것은 잘못이다.) 나라를 다스린 지 4년에 주색에 빠져 음탕하고, 정사가 어지러워지자 나라 사람들은 그를 폐위시켰다.

이보다 앞서 사량부沙梁部의는 어떤 민가의 여자가 얼굴이 곱고 아름다워 당시 사람들은 도화랑桃花郎이라고 불렀다. 왕이 이 소문을 듣고 그 여인을 궁중으로 불러 강제로 욕심을 채우려고 하자, 여인이 말하기를,

"여자로서 지켜야 하는 것은 두 남편을 섬기지 않는 일입니다. 그렇기 때문에 남편이 버젓이 있는데 다른 사람에게 시집가는 것은 비록 만승萬乘의 위엄을 가지고도 있을지라이루지 못할 것입니다."

라고 했다.

왕이 말하기를,

"너를 죽인다면 어떻게 할 것이냐?"

하니 여인이 말하기를,

"차라리 거리에서 칼에 베여 죽을지라도 다른 사람에게 가는 것은 원치 않습니다."

하였다.

이에 왕이 희롱하여 말하기를,

"=남편이 없다면 되겠느냐?"

하니 대답하기를,

"되겠습니다."

하니, 왕은 그녀를 놓아 보냈다.

이 해에 왕은 폐위되고 죽었는데, 그 후 2년 만에 그녀의 남편 역시 죽었다. 10일이 지난 어느 날 밤에 왕은 평상의 모습으로 여인의 방에 들어와 말하기를,

"지난날 네가 허락한 말이 있지 않느냐. 지금은 네 남편이 죽고 없으니, 되겠느냐?"

하였다.

여인이 쉽게 허락하지 않고 부모에게 고하니, 부모는 말하기를,

"임금의 말인데, 감히 어떻게 피하겠느냐?"

하면서 딸을 왕에게 보냈다.

왕은 7일 동안 머물러 있었는데, 그 머무는 동안 오색 구름이 뒤덮고 향기가 방안에 가득했다. 7일 후에 왕은 갑자기 사라졌으나, 이로 말미암아 곧 태기가 있었다. 산달이

되어 해산하려하는데, 천지가 진동하였다. 이윽고 사내아이를 낳아 그 아이의 이름을 비형鼻荊이라 했다.

진평대왕眞平大王이 그 기이한 소문을 듣고 아이를 궁중에 데려와 길렀다. 아이가 15세가 되자 집사執事 벼슬을 주었으나 비형은 밤마다 멀리 도망가서 놀았다. 왕은 용사 50명에게 명해 아이를 지키도록 했지만, 그는 늘 월성月城을 날아 넘어가서 서쪽 황천荒天 언덕 위로 가서 귀신들을 거느리고 노는 것이었다. 이에 용사들이 숲 속에 엎드려 엿보았는데, 귀신들의 무리가 여러 절에서 들려오는 새벽 종소리를 듣고 흩어져 가버리면, 비형랑 역시 집으로 돌아갔다. 용사들이 이 사실을 왕에게 아뢰니, 왕은 비형을 불러 말하기를,

"네가 귀신들을 데리고 논다 하는데 사실이더냐?"

하니 낭이 말하기를,

"사실입니다."

하였다. 왕이,

"그렇다면 너는 귀신들을 데리고 신원사神元寺 북쪽 개천에 다리를 놓도록 하여라."

라고 했다.(신중사神衆寺하고도 하는데, 이는 잘못이다. 이것을 황천 동쪽 심거深渠라고도 한다.) 비형이 명을 받들어 귀신들의 무리로 하여금 돌을 다듬어 하룻밤 사이에 큰 다리를 놓았는데, 이 다리를 귀교鬼橋라 했다.

또 왕이 묻기를,

"귀신들 중 사람으로 출현해서 조정의 정사를 도울만한 자가 있느냐?"

하자 대답하기를,

"길달吉達이란 자가 있는데 충분히 정사를 도울만합니다."

했다. 이에 왕은,

"그렇다면 데리고 오너라."

라고 했다.

이튿날 그를 데려와 왕에게 보이니 왕은 집사執事 벼슬을 내렸다. 그는 과연 충직하기가 비할 데가 없었다. 이때 각 간角干 임종林宗이 아들이 없었기 때문에 왕은 길달吉達을 아들로 삼게 했다. 임종은 길달에게 일러 흥륜사興輪寺 남쪽에 문루門樓를 세우도록 했고, 매일 밤 문루 위에서 자게 했다. 그리하여 그 문루를 길달문吉達門이라 했다. 어느 날 길달吉達이 여우로 변해 도망쳤는데, 비형이 귀신들의 무리로 하여금 잡아 죽였다. 이로 말미암아 귀신들은 비형의 이름만 들어도 두렵고 무서워 달아났다.

당시 사람들은 이런 글을 지어 말하기를,

'성제聖帝의 넋이 아들을 낳았으니,

비형랑鼻荊郞의 집이 바로 그곳일세.

날고뛰는 모든 귀신의 무리,

이곳에는 아예 머물지를 말라.' 하였다.

시골의 풍속에서는 이 글을 써 붙여 귀신을 물리친다.

하늘이 준 옥띠[天賜玉帶]

천사옥대天賜玉帶청진淸泰 4년 정유丁酉 5월에 정승 김부金傅가 금으로 새기고 옥으로 장식한 허리띠 하나를 바쳤는데, 길이가 10위圍요, 전과가 62개였다. 이것을 진평왕의 천사대天賜帶한다. 고려 태조는 이것을 선물로 받아서 내고內庫에 간직했다.

제26대 백정왕白淨王은 시호가 진평대왕이고, 성은 김金씨다. 대건大建 11년 기해己亥 8월에 즉위했는데, 키가 11척이나 되었다.(왕이 창건했고 천주사天柱寺라고도 한다.) 내제석궁內帝釋宮에 거동하여, 섬돌을 밟는데 3개의 돌이 동시에 부러졌다. 왕은 좌우 산하들에게 말하기를,

"이 돌을 옮기지 말고 그대로 두었다가 후세 사람들에게 보여라."

하였다.

이것이 곧 성 안에 있는 5개의 움직이지 않는 돌의 하나이다.

왕이 즉위한 원년에 천사가 대궐 뜰에 내려와 왕에게 말하기를,

쉽게 풀어쓴 三國遺事

"상제께서 나에게 명해 이 옥대玉帶를 전하라 하셨습니다."

라고 했다.

왕이 무릎을 꿇고 친히 이것을 받으니 하늘로 올라갔다. 교사郊社나 종묘宗廟 등의 큰 제사 때가 되면 항상 이것을 허리에 찼다. 후에 고려왕高麗王이 신라를 치려함에 곧 말하기를,

"신라에는 세 가지 보물이 있어 침범하지 못한다고 하는데, 무엇을 두고 하는 말이냐?"

하니,

"황룡사의 장육존상丈六尊像이 첫째요, 그 절의 구층탑九層塔이 둘째요, 세째 진평왕眞平王의 천사옥대天賜玉帶가 셋째입니다."

라고 했다.

이 말을 듣고 신라를 공격할 계획을 멈추고 찬讚하여 말했다.

구름밖에 하늘이 주신 긴 옥대는
임금의 곤룡포에 알맞게 둘려 있네.
우리 임금 이제부터 몸 더욱 무거우니
이 다음날엔 쇠로 섬돌을 만들 것이네.

선덕왕이 미리 안 세 가지 일[善德王 知幾三事]

제27대 덕만德曼의 시호는 선덕여대왕善德女大王이고 성姓
은 김金씨며, 아버지는 진평왕眞平王이다. 정관貞觀 6년 임
진壬辰에 즉위하여 나라를 다스린지 16년 동안 미리 기미를
알아차린 일이 세가지가 있다.

첫 번째는, 당나라 태종이 붉은빛, 자줏빛, 흰빛등으로 그
린 모란牧丹 그림과 함께 모란 씨앗 서 되를 보내왔다. 왕은
그림을 보고 말하기를,

"이 꽃은 틀림없이 향기가 없을 것이다."

하고 씨앗을 뜰에 심도록 했다. 꽃이 피고 떨어질 때를 기
다리니, 과연 왕의 말이 맞았다.

두 번째는, 영묘사靈廟寺 옥문지玉門池에 겨울철임에도 개
구리들이 모여들어 3~4일 동안 울어댄 일이 있었다. 나라
사람들이 기이하다고 생각해 왕에게 아뢰었다. 왕은 급하
게 각간角干 알천閼川과 필탄弼呑 등에게 명해 정병精兵
2,000명을 선발해 서교西郊로 가게 했다. 그리고 여근곡女
根谷을 찾아가면 반드시 적병賊兵이 매복해 있을 것이니 기
습해서 모두 죽이라고 일렀다. 두 각간이 명을 받고 각각

군사 1,000명을 이끌고 서교西郊로 가니, 과연 부산富山 아래에 여근곡이 있고 그곳에 백제 군사 500명이 매복해 있어, 이들을 모두 죽였다. 또 백제 장군 우소亐召가 남산 고개 바위 위에 숨어 있었으므로, 포위하여 활로 쏘아 죽였다. 그리고 뒤에 백제 군사 1,200명이 따라오고 있었는데, 이를 쳐 한 사람도 남김없이 모두 죽였다.

세 번째는, 왕이 아무런 병도 없었는데, 신하들에게 이르기를,

"나는 모년모일에 죽을 것이다. 내가 죽으면 도리천에 장사 지내라."

하였다. 여러 신하들이 그곳이 어딘지를 몰라 왕에게 되묻자, 왕은,

"낭산狼山 남쪽이다."

라고 했다. 왕은 과연 죽었고, 신하들은 낭산의 양지바른 곳에 장사 지냈다.

10여 년 후 문호대왕文虎大王이 왕의 무덤 아래에 사천왕사四天王寺를 지었는데, 불경에 말하기를,

"사천왕천 위에 도리천이 있다."

라고 했으니 그제야 대왕의 신령하고 성스러움을 알 수 있었다. 왕이 죽기 전에 신하들이 왕에게 아뢰기를,

"어떻게 모란꽃과 개구리의 일을 알아차린 것입니까?"

하니, 왕이,

"꽃을 그렸지만 나비가 없으니 향기가 없음을 알았다. 이

것은 당나라 임금이 내게 남편이 없음을 희롱한 것이다. 또 개구리가 성난 모양을 함은 병사의 형상이고, 옥문은 여자의 음부陰部를 뜻한다. 여자는 음이고 그 빛은 희니, 그래서 흰빛은 서쪽을 말하므로 군사가 서쪽에 있다는 것을 알았다. 남근은 여근이 들어가면 반드시 죽는 법이닌 잡기가 쉽다는 것을 알았다."

라고 했다.

이에 여러 신하들은 모두 왕의 성스럽고 슬기로움에 감탄했다. 꽃을 세 빛으로 그려 보낸 것은 장차 신라에 세 여왕이 있을 것을 알고 한 일이없음인가. 세 여왕은 선덕善德·진덕眞德·진성眞聖으로 당나라 임금 역시 예언하는 지혜가 있었던 것 같다.

선덕왕善德王이 영묘사靈廟寺를 세운 일은 『양지사전良志師傳』에 자세하게 실려 있다.

『별기別記』에 이르기를,

"이 임금 때에 돌을 다듬어 첨성대瞻星臺를 축조했다."

라고 하였다.

진덕왕眞德王

제28대 진덕여왕眞德女王은 즉위하면서 스스로 태평가를 지어 비단을 짜서 그 가사로 무늬를 놓아 당나라에 바쳤다.(다른 책에는 춘추공春秋公을 사신으로 보내 군사를 청하였는데, 당태종이 기뻐하면서 소정방蘇定方을 보냈다고 했는데, 이것은 잘못이다. 현경現慶 이전에 춘추공은 이미 왕위에 있었다. 또 현경 경신庚申은 당 태종 때가 아닌 당 고종 때이다. 정방이 신라에 온 것은 현경 경신년이니 비단을 짜서 무늬를 놓아 보냈다는 것은 군사를 청병한 시기가 아닌 진덕왕 때의 일이라고 해야 옳다. 아마도 김흠순金欽純을 석방해달라고 청할 시기일 것이다.)

당나라 황제는 이를 아름답게 생각해 진덕여왕을 계림국왕鷄林國王으로 고쳐서 봉했다. 태평가의 가사는 이렇다.

큰 당나라 왕업을 세우니

높고 높은 임금의 계획이 장엄하여라.

전쟁 끝나니 천하를 평정하고

문치를 닦으니 백왕百王이 뒤를 이었네.

하늘을 거느리니 좋은 비 내리고

만물을 다스리니 모든 것이 광채가 나네.

깊은 인덕은 해와 달에 견주고
돌아오는 운수는 요순임금보다 앞서네.
깃발은 어찌 번쩍이며
징소리 북소리는 웅장도 하여라.
외이外夷로서 황제의 명령 거역하는 자
칼 앞에 쓰러져 천벌을 받으리라.
순후淳厚한 풍속 곳곳에 퍼지니
멀고 가까운 곳에서 상서祥瑞가 나타나네.
사시의 기후는 옥촉玉燭처럼 고르고
칠요七曜의 광명은 만방에 두루 비치네.
산악山嶽의 정기는 보필할 재상을 낳고
황제는 충량忠良한 신하에게 일을 맡겼네.
삼황오제三皇五帝의 덕德이 하나로 이룩되니
우리 당나라 황제를 밝게 해 주리라.

왕의 시대에는 알천공關川公 · 임종공林宗公 · 술종공述宗公, 자장慈藏의 아버지인 호림공虎林公 · 염장공廉長公 · 유신공庾信公이 있었다. 이들은 남산 우지암亏知巖에서 국사를 논의했다. 이때 큰 호랑이 한 마리가 좌중에 뛰어들자 여러 사람들이 놀라 일어났지만 알천 공은 미동도하지 않고 태연하게 앉아 담소하며 호랑이 꼬리를 잡아 땅에 쳐 죽였다. 알천 공의 완력이 이와 같으니 그를 수석에 앉히었다. 그러나 모든 사람들은 유신 공의 위엄에 심복했다.

신라에 네곳의 신령한 땅이 있어, 나라에 큰일을 의논할 때면 대신들은 반드시 그곳에 모여 의논했다. 그러면 그 일이 반드시 성사되었다. 첫 번째가 동쪽 청송산靑松山이요, 두 번째는 남쪽 우지산우知山, 세 번째는 서쪽 피전皮田, 네 번째는 북쪽 금강산金剛山이다. 이 왕 때에 처음 정월 초하룻날 아침에 조례朝禮를 했고, 시랑侍郎이란 칭호도 이때부터 처음으로 사용했다.

김유신金庾信

호력虎力 이간伊干의 아들 서현각간舒玄角干 김金 씨의 장자는 유신庾信이고, 아우는 흠순欽純이다. 맏누이는 보희寶姬로 어릴 때 이름이 아해阿海이고, 누이동생은 문희文姬는 어릴 때 이름이 아지阿之이다. 유신공庾信公은 진평왕眞平王 17년 을묘乙卯에 태어났다. 그는 칠요七曜의 정기를 타고나서 등에 일곱별의 무늬가 있었다.

그에게는 신기하고 이상한 일들이 많았다. 18세가 되는 임신壬申년에 검술로 국선國仙이 되었다. 이때 백석白石이란 사람이 있었는데, 연고는 알 수 없었지만 여러 해 동안 낭도郞徒의 무리에 속해 있었다. 당시 유신은 고구려와 백제를 치기 위해 밤낮으로 의논하고 있었는데, 백석이 그것을 알고는 유신에게 말하기를,

"내가 공과 함께 적국으로 들어가 그들의 실정을 정탐하고 난 뒤에 일을 도모하는 것이 어떻겠습니까?"

라고 했다.

유신이 기뻐하며 친히 백석을 데리고 밤에 떠났다. 얼마후 고개 위에서 쉬고 있을 때, 두 여인이 그들을 따라와 골

화천晉火川에 당도해 숙박하게 되었는데 또다시 한 여인이 갑자기 당도했다. 공이 세 여인과 함께 즐겁게 이야기하고 있을 때, 여인들은 맛있는 과자를 그에게 주었다. 유신은 그것을 먹으면서 마으로 믿게 되어 자신의 실정을 이야기했다. 그러자 여인들은,

"공의 말씀을 잘 알아들었습니다. 청컨대 공께서 백석을 떼어 놓고 우리와 함께 숲 속으로 들어가 다시 말씀해주시겠습니까?"

라고 요구했다. 유신이 여인들과 함께 숲 속으로 들어가자 갑자기 여인들은 신神으로 변해 말하기를,

"우리들은 나림奈林, 혈례六禮, 골화晉火이며 3곳의 호국신護國神입니다. 지금 적국 사람이 낭郎을 유인해 함께 가고 있는데, 낭은 그것을 알지도 못하고 따라가고 있어 우리가 말리려고 따라온 것입니다."

라는 말과 함께 사라졌다.

공이 이를 듣고 놀라 쓰러졌다가 두 번 절하고 나와 골화관晉火館에 묵으면서 백석에게,

"지금 다른 나라에 가면서 지녀야 할 중요한 문서를 두고 왔다. 함께 집으로 돌아가 문서를 가지고 다시 오도록 하자."

라고 했다.

마침내 집으로 돌아와 백석을 결박해 놓고 그 실정을 묻자, 그가 말하기를,

"나는 원래 고구려 사람이다. 우리의 여러 신하들이 말하기를, 신라의 유신은 우리나라 점쟁이 추남이었는데 국경 지방에 역류수(웅자라고도 하는데 엎지락뒤치락 하는 일)가 있어서, 왕은 그에게 점을 쳐보게 하였다. 이때 추남은 '대왕 부인이 음양의 도를 역행해서 이런 징조가 나타난 것입니다.' 라고 했소. 이에 대왕은 한편으로 놀라고 한편으로 괴이하게 생각했고, 왕비는 몹시 화를 냈소. 이것은 틀림없이 요망한 여우의 말이라하여 왕에게 고하여 다른 일로 시험해서 묻되 맞지 않으면 중형에 처하라고 하였다. 그리하여 쥐 한 마리를 함 속에 가두고 추남에게 '이것이 무슨 물건이냐?' 고 물으니 그가 아뢰기를 '이것은 반드시 쥐이고, 8마리입니다' 라고 했소. 이에 그의 말이 맞지 않는다 하여 죽이려고 하니 추남은 맹세하기를, '내가 죽은 뒤에 반드시 대장이 되어 고구려를 멸망시키겠다' 라고 했소. 곧 그를 참형하고 쥐의 배를 가르니, 새끼 일곱마리가 들어 있었소. 그때서야 사람들은 추남의 말이 맞았다는 것을 알았다. 그날 밤 대왕의 꿈에서 추남이 신라 서현공舒玄公 부인의 품속으로 들어가는 것을 보고 신하들에게 물었는데, 모두가 '추남이 맹세하고 죽더니, 과연 맞습니다.' 라고 했소. 이런 연유로 고구려에서 나를 보내 그대를 유인하게 한 것이오."
하였다.

공은 곧 백석을 죽이고 음식을 차려 삼신三神에게 제사 지냈는데, 모두 나타나 제사를 받았다.

김유신 집안의 재매부인財買夫人이 죽자 청연靑淵 상곡上谷에 장사지내고 재매곡財買谷이라 불렀다. 매년 온 집안의 남녀들이 그곳 남쪽 시냇가에 모여 잔치를 열었는데, 이때 백가지 꽃이 화려하게 피었고 송화松花가 골짜기 곳곳에 가득했다. 골짜기 어귀에 암자를 짓고 송화방松花房이라 이름 지어 전해 오다가 원찰로 삼았다. 54대 경명왕景明王 때에 공을 흥호대왕興虎大王으로 봉했다. 능은 서산 모지사毛只寺 북쪽 동으로 뻗어 있는 봉우리에 있다.

태종太宗 춘추공春秋公

　　제29대 태종대왕太宗大王의 이름은 춘추春秋이
고 성姓은 김金씨다. 용수龍樹(혹은 용춘) 각간角干
으로 추봉追封된 문흥대왕文興大王의 아들이다. 어머니는 진
평대왕眞平大王의 딸 천명부인天明夫人이고 비는 문명황후文
明皇后 문희文姬로, 유신공庾信公의 끝 누이이다.

　처음에 날 문희의 언니 보희가 꿈에 서악西岳에 올라가 오
줌을 누었는데, 오줌이 서울 안에 가득 찼다. 이튿날 아침
에 문희에게 꿈 이야기를 하자 문희가 듣고 이르기를,

　"내가 그 꿈을 사겠어요."

　라고 하니, 언니가,

　"무엇으로 사겠느냐?"

　라고 물었다. 이에 문희가,

　"비단 치마를 줄게."

　라고 대답했다.

　그리하여 부희는 꿈을 팔았고 동생은 비단 치마로 값을 치
렀다. 그 후 10일이 지난 정월正月 오기일午른日에 유신이
춘추공과 함께 자신의 집 앞에서 공을 찼다.(신라 사람들은

공을 차는 것을 농주弄珠의 희롱이라고 한다.) 이때 유신은 일부러 춘추의 옷끈을 밟아 찢어지게 하고 말하기를,

"내 집에서 옷끈을 달도록 합시다."

하니, 춘추공이 응했다. 유신이 아해阿海에게 옷을 꿰매라고 하자, 아해가 말하기를

"어찌 그런 사소한 일로 가볍게 귀공자와 가까이 한단 말입니까?"

하고 사양했다.(『고본』에는 병으로 나오지 않았다고 기록되어 있다.)

그러자 유신은 아지阿之에게 명하였는데, 춘추공은 유신의 뜻을 알고 아지와 관계하고 이후부터 꾸짖기를 자주 왕래를 했다. 유신은 그 누이가 임신한 것을 알고

"너는 부모에게 말하지도 않고 임신했는데, 그게 무슨 일이냐?"

하였다. 그리고는 나라 안에 말을 퍼뜨려 누이를 불태워 죽이겠다고 했다. 어느 날 선덕왕善德王이 남산南山으로 거동한 틈을 이용해 마당에 장작을 쌓아 놓고 불을 지르니, 연기가 피어났다. 왕이 연기를 보고 묻자, 좌우 신하들이 아뢰기를,

"유신이 누이동생을 불태워 죽이려나 봅니다."

하였다. 왕이 그 이유를 묻자, 누이동생이 남편도 없이 임신했기 때문이라고 설명했다. 왕이 말하기를,

"그렇다면 누가 그랬다고 하더냐?"

하고 물었다. 이때 춘추공이 왕을 모시고 앞에 있다가 안
색이 크게 변했다.

왕이 말하기를,

"보아하니, 네가 한 짓이 분명하구나. 속히 달려가 구하도
록 해라!"

하니 춘추공은 말을 달려 왕명王命을 전해 죽이지 못하게
하고, 후에 버젓이 혼례를 올렸다.

진덕왕眞德王이 죽고 영휘永徽 5년 갑인甲寅에 춘추공이 즉
위해 8년 만인 용삭龍朔 원년元年 신유辛酉에 59세였다. 애
공사哀公寺 동쪽에 장사 지내고 비석을 세웠다.

왕은 유신과 함께 신통스러운 꾀와 육력으로 삼한三韓을
통일하는 큰 공을 세웠다. 이에 묘호廟號를 태종太宗이라고
했다. 태자 법민法敏·각간角干 인문仁問·각간 문왕文王·
각간 노차老且·각간 지경智鏡·각간 개원愷元 등은 문희가
낳은 아들들이니, 언니에게 꿈을 샀던 징조가여기에 나타
난 것이다. 서자庶子는 개지문皆知文 급간級干·거득車得 영
공令公·마득馬得 아간俄間으로 딸을 합하면 모두 5명이다.

왕은 하루에 쌀 서너말三斗 밥과 꿩 아홉마리를 먹었다 .
그러나 경신庚申에 백제百濟를 멸망시킨 후부터 점심을 먹
지 않고 오직 아침과 저녁만 먹었다. 그래도 하루에 쌀 여
섯말, 술 여섯말, 꿩 열마리를 먹었다. 성안의 물건 값은 포
목 한필에 벼가 30섬 혹은 50섬이었는데, 백성은 이것을
성대라고 지칭했다.

왕이 태자 일 때 고구려를 공격하기 위해 당나라에 군사를 청하려 간 적이 있었다. 이때 당나라 임금이 그의 풍채를 보고 신성한 사람이라고 칭찬하고 시위侍衛로 삼으려 했지만 이를 사양하고 귀국했다.

이때 백제 마지막 왕 의자義慈는 호왕虎王의 원자로 뛰어나게 용맹하고 담력이 있었다. 부모에게 효자였고 형제간에 우애가 깊어 사람들은 그를 해동증자海東曾子라 하였다. 정관貞觀 15년 신축辛丑에 즉위했는데, 주색에 빠지면서 정치가 어지럽고 나라는 위기에 빠졌다.

좌평佐平 성충成忠이 간절히 충언했지만, 듣지 않고 도리어 옥에 가두었다. 성충은 옥에서 거의 죽게 되었지만 끝까지 글을 올려 말했다. '충신忠臣은 죽어도 임금을 잊지 않습니다. 청컨대 한마디만 드리고 죽겠습니다. 신이 일찍부터 시국에 대한 변화를 살폈는데, 틀림없이 병란이 일어날 것입니다. 보편적으로 용병은 지세를 잘 가려 선택해야 할 것이니 상류에 진을 치고 적을 맞으면 반드시 보전할 수가 있습니다. 만약 다른 나라 군사가 쳐들어오면 육로로는 (침현沈峴으로 불리는 요새지要塞地인 탄현炭峴이다.) 넘지 못하게 하고, 수군水軍은 기벌포伎伐浦로 적군이 들어오지 못하게 해야 합니다. 그리고 험한 곳에 택해서 적군을 막아야 그후에 가능할 것입니다.'

그러나 왕은 그의 충언을 깨닫지 못했다.

현경現慶 4년 기미己未에 백제 오회사烏會寺에 크고 붉은 말 한마리가 나타나 밤낮으로 여섯번이나 절에서 돌아다녔다. 2월에는 여우 무리가 의자왕 궁중으로 들어와 그 가운데 한 마리가 좌평 책상 위에 앉았다. 4월에는 태자궁에서 암탉과 작은 참새가 교미했다. 5월에는 사비수 언덕에 큰 물고기가 나와 죽어 있었는데, 길이가 세 길이나 되었으며 이것을 먹은 사람은 모두 죽었다. 9월에는 궁중의 홰나무가 사람처럼 울었고 밤에는 귀신이 대궐 남쪽에 있는 길 위에서 울었다. 5년 경신庚申 봄 2월에는 서울의 모든 우물물이 핏빛으로 변했다. 서쪽 해변에는 작은 물고기들이 나와 죽었는데, 백성이 이것을 다 먹을 수가 없었고 사비수 물도 핏빛이 되었다. 4월에는 청개구리 수만 마리가 나무 위로 몰려들었다. 서울 시정인市井人들이 까닭 없이 놀라서 달아나는 모습이 마치 누가 잡으러 오는 것 같았고, 이에 놀라 자빠져서 죽은 사람이 100여 명이나 되었으며, 재물을 잃은 사람도 수없이 많았다.

6월에는 왕흥사王興寺 중들이 보니 배가 큰 물결을 따라서 절문으로 들어오는 것 같았다. 또한 야생사슴만한 큰 개가 서쪽에서 사비수 언덕으로 와 대궐 쪽을 향해 짖더니 갑자기 어디론가 사라져 알 수가 없었고, 성안의 여러 개들이 길 위로 모여들어 짖거나 울다가 얼마 후에 흩어졌다. 그리고 귀신 하나가 궁중으로 들어와 큰 소리로,

"백제가 망한다. 백제가 망한다!"

라고 외치다가 땅속으로 들어갔다. 왕이 이것을 괴이하게

여겨 사람들에게 땅을 파게 하니, 석자 깊이에 거북 한 마리가 있었다. 거북 등에는 '백제는 둥근 달 같고, 신라는 새로운 달과 같네' 라고 쓰여 있었다. 이 글의 뜻을 무당에게 물으니, 무당이 이르기를,

"둥근 달은 가득 찬 것으로 차면 기우는 것이고, 새로운 달은 차지 않은 것으로 앞으로 점점 차게 되는 것입니다." 하였다. 이에 왕이 노하여 무당을 죽였다.

혹자는 말하기를,

"둥근 달은 성盛한 것이고 새로운 달은 약한 것입니다. 생각건대, 우리나라는 점점 성하고 신라는 점점 약해진다는 뜻이 아니겠스니까."

하니, 왕이 기뻐했다.

이때 태종太宗은 백제에 괴변이 많다는 말을 듣고 5년 경신庚申에 김인문金仁問을 당에 사신으로 보내 군사를 요청했다. 당의 고종은 좌호위대장군형국공左虎衛大將軍荊國公 소정방蘇定方을 신구도행군총관神丘道行軍摠管으로 임명해 좌위장군 유백영劉伯英 · 좌호위장군 빙사귀馮士貴 · 좌효위장군 농효공龐孝公 등과 함께 13만의 대군을 이끌고 공격하게 했다. 『향기鄕記』에는 군사 12만 2,711명, 선박이 1천 900척이라고 했지만, 당사엔 정확하게 말하지 않았다.) 또 신라왕 춘추春秋를 우이도행군총관嵎夷道行軍摠管으로 임명해 신라의 군사를 연합하도록 했다.

소정방이 군사를 이끌고 성산城山을 출발해 바다를 건너와

신라 서쪽 덕물도德勿島에 이르르니 신라왕은 장군 김유신金庾信을 보내 정병精兵 5만을 거느리고 싸우도록 했다. 의자왕은 이 소식을 듣고 신하들에게 공격과 수비의 계책을 묻자, 좌평 의직義直이 나와 아뢰기를,

"당나라 군사들은 먼 거리를 바다로 건너왔고, 수전에 능하지 못할 것입니다. 그리고 신라 군사는 큰 나라의 원조만 믿고 적을 가볍게 생각할 것입니다. 만약 당나라 군사가 싸움에 불리하다는 것을 알면 의심하고 두려워해 감히 진격하지 못할 것입니다. 그렇기 때문에 우리가 선수로 당나라 군사와 결전을 벌이는 것이 좋은 방도입니다."

라고 했다.

하지만 달솔達率 상영常永 등은 말하기를,

"그것은 옳지 않습니다. 당나라 군사는 먼 곳에서 왔기 때문에 싸움을 서두르고 있어 예봉을 꺾을 수 없습니다. 그렇지만 신라 군사는 우리에게 여러 번 패한 적이 있기 때문에 우리 군사의 기세만 봐도 두려워할 것입니다. 지금의 계교로는 마땅히 당나라 군사들의 길을 막고 그들이 피로해질 때까지 기다리는 것입니다. 그러니 먼저 적은 군사로 신라를 공격해 예봉을 꺾고 그 다음 때를 봐서 싸운다면 군사를 한 사람도 잃지 않고 나라를 보전할 수 있을 것입니다."

하였다. 이에 망설여 결행하지 못하고 어떤 말에 따를지 알 수 없었다. 이때 고마며지현古馬며知縣으로 귀양 가있는 좌평 흥수興首에게 사람을 보내 묻기를,

"일이 급한데, 어찌하면 되겠는가?"

홍수가 말하기를,

"대부분 좌평 성충成忠의 말과 같습니다."

라고 했다.

대신들은 이 말을 불신하고 말하기를,

"홍수는 죄인으로 임금을 원망하고 나라를 사랑하지 않기 때문에 그 말은 쓸모가 없습니다. 당나라 군사들을 백강白江으로 유인해 강물을 따라 내려오게 하고, 배를 횡렬로 갖추지 못하게 할 것입니다. 그리고 신라군은 탄현炭峴으로 유인해 소로를 따라 내려오게 하고 말을 횡렬로 갖추지 못하게 할 것입니다. 이렇게 한 다음 군사를 출격시켜 공격한다면 이것은 닭장에 든 닭이나 그물에 걸린 물고기와도 같을 것입니다."

라고 했다.

왕이,

"경들의 말이 옳구나."

했다.

또 보고를 들었는데, 이미 당나라 군사와 신라 군사가 백강과 탄현을 지났다고 했다. 이에 의자왕은 장군 계백偕伯으로 하여금 결사대 5,000명을 이끌고 황산黃山으로 가서 신라 군사와 싸우게 했는데, 계백은 네번을 싸워 전승을 거뒀다. 그렇지만 군사가 적고 힘이 다되어 결국 패하면서 계백은 전사하고 말았다. 이리하여 곧 당나라 군사와 신라 군사가 합세하여 진구津口까지 진격해 강가에 진을 쳤다. 이때 홀연히 새가 나타나 소정방 진영 위에서 맴돌므로 사람을 시켜 점을 치게 하였는데, 점쟁이가 말하기를,

"반드시 원수가 상할 것이오."

하였다. 정방이 두려워 싸움을 멈추려고 하자 김유신이 소방정에게 이르기를,

"어찌 새의 괴이한 일로 천시를 어길 수가 있소? 하늘을 믿고 민심을 따라 어질지 못한 자를 치는데, 어찌 상서롭지 못한 일이 뭐가 있겠소?"

하고 신검을 뽑아 새를 겨누자 몸뚱이가 찢어져 그들의 자리 앞에 떨어졌다.

이에 정방은 백강 왼쪽 언덕으로 진격해 산을 등지고 싸우니 백제군이 대패했다. 당나라 군사는 조수를 타고 북을 치면서 전진했다. 정방은 보병과 기병을 이끌고 백제의 도성으로 진격해 30리 거리에 머물렀다. 이때 백제에서는 성안의 군사를 모두 내어 막았지만, 패하여 죽은 자가 1만여 명이나 되었다. 이에 기세를 얻은 당나라 군사는 성으로 들이닥쳤다. 의자왕은 죽음을 면할 수 없음을 알고 탄식하여 말하기를,

"내가 성충의 말을 듣지 않아서 이렇게 되었구나!"

하였다. 의자왕은 어쩔 수 없이 태자 융隆과 함께 북비北鄙로 도망쳤다. 이윽고 정방이 성을 포위하자 왕의 둘째아들 태泰가 스스로 왕이 되어 무리와 함께 성을 굳게 수비했다.

이때 태장의 아들 문사文思가 태에게 말하기를,

"왕은 태자와 함께 성 밖으로 도망쳤고, 숙부가 제멋대로 왕이 되었습니다. 만약 당나라 군사가 포위를 풀고 물러간다면, 과연 우리들이 온전하겠습니까?"

하고는 좌우 사람들을 거느리고 신하들과 함께 성을 나갔다. 그러자 백성이 모두 그를 따르니 태로서는 말릴 수가 없었다. 소정방이 군사들에게 명해 첩堞을 세우고 당의 깃발을 꽂자, 태는 문을 열고 항복하기를 청했다. 왕과 태자 융隆, 왕자 태泰, 대신 정복貞福 과 여러 성이 모두 항복했다. 소정방은 의자왕과 태자 융, 왕자 태, 왕자 연演을 비롯해 대신과 장사將士 88명과 백성 1만 2,807명을 당의 서울로 보냈다.

백제는 본디 5부, 37군, 200성, 36만 호가 있었는데, 이때 당나라는 이곳에 웅진熊津 · 마한馬韓 · 동명東明 · 금련金蓮 · 덕안德安 등 다섯도독부都督府를 설치하고, 우두머리를 뽑아 도독都督과 자사刺史를 삼아 다스리도록 했다. 낭장郎將 유인원劉仁願에게 명해 도성을 지키게 하고, 또 좌위낭장左衛郎將 왕문도王文度를 웅진도독熊津都督으로 삼아 백제의 나머지 백성을 했다.

소정방이 포로들을 당나라 임금에게 뵈니, 임금은 이들을 책망만 하고 모두 용서해 주었다. 의자왕이 병으로 죽자, 금자광록대부위위경金紫光祿大夫衛尉卿을 증직贈職하고 그의 옛 신하들에게 조상할 것을 허락했다. 또 조서를 내려 손호

孫皓와 진숙보陳叔寶의 무덤 옆에 장사 지내게 하고 모두 비를 세워 주었다.

7년 임술壬戌에 당나라는 소정방을 요동도행군대총관遼東道行軍大摠管으로 임명했다가 다시 평양도平壤道로 고쳐 그 다음 고구려 군사를 패강浿江에서 깨뜨리고 마읍산馬邑山을 점령해 진영을 세우고 마침내 평양성을 포위했다. 그러나 때마침 큰 눈이 내려서 포위를 풀고 돌아가니, 양주안집대사凉州安集大使로 임명해 토번吐藩을 평정케 했다. 건봉乾封 2년에 소정방이 죽자, 당나라 황제는 슬퍼하며 좌효기대장군유주도독左驍騎大將軍幽州都督으로 증직하고 시호諡號를 장莊이라 했다. 이상은 『당사』에 있는 글이다.

『신라별기新羅別記』에 의하면 '문호文虎왕이 즉위한 5년 을축乙丑 8월 경자庚子에 왕이 직접 대군을 이끌고 웅진성熊津城으로 가서 가왕假王 부여扶餘 융隆과 만나 단을 만들고 백마를 잡아 맹세했는데, 천신과 산천에 제사를 지내고, 말의 피를 마시면서 글을 지어 맹세했다. 맹세가 끝나자 폐백을 단의 북쪽에 묻고 맹세의 글은 신라의 대묘에 간직했다. 맹세의 글은 대방도독帶方都督 유인궤劉仁軌가 지은 것이다.' 라고 했다.

또 『고기古記』에는 이렇게 말했다.

총장總章 원년元年 무진戊辰에 신라에서 청한 당나라 군사가 평양 교외에 주둔하면서 글을 보내 말하기를,

"급히 군자軍資를 보내라."

고 했다.

왕이 신하들을 모아 놓고 묻기를,

"적국 고구려로 들어가 당나라 군사가 주둔한 곳으로 간다는 것은 매우 위험한 일이다. 그러나 우리가 청병한 당나라 군사가 양식이 떨어졌는데, 이것을 보내주지 않으면 옳지 못하다. 이 일을 어찌하면 좋겠는가?"

하였다.

그러자 김유신이,

"신 등이 군자를 수송하겠사오니 대왕께서는 염려하지 마십시오."

라고 했다.

유신과 인문 등이 군사 수만 명을 이끌고 고구려 국경 안으로 들어가 곡식 2만 곡斛을 전달하고 돌아오자 왕이 기뻐했다. 또 군사를 일으켜 당나라 군사와 합세하려고 할 때 유신은 미리 연기然起와 병천兵川을 보내 합세할 시기를 물었다. 이때 당나라 장수 소정방은 종이에 난새鸞와 송아지犢를 그려서 보냈다. 신라 사람들은 그 의미를 알지 못해 원효법사元曉法師에게 물으니, 원효가 풀이하기를,

"속히 군사를 돌이키라는 뜻입니다. 송아지와 난새를 그린 것은 두 물건이 끊어지는 것을 의미합니다."

하였다.

이에 유신은 군사를 되돌려 패수浿水를 건너려고 할 때,

"오늘 뒤떨어지는 자는 참수하리라!"

하였다.

이에 따라 군사들이 앞다투어 강을 건너는데, 반쯤 강을 건넜을 때 고구려 군사가 쫓아와 미처 건너지 못한 자를 죽였다. 하지만 이튿날 유신은 고구려 군사를 반격해서 수만 명을 잡아 죽였다.

『백제고기百濟古記』에서 말했다.

"부여성扶餘城 북쪽 모퉁이에 큰 바위가 있는데, 아래로 강물을 내려다보고 있다. 전하는 이야기에 따르면 의자왕과 여러 후궁들은 죽음을 피할 수 없음을 알고 '차라리 스스로 죽을 지언정 남의 손에 죽지 않겠다.' 하고 서로 이끌고 이곳에와서 강물에 몸을 던져 죽었다."

그래서 이 바위를 타사암墮死岩라 부르는데, 이것은 속설俗說이 잘못전해진 것이다. 단지 이곳에서 궁녀宮女들만 떨어져 죽었고, 의자왕은 당나라에서 죽었음이 『당사唐史』에 분명하게 기록되어 있다.

또 『신라고기新羅古記』에는,

"소정방은 고구려와 백제를 토벌하고 또 신라까지 공격하려고 머물러 있었다. 이때 유신은 그것을 알아채고 당나라 군사를 초대해 독약을 먹여 죽이고는 모두 묻었다. 지금 상주尙州경계에 당교唐橋가 있는데 이곳이 그들을 묻은 곳이다."

라고 했다.

『당사唐史』에 보면 죽은 까닭은 없고 다만 죽었다고만 되어 있는데, 무슨 까닭인지 알 수 없다. 감추기 위한 것인가, 고을 사람들의 말이 근거가 없는 것인가? 만약 임술년_{壬戌} 年 고구려와의 싸움에서 신라 사람이 정방의 군사를 죽였다면, 그 후일인 총장_{總章} 무진_{戊辰}에 어떻게 군사를 청병해 고구려를 멸할 수 있었겠는가. 이렇게 보면 향전_{鄕傳}이 근거가 없다는 것을 알 수 있다. 다만 무진_{戊辰}에 고구려를 멸한 후에, 당나라를 신하로서 섬기지 않고 대대로 그곳 땅을 소유한 일은 있었다. 하지만 소정방_{蘇定方}과 이적_{李勣} 두 공을 죽이지는 않았다.

당나라 군사가 백제를 평정하고 돌아간 후에, 신라 왕은 여러 장수들에게 명해 백제의 패잔병을 쫓아 잡게 하고 한산성_{漢山城}에 주둔했다. 그러자 고구려와 말갈_{靺鞨}의 군사가 쳐들어와 포위하여, 서로 싸웠지만 끝이 나지 않아 5월 11일에 시작해 6월 22일에 이르러 우리 군사가 매우 위태로운 상황에 처했다. 왕이 듣고 여러 신하들과 의논했지만, 어떻게 해야 할지 결정하지 못했다. 이때 유신이 달려와 아뢰기를,

"일이 급해 사람의 힘으로는 할 수 없고 오직 신술로 구원이 가능합니다."

하고 성부산_{星浮山}에 단을 쌓고 신술을 닦자, 큰 독 크기의 광채가 단 위에서 나와 별이 북쪽으로 날아갔다. 이것 때문에 성부산_{星浮山}이라고 부르지만, 산 이름에 대한 다른 설도 있다. 산은 도림_{都林} 남쪽에 있으며 솟아있는 하나의 봉우

리가 이것이다. 서울에서 어떤 사람이 벼슬을 구하기 위해 아들을 시켜 큰 횃불을 가지고 밤에 산 위에 올라가 펴들게 했다. 그날 밤 서울 사람들이 횃불을 바라보고 '그곳에 괴이한 별이 나타났다'고 했다. 왕이 이를 듣고 근심하고 두려워하여 사람들을 모아 기도하게 하니 그의 아버지가 모집에 응하려 했다. 하지만 일관은 아뢰기를,

"이것은 별로 괴상한 일이 아닙니다. 다만 한 집의 아들이 죽고 아비가 울 징조입니다."

했다.

그래서 기도를 그만두었는데, 그날 밤 가 아들이 산에서 내려오다가 호랑이에게 물려 죽었다. 한산성漢山城의 군사들은 구원병이 오지 않자 원망하면서 서로 울고 있었는데, 이때 적병이 급히 공격하려하자 갑자기 광채가 남쪽하늘에서 나타나면서 벼락으로 변해 적의 포석砲石 30여 곳을 부쉈다. 이에 적군의 활과 화살과 창이 부러지고 군사들은 모두 땅에 쓰러졌다가 한참 후에 깨어나 흩어져 달아나니 우리 군사들이 무사히 돌아올 수가 있었다.

태종太宗이 왕위에 처음 즉위했을 때, 어떤 사람이 머리가 하나, 몸통이 둘, 발이 여덟 개인 돼지를 바쳤는데, 의논議論하는 사람들이 말하기를,

"이것은 분명 육합六合을 통일할 상서祥瑞입니다."

라고 했다.

이 왕대王代부터 중국의 의관과 아홀牙笏을 사용했는데, 이

것은 자장법사慈藏法師가 당나라 황제에게 청해서 가져온 것이다.

신문왕神文王 때 당나라 고종高宗이 신라에 사신을 보내와 "나의 성고聖考 당태종唐太宗은 어진 신하 위징魏徵과 이순풍李淳風을 얻어 마음과 덕을 함께하여 천하를 통일했던 것이다. 그래서 태종황제太宗皇帝라고 부른다. 너의 신라는 바다 밖의 작은 나라인데, 어째서 태종太宗이란 칭호稱號를 사용해 천자의 이름을 참람하게 하느냐? 그 뜻이 충성스럽지 못하니, 하루빨리 그 칭호를 고치도록 하라."

고 했다.

이에 신라왕은 표表를 올려 말하기를,

"신라는 비록 작은 나라지만 성스러운 신하 김유신을 얻어 삼국을 통일했으므로 태종太宗이라 칭한 것입니다."

하였다. 당나라 황제가 표문을 보고 생각하니, 자신이 태자였을 때 하늘에서 허공에 대고 이르기를,

"삼십삼천三十三天의 한 사람이 신라에서 태어나 김유신이 되었다."

하였다. 이런 일이 있어 책에 기록해 두었는데, 이것을 꺼내 본 황제는 놀라고 두려움에 떨었다. 그래서 사신을 다시 보내 태종의 칭호를 고치지 않아도 된다고 전했다.

장춘랑長春郞과 파랑 罷郞

처음 백제 군사와 황산에서 싸울 때 장춘랑長春郞과 파랑波浪이 진중에서 죽었다. 후에 백제를 칠 때 그들은 태종太宗의 꿈 속에 나타나,

"신 등은 옛날 나라를 위해 몸을 바쳤고, 지금 백골이 되었지만 나라를 지키려고 종군함을 게을리하지 않고 있습니다. 그러나 당나라 장수 소정방蘇定方의 위엄에 눌려 남의 뒤로만 쫓겨 다니고 있습니다. 청컨대 왕께서 우리에게 적은 군사를 내주십시오."

라고 했다.

대왕大王은 놀라고 괴이해 두 영혼을 위해 하루 동안 모산정牟山亭에서 불경을 외고 또 한산주漢山州에 장의사壯義寺를 세워 그들의 명복을 빌게 했다.

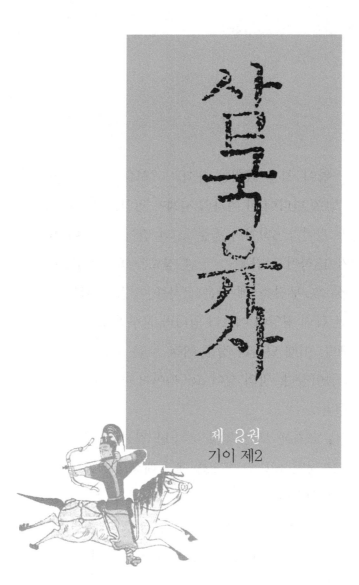

삼국유사

제 2권
기이 제2

문호왕文虎王 법민 法敏

왕이 처음 즉위한 용삭龍朔 신유辛酉에 사비수 남쪽 바다에 한 여자의 시체가 있었는데, 키는 73척이고 발 길이가 6척이며 음문陰門의 길이가 3척이었다. 혹은 키가 18척이고 건봉乾封 2년 정묘丁卯의 일이라고도 한다. 총장總章 무진戊辰에 왕은 군사를 이끌고 인문仁問·흠순欽純과 함께 평양에 이르러 당나라 군사와 합세해 고구려를 멸했다. 이때 당나라 장수 이적李勣은 고장왕高藏王을 사로잡아 돌아갔다. 왕의 성이 고高씨이기 때문에 고장高藏이라고 한다.

『당서唐書』 고기에 보면 현경現慶 5년 경신庚申에 소정방 등이 백제를 정벌하고, 그 후 12월에는 대장군 계여하契如何를 패강도행군대총관浿江道行軍大摠管으로, 소정방을 요동도대총관遼東道大摠管으로, 유백영劉伯英을 평양도대총관平壤道大摠管으로 임명해 고구려를 쳤다. 또 다음 해인 신유辛酉 정월에 소사업蕭嗣業을 부여도총관扶餘道摠管, 임아상任雅相을 패강도총관浿江道摠管으로 임명해 군사 35만 명을 거느리고 고구려를 쳤다.

8월 갑술甲戌에 소정방 등은 고구려에 도착해 패강에서 싸우다가 패해 도망쳤다. 그러자 건봉乾封 원년元年 병인丙寅 6월에 방동선龐同善·고임高臨·설인귀薛仁貴·이근행李謹行 등에게 이를 후원하게 했다. 9월에 방동선이 고구려와 싸워 패했고, 12월 기유己酉에 이적李勣을 요동도행군대총관으로 임명해 육총관六摠管의 군사를 이끌고 고구려를 치게 했다. 총장摠章 원년 무진戊辰 9월 계사癸巳에 이적이 고장왕을 사로잡았다. 12월 정사丁巳에 포로를 황제에게 바쳤다. 상원上元 원년 갑술甲戌 2월에 유인궤劉仁軌를 계림도총관鷄林道摠管으로 임명해 신라를 치게 했다.

우리나라 『고기古記』에 이르기를,

"당나라가 육로장군陸路將軍 공공孔恭과 수로장군水路將軍 유상有相을 보내 신라의 김유신과 함께 고구려를 멸망시켰다."

고 했다. 그러나 여기에는 인문仁問과 흠순欽純만 말하고 유신이 없으니 알 수 없는 일이다.

이때 당나라 유병游兵과 여러 장병들이 진에 남아 장차 우리 신라를 치려고 하여 왕이 이 사실을 알고 군사를 동원해 이들을 쳤다. 이듬해 당 고종高宗이 인문仁問을 불러들여 꾸짖어 말하기를,

"너희가 우리 군사를 빌려 고구려를 멸하고 이제 우리를 침해하는 이유는 무엇이냐?"

하면서, 원비圓扉에 가두고 군사 50만 명을 훈련시켜 설방薛邦을 장수로 삼아 신라를 치려고 했다. 이때 의상법사義相

法師가 당나라에 유학을 갔다가 인문을 찾아 만났는데, 인문이 그 사실을 말해 주었다. 이에 의상 법사가 돌아와 왕께 아뢰니, 그러자 왕은 심히 두려워하면서 여러 신하들을 불러 막아낼 방도를 물었다. 이때 각간角干 김천존金天尊이 말하기를,

"근간에 명랑법사明朗法師가 용궁龍宮에 들어가 비법을 배워왔는데, 그를 불러 물어보십시오."

하였다.

이에 명랑법사가 아뢰기를,

"낭산狼山 남쪽에 신유림神遊林이 있는데, 그곳에 사천왕사四天王寺를 건설하고 도량道場을 개설開設하면 좋겠습니다."

라고 했다.

그때 정주貞州에서 사람이 달려와 보고하기를,

"수많은 당나라 군사가 우리 국경에 이르러 바다 위를 돌고 있습니다."

하니, 왕은 명랑을 불러,

"일이 매우 급하게 되었다. 어쩌면 좋겠는가?"

라고 했다.

명랑이 말하기를,

"다양한 빛의 비단으로 절을 가설假設하면 됩니다."

했다.

이에 따라 채색 비단으로 임시로 절을 만들고 풀로 오방五方의 신상을 만들었다. 그리고 유가瑜伽의 명승明僧 12명에

게 명랑을 우두머리로 하여 문두루文豆婁의 비밀 법法을 작성하게 했다. 이때는 당나라군과 신라군이 아직 싸움하기 직전이었는데, 갑자기 바람과 물결이 거세게 일어나면서 당나라 군사들과 배가 모두 침몰했다. 그 후에 절을 고쳐서 짓고 사천왕사四天王寺라고 불렀는데, 지금까지 단석壇席이 없어지지 않았다. (『국사國史』에는 이 절을 고쳐 지은 것이 조로調露 원년 기묘己卯 때라고 했다.)

그 후 신미년辛未年에 당나라가 또다시 조헌趙憲을 장수로 삼아 5만 명의 군사를 이끌고 쳐들어왔으므로 또 그전의 비법을 썼더니, 배는 예전과 같이 침몰되었다. 이때 한림랑翰林郎 박문준朴文俊이 인문과 함께 옥중에 있었는데, 고종高宗이 문준에게 불러 말하기를,

"너희 나라에는 도대체 무슨 비법이 있기에 두 번씩이나 대병을 몰살시켰느냐?"

라고 하자, 이에 문준이 아뢰기를,

"배신陪臣들은 상국上國에 온 지 10여 년이 되었기 때문에 본국의 일은 알 수가 없습니다. 다만 멀리서 한 가지 일만을 들었습니다. 우리나라가 상국의 은혜로 삼국을 통일했으므로 은덕을 갚기 위해 낭산狼山 남쪽에 천왕사天王寺를 세우고, 황제의 만년수명萬年壽命을 빌면서 법석法席을 길이 열었다고 합니다."

고 했다.

이 말을 들은 고종은 기뻐하면서 예부시랑 낙붕귀樂鵬龜를

신라에 사신으로 파견해 그 절을 살피도록 했다. 신라 왕은 당나라 사신이 온다는 것을 미리 알고 이 절을 보여주지 않기 위해 절 남쪽에 새 절을 지어놓고 기다렸다. 사신이 이르러 말하기를,

"먼저 황제의 수壽를 비는 천왕사에 가서 분향焚香을 올리겠습니다."

라고 하니, 새로 지은 절로 안내했다. 사신이 절 문 앞에 서서

"이 절은 사천왕사四天王寺가 아니라, 망덕요산望德遙山의 절이다."

하고는 끝내 들어가지 않았다. 나라 사람들이 금 1,000냥을 주자, 본국으로 돌아가 아뢰기를,

"신라에서는 천왕사天王寺를 지어 황제의 수壽를 축원할 뿐이었습니다."

라고 했다.

이때 당나라 사신의 말에 의해 절 이름을 망덕사望德寺라고 했다. (혹은 효소왕孝昭王 때의 일이라고도 하는데, 잘못이다.)

대왕大王이 나라를 다스린 지 21년 만인 영륭永隆 2년 신미辛巳에 죽었는데, 유언에 따라 동해중東海中의 큰 바위 위에 장사 지냈다. 왕이 평시에 지의법사智義法師에게 말하기를,

"나는 죽은 뒤에도 나라를 지키는 용이 되어 불법을 숭봉崇奉해서 나라를 수호할 것이다."

했다. 이에 법사가,

"용은 짐승의 응보應報인데 어찌 용이 된다 하십니까?"

하니 왕이,

"나는 세상의 영화를 버린 지 오래되었다. 만약 추한 응보로 내가 짐승이 된다면 이것이야말로 내 뜻에 맞는 것이다."

라고 했다.

왕이 처음 즉위했을 때 남산南山에 장창長倉을 설치했는데, 길이가 50보, 너비가 15보로 미곡과 병기를 이곳에 쌓아두었다. 이것이 우창右倉이고 천은사天恩寺 서북쪽 산 위에 있는 것이 좌창左倉이다.

다른 책에 이르기를,

"건복建福 8년 신해辛亥에 남산성南山城을 쌓았는데, 둘레가 2,850보였다."

고 했다.

그렇다면 이 성은 진덕왕대眞德王代에 처음 쌓았다가 이때 중수한 것이다. 또 부산성富山城을 3년 만에 축조하고 안북하변安北河邊에 철성鐵城을 쌓았다. 또한 서울에 성곽을 쌓기 위해 이미 관리를 갖추라고 명하자 의상법사義相法師가 '왕의 정교政敎가 밝으면 비록 풀 언덕에 금을 그어 성이라고 해도 백성은 감히 넘지 않을 것이고, 재앙을 씻어 깨끗이 하면 모든 것이 복될 것이나, 정교政敎가 밝지 못하면 장성長城이 있다 해도 재화災禍를 피할 수 없을 것입니다.' 라는 글을 올렸다. 왕이 이 글을 보고 공사를 중지시켰다.

어느 날 왕은 서제庶弟 차득공車得公을 불러 말하기를,

"네가 재상이 되어 백관들을 고루다스리고 사해를 태평하게 하여라."

하니 차극공은,

"폐하께서 만약 소신을 재상으로 삼으려 하신다면, 청컨대 국내를 잠행하여 민간의 부역과 조세의 경중과 관리들의 맑고 흐림을 알아보고 그 후에 맡겠습니다."

라고 했다.

왕이 허락하자, 그는 중 옷에 비파를 쥐고 거사의 모습으로 서울을 떠났다. 지금의 명주溟州인 아슬라주阿瑟羅州·지금의 춘주春州인 우수주牛首州·지금의 충주忠州인 북원경北原京을 거쳐 지금의 해양海陽인 무진주武珍州에 이르러 두루 촌락村落을 살피던 중 무진주 관리인 안길安吉이 이인異人인 줄 알고 자신의 집으로 초대해 정성으로 대접했다.

이윽고 밤이 되자 안길은 처첩妻妾 세 명을 불러 말했다.

"오늘밤 거사님과 함께 자는 사람은 내와 평생 동안 함께 살겠다."

두 아내가 말하기를,

"함께 살지 못할지라도 어찌 외간 남자와 잘 수 있겠습니까."

했다. 하지만 그 중에 아내 한 사람이 말하기를,

"당신이 평생을 함께 살겠다면 명을 받들겠습니다."

하고 명에 따랐다.

이튿날 일찍 길을 나서면서 거사는 말했다.

"나는 서울 사람으로 내 집은 황룡사皇龍寺와 황성사皇聖寺 두절 중간에 있고, 내 이름은 단오端午입니다. 주인이 만약 서울에 오거든 내 집을 찾아주시오."

마침내 서울로 돌아와 재상의 자리에 올랐다.

나라 법에 해마다 각 고을의 향리鄕吏 한 사람을 서울의 여러 관청으로 불러 지키게 했는데, 이것이 지금의 기인其人이다. 이때 안길이 차례가 되어 서울로 왔는데, 단오거사端午居士의 집을 물어도 아는 사람이 없었다. 안길은 길가에 한참을 서 있었는데, 이때 한 노인이 지나가다가 그의 말을 듣고 한참을 생각하더니,

"두 절 사이의 집은 대내大內이고 단오는 바로 차득공車得公을 말하는 것이오. 그가 외군外郡으로 암행했을 때 아마도 그대와 어떤 사연과 약속이 있었지요?"

라고 했다.

이에 안길이 사실을 말하자, 노인이 말하기를,

"궁성宮城 서쪽 귀정문歸正門으로 가 출입하는 궁녀를 기다렸다가 말해보오."

라고 했다.

안길은 노인의 말에 따라 무진주의 안길이 문밖에서 기다린다고 전했다. 이 말을 들은 차득공은 달려 나와 손을 잡고 궁중으로 들어가 자신의 비를 불러 함께 잔치를 벌였는

데 음식이 모두 50가지였다.

차득공은 임금께 아뢰고 성부산星浮山 밑의 땅을 무진주 상수上守의 소목전燒木田으로 삼아 백성의 벌채伐採를 금지 해 사람들이 감히 근접하지 못하니 안팎의 사람들이 모구 부러워하였다. 산 밑에 있는 밭 30무畝는 씨앗 3석石을 뿌리는 밭인데, 이곳에 풍년이 들면 무진주가 모두 풍년이었고, 흉년이 들면 무진주도 역시 흉년이었다 한다.

만파식적萬波息笛

제31대 신문대왕神文大王의 이름은 정명政明이고 성은 김金씨다. 개요開耀 원년 신사辛巳 7월 7일에 즉위했다. 아버지 문무대왕文武大王을 위해 동해東海가에 감은사感恩寺를 세웠다. 절의 기록에는 '문무왕文武王이 왜병을 진압하기 위해 절을 창건했지만, 완공을 보지 못하고 죽어 해룡海龍이 되었다. 아들 신문왕이 즉위해 개요開耀 2년에 공사를 끝냈다. 돌계단 아래 금당金堂을 늘어세우고 밑에 동쪽을 향해 구멍을 하나 뚫어 두니, 용이 절에 들어와 돌아다니도록 한 것이다. 유언으로 유골을 묻은 곳은 대왕암大王岩이고, 절 이름은 감은사다. 후에 용이 출몰한 것을 본 장소를 이견대利見臺라고 불렀다. 이듬해 임오壬午 5월 초하루에 해관파진찬海官波珍湌 박숙청朴夙淸이 아뢰기를,

"동해 가운데에 작은 산이 하나가 있어, 물에 떠서 감은사로 향해 오는데 물결 따라 왕래합니다."

했다.

이에 왕이 이상히 여겨 일관 김춘질金春質에게 명해 점을 치게 했다. 일관이 말하기를,

"선왕께서 지금 해룡이 되어 삼한三韓의 난리를 진압하고 나라를 지키고 있습니다. 또 김유신 공도 삼십삼천의 아들로 인간세계에 내려와 대신이 되었습니다. 두 성인이 덕을 모아 이 성을 지킬 보물을 주시려고 합니다. 만약 폐하께서 바닷가로 나가시면 반드시 값으로 따질 수 없는 큰 보물을 얻을 것입니다."

했다.

왕이 기뻐하며 그달 7일에 이견대利見臺로 행차해 가 산을 바라보다가 사자를 보내 살피도록 했다. 산은 거북머리 모양인데, 산 위에 한 개의 대나무가 있어 낮에는 둘이었다가 밤에는 합쳐 하나가 되었다. 이런 사실을 사자가 와서 아뢰었다.

왕이 감은사에 묵는데 이튿날 점심 때 보니 대나무가 합쳐져 하나가 됨에 천지가 진동하고 비바람이 몰아치는데 7일 동안이나 어두웠다. 그달 16일이 되면서 바람이 사라지고 물결도 평온했다. 이윽고 왕은 배를 타고 그 산으로 들어가니 용이 검은 옥대를 바치니, 왕이 영접하여 함께 앉아 묻기를,

"이 산이 대나무와 함께 갈라지고 혹은 합쳐지는 것은 무엇 때문인가?"

하니 용이 답하기를,

"비유하자면 한손으로 치면 소리가 없고 두 손으로 치면 소리가 들리는 것과 같은 이치입니다. 이 대나무는 합쳐야

만 소리가 들리는데, 성왕께서 소리로 천하를 다스릴 징조입니다. 왕께서는 이 대나무로 피리를 만들어 불면 천하가 화평해질 것입니다. 지금 선왕께서는 바다의 큰 용이 되었고, 유신은 다시 천신이 되었습니다. 두 성인이 마음을 함께 하시어 이런 값으로 따질 수 없는 큰 보물을 보내어 나로 하여금 바치게 하였습니다."

라고 했다.

왕은 놀라고 기뻐하면서 유주에서 오색비단과 금金과 옥玉으로 제사 지내고 사자에게 명해 대나무를 베어서 바다에서 나왔는데, 그 순간 산과 용은 홀연히 사라지고 보이지 않았다. 왕이 감은사에서 묵고 17일에 지림사祇林寺 서쪽 시냇가에 도착해 수레를 멈추고 점심을 먹었다. 태자 이공理恭이 대궐을 지키다가 소식을 듣고 말을 달려 하례하고는 세밀하게 살펴보고 아뢰기를,

"이 옥대玉帶의 여러 쪽은 모두가 진짜 용입니다."

고 했다. 이에 왕이,

"네가 어찌 그것을 아느냐?"

라고 묻자, 태자가,

"이쪽 하나를 떼어 물에 넣어 보십시오."

라고 했다.

이에 옥대 왼편 둘째 쪽을 떼어 냇물에 넣으니 금방 용이 되어 하늘로 올라가고 그 땅은 못이 되니, 그 못을 용연龍淵이라 했다.

왕이 대궐로 돌아와 대나무로 피리를 만들어 월성천존고月城天尊庫에 보관했는데, 이 피리를 불면 적병이 물러가고 병이 나으며, 가뭄 때는 비가 오고 장마 때면 날이 개며, 바람이 멎고 물결도 가라앉았다. 이 피리를 만파식적萬波息笛이라 부르고 국보로 삼았다. 효소왕孝昭王 때에 와서 천수天授 4년 계사년癸巳年에 부례랑夫禮郎이 살아 돌아온 기이한 일로 피리의 이름을 만만파파식적萬萬波波息笛이라고 했다.

효소대왕孝昭王代의 죽지랑 竹旨郎

제32대 효소왕孝昭王 때 죽만랑竹曼郎의 무리에 득오得烏 급간級干이 있어 풍류황권風流黃卷에 이름을 올리고 날마다 나왔는데, 10일이 넘게 보이지 않았다. 죽만랑은 그의 어머니를 불러 아들의 행방을 물으니 그의 어머니가 말하기를,

"당전幢典 모량부牟梁部의 익선아간益宣阿干이 내 아들을 부산성富山城 창직倉直으로 보냈는데, 빨리 가느라 미처 그대에게 인사도 하지 못한 것 같습니다."

했다.

이에 죽만랑이,

"만약 사사로운 일로 갔다면 찾아볼 필요가 없겠지만, 공사로 간 것이니 마땅히 가서 대접해야겠습니다."

라고 했다.

이에 떡 한 그릇과 술 한 병을 가지고 좌인左人과 함께 찾아가자, 낭의 무리 137명도 위의威儀를 갖추고 따랐다. 부산성에 도착해 문지기에게 묻기를,

"득오실得烏失이 어디 있느냐?"

하자, 문지기가,

"지금 익선益宣 밭에서 예에 따라 부역하고 있습니다."

라고 대답했다.

낭은 밭으로 찾아가 챙겨간 술과 떡으로 대접했다. 익선에게 휴가를 청해 함께 돌아오려고 했지만, 익선은 굳이 허락하지 않았다.

이때 사리使吏 간진侃珍이 추화군推火郡 능절能節의 조租 30석石을 수확해 싣고 성안으로 들어가고 있었다. 간진은 죽만랑의 선비를 소중히 여기는 품미를 아름답게 여기고, 익선의 고집불통을 비루하게 여겨 가지고 가던 조 30석을 익선에게 주면서 휴가를 청했지만 또다시 허락하지 않았다. 다시 진절珍節 사지舍知의 말안장을 주니 허락했다. 이 말을 들은 조정의 화주花主가 사자使者를 파견해 익선을 추포해 그 더럽고 추한 것을 씻으려고 했지만 익선은 도망쳐 숨었다. 그래서 신 익선의 맏아들을 잡아갔다. 이때가 음력 11월로 매우 추웠는데, 성안의 연못에서 목욕을 시키자 얼어 죽었다.

효소왕孝昭王은 이 말을 듣고 칙서로서 모량리牟梁里 출신으로 벼슬에 오른 모든 사람을 쫓아내 다시는 관청에 발붙이지 못하게 하고, 관직을 불허했다. 승복을 입지 못하게 했으며, 이미 중이 된 자 역시 종을 치거나 북을 울리는 절에는 들어가지 못하게 하였다.

칙사勅使가 간진侃珍의 자손을 올려 평정호손枰定戶孫을 삼아 포상하였다.

 이때 원측법사는 해동의 고승이었는데 모량리 사람이므로 승직을 주지 않았다. 처음 술종공述粥公이 삭주도독사가 되어 임지로 가는데 마침 삼한三韓에 병란이 있어 기병 3천 명으로 그를 호송하게 했다. 일행이 죽지령竹旨嶺에 이르러 한 거사가 그 고갯길을 닦고 있었다. 공이 이를 보고 감탄하여 칭찬하니 거사 역시 공의 위세가 놀라워 좋게 여겨 서로 마음속으로 감동한 바 있었다.

 공이 마을의 임소任所에 부임한 지 한 달이 지나서 꿈에 거사가 방으로 들어왔는데 공의 아내도 같은 꿈을 꾸었다.

 놀라고 괴상히 여겨 이튿날 사람을 시켜 거사의 안부를 물으니 그곳 사람들이 말하기를,

 "거사가 죽은 지 며칠 되었습니다." 하였다.

 사자가 돌아와 고하니 그가 죽은 날이 꿈을 꾼 날과 같았다.

 이에 공이 말하기를,

 "마침내 거사는 우리 집에 태어날 것이다."

 공이 군사를 다리 보내 고개위 북쪽 봉우리에 장사 지내고 미륵彌勒을 하나 만들어 무덤 앞에 세웠다. 공의 아내는 그 꿈을 꾸던 날로 태기가 있어 아이를 낳으니 이름을 죽지竹旨라 했다. 이 죽지랑竹旨郞이 커서 출사出仕하여 유신공庾信公과 함께 부수副師가 되어 삼한을 통일했다. 진덕眞德·태종太宗·문무文武·신문神文의 4대에 걸쳐 재상을 지내고

나라를 안정시켰다. 득오곡得烏谷이 죽만랑竹曼郞을 사모하
여 노래를 지으니 다음과 같다.

 지나간 봄을 그리워하니
 살아 계시지 못해 시름이로다.
 아름다움이 가득한 얼굴,
 해가 갈수록 주름지려 하네.
 눈 돌이킬 사이에나마
 만나 보기 어찌 이루리
 낭이여, 그릴 마음의 모습이 오가는 길
 다북쑥 우거진 마을에 잘 밤이 있으리까.

성덕왕聖德王

제33대 성덕왕聖德王 신룡神龍 2년 병오丙午에 흉년으로 백성이 굶주림에 시달렸다. 이듬해인 정미년丁未年 정월 초하루를 시작으로 7월 30일까지 백성을 구제했는데, 곡식은 한 식구에 하루 서 되三카로 정했다. 구제가 끝나고 계산해 보니 도합 30만 500석이었다. 왕이 태종대왕太宗大王을 위해 봉덕사奉德寺를 세우고 7일간 인왕도량仁王道場을 열고 대사령을 내렸다. 이때 처음으로 시중侍中이란 직책이 생겼다.

수로부인水路夫人

성덕왕聖德王 때 순정공純貞公이 지금의 명주인 강릉태수江陵太守로 부임하던 중 바닷가에서 점심을 먹었다. 곁에는 돌 봉우리가 병풍처럼 바다를 둘렀는데, 높이가 천 길이나 되고 그 위에 철쭉꽃이 만개하여 있었다. 이때 순정공의 부인 수로水路가 이것을 보고 좌우 사람들에게 말하기를,

"저 꽃을 꺾어 내게 줄 사람이 없겠는가?"

하니, 종자들이

"저곳에는 사람이 올라갈 수가 없습니다."

하고는 아무도 나서지 못했다.

이때 암소를 몰고 가던 노인이 있었는데, 부인의 말을 듣고 꽃을 꺾어 가사歌詞까지 지어 바쳤다. 그러나 노인이 누구인지를 알 수가 없었다. 이틀을 가다가 또 임해정臨海亭에 머물러 점심을 먹는데, 갑자기 바다에서 용이 나타나 부인을 데리고 바닷속으로 들어가 버렸다. 공이 땅에 넘어지면서 발을 굴렀으나 막을 수가 없었다.

또 노인이 나타나,

"옛 사람의 말에 여러 사람들의 말은 쇠도 녹인다고 했으니,

바닷속의 용인들 어찌 여러 사람들의 입을 무서워하지 않겠습니까? 마땅히 경내境內 백성을 모아 노래를 지어 부르면서 지팡이로 강 언덕을 치면 부인을 만날 수 을 것입니다."
했다.
공은 노인의 말대로 행하자 용이 부인을 모셔다가 바쳤다. 공이 바닷속으로 들어갔던 일을 부인에게 묻자, 부인은
"칠보궁전煙火에 음식은 맛있고 향기롭고 깨끗한 인간의 연화가 아니었습니다."라고 했다.
그때 부인의 옷에서 풍기는 향기는 세상의 것이 아니었다. 이처럼 수로부인은 미모가 뛰어났기 때문에 깊은 산이나 큰 못을 지날 때마다 매번 신물에게 잡혀갔다. 이때 여러 백성들이 불렀던 해가海歌의 가사는 다음과 같다.

거북아, 거북아, 수로부인을 내놓아라,
남의 부인 빼앗아간 죄 얼마나 크냐.
네가 만약 거역하고 내놓지 않으면,
그물로 잡아서 구워 먹으리.

노인의 헌화가獻花歌는 다음과 같다.
자줏빛 바위 가에
잡은 암소 놓게 하고,
나를 부끄러워하지 않는다면,
저 꽃을 꺾어 바치겠소.

효성왕孝成王

개원開元 10년 임술王戌 10월에 처음으로 모화군毛火郡에 관문關門을 쌓았는데, 지금의 모화촌毛火村으로 경주慶州 동남쪽 경계에 속한다. 이것은 일본을 막는 요새要塞가 되기도 했다. 둘레는 6,792보 5척이고 부역한 인부는 3만 9,262명이며, 공사를 감독한 사람은 원진각간元眞角干이었다. 개원開元 21년 계유癸酉에 당나라가 북적北狄을 치고자 신라에 군대를 요청했다. 이때 신라에 다녀간 사신이 604명이었다.

경덕왕, 충담사, 표훈대덕景德王 忠談師 表訓大德

당나라에서 덕경德經등을 보내오자 대왕은 예로
써 이를 받았다. 왕이 다스린 지 24년에 오악五岳
과 삼산신三山神들이 종종 나타나 대궐 뜰에서 왕을 모셨다.
3월 3일 왕은 귀정문歸正門 누각위에 나가 신하들에게 이르
기를,

"누가 길에 나가 위의威儀 있는 중 한 사람을 데려올 수가
있겠느냐?"

했다. 때마침 위의가 있고 용모가 깨끗한 고승高僧이 한 사
람 있어 길에서 배회하고 있었다. 좌우의 신하들이 이 중을
왕에게로 데려오니 왕이 말하기를,

"내가 말한 위의 있는 중이 아니다."

라며 돌려보냈다.

또다시 중 한 사람이 있는데, 납의에 앵통櫻筒을 등에 지고
남쪽에서 오고 있었다. 왕이 그를 보고 기뻐하면서 누각 위
에서 영접했는데, 통속을 보니 다구茶具가 있었다. 왕이 묻
기를,

"그대는 누구인가?"

하자, 중이 말하기를

"소승은 충담忠談이라고 합니다."

하였다.

왕이,

"어디에서 오는 길인가?"

라고 묻자, 충담이,

"소승은 3월 3일과 9월 9일에는 차를 달여 남산南山 삼화령三花嶺의 미륵세존彌勒世尊에게 올리고 있습니다. 지금도 차를 올리고 돌아오는 길입니다."

라고 했다.

이에 왕이,

"나에게도 그 차를 한 잔 나누어 줄 수 있는가?"

라고 했다.

충담이 곧 차를 달여 올렸는데, 차의 맛이 이상하고 찻잔 속에서 이상한 향기가 풍겼다. 왕이,

"스님이 기파랑耆婆郞을 찬미讚美한 사뇌가詞腦歌의 뜻이 매우 고상하다고 들었다. 그것이 사실인가?"

라고 묻자, 충담이,

"그렇습니다."

라고 했다. 왕은 또다시,

"그러면 나를 위한 안민가安民歌를 지어주겠는가?"

라고 청했다. 충담은 흔쾌히 왕의 명을 받들어 노래를 지어 바치니 왕은 아름답게 여겨 충담을 왕사王師로 봉했지

만, 그는 두 번 절하고 굳이 사양하여 받지 않았다. 충담이
지은 안민가는 다음과 같다.

임금은 아버지요, 신하는 사랑하시는 어머니라요,
백성을 어리석은 아이라 여기시면,
백성이 그 사랑을 알리라.
꿈틀대며 살아가는 물생物生이 이를 먹여 다스려져
이 땅을 버리고 어디로 가겠는가. 할진대
나라가 유지될 줄 알리라.

후구後句
아마 임금답게 신하답게 백성답게 한다면,
나라가 태평하리니.

찬기파랑가讚耆婆郎歌

  헤치고 나타난 달이,
　　　　　흰 구름 쫓아 떠나가는 것 아닌가.
새파란 냇가에
기랑의 모습이 잠겨있구나.
일오逸烏내의 자갈 벌에서
낭郎이 지닌 마음의 끝을 쫓으려 하네,
아아, 잣나무 가지 드높아
서리 모를 화랑이여!

경덕왕景德王은 옥경玉莖의 길이가 여덟치나 되었는데, 후
사가 없어 왕비를 폐하고 사량부인沙梁夫人에 봉했다. 후비
만월부인滿月夫人의 시호諡號는 경수태후景垂太后로 의충각
간依忠角干의 딸이다.

어느 날 왕은 표훈대덕表訓大德에게 이르기를,

"내가 복이 없어 후사가 없으니 바라건대, 대덕은 상제께
청하여 후사를 잇게 해주시오."

했다.

표훈은 명을 받아 천제에게 올라가 고하고 돌아와 아뢰기를,

"상제께서 말씀하시기를 딸을 구한다면 될 수 있지만, 아들은 될 수 없다고 하셨습니다."

하였다..

왕은 또다시 말하기를,

"원컨대 딸을 바꾸어 아들로 만들어 주시오."

하였다.

표훈은 다시 하늘로 올라가 천제께 청하자, 천제가 말하기를,

"될 수는 있으나, 아들이면 나라가 위태로워질 것이다."

했다.

표훈이 내려오려고 하자 천제가 또 불러 말하기를,

"하늘과 사람 사이를 어지럽게 할 수는 없다. 지금 대사는 마치 이웃을 왕래하듯 하면서 천기를 누설했으니, 이제부터는 이렇게 다니지 말아라."

하였다.

표훈이 내려와 천제의 말대로 왕에게 말했지만, 왕이 말하기를,

"나라가 비록 위태하더라도 대를 잇게 하면 만족하겠소."

했다.

그리하여 만월왕후滿月王后가 태자를 낳으니, 왕은 매우 기뻐했다. 태자가 8살 때 왕이 죽어 태자가 즉위했는데, 이가 바로 혜공대왕惠恭大王이다. 나이가 어려 태후太后가 임조臨朝했는데, 정사가 다스려지지 못하고 도둑이 벌떼처럼 일어

나니 허둥거릴뿐 준비하여 막을 수 없었다. 표훈대사의 말이 맞았던 것이다. 왕은 이미 여자였는데, 남자가 되었기 때문에 돌 때부터 왕위에 오르는 날까지 여자의 놀이를 하면서 성장했다. 특히 비단주머니 차기를 좋아하고 도류道流와 어울려서 희롱하며 노니 나라가 크게 어지러워지면서 끝내 선덕왕宣德王과 김양상金良相에게 죽임을 당했다. 표훈 이후에는 신라에 성인이 나지 않았다.

혜공왕惠恭王

대력大曆 초에 강주康州 관청의 대당大堂 동쪽에서 땅이 점점 꺼지면서 마침내 못이 되었는데(다른 책에는 대사大寺 동쪽의 작은 못이라 했다.) 세로가 13척, 가로가 7척이었다. 갑자기 잉어 대여섯 마리가 나타나 점점 커지더니 못까지 덩달아 커졌다. 2년 정미丁未에 또 천구성天狗星별이 동루東樓 남쪽에 떨어졌는데, 머리가 항아리만하고 꼬리가 3척 가량이었으며, 빛은 활활 타오르는 불과 같았고 하늘과 땅까지 진동했다.

같은 해 금포현今浦縣의 오경 정도의 논에서 쌀이 모두 이삭으로 매달렸고, 7월에는 북궁北宮 뜰 안에 두 개의 별이 떨어지고 또 한 개의 별이 떨어지니, 세 개의 별 모두 지고 땅 속으로 들어가 버렸다.

이보다 앞서 대궐 북쪽 뒷간에서 두 줄기의 연蓮이 돋아났고, 봉성사奉聖寺 밭 속에서도 연이 돋았다. 또 호랑이가 궁 안으로 들어와 잡으려고 했지만 놓쳤으며, 각간角干대공大恭의 집 배나무 위에 수많은 참새가 모여들었다.

『안국병법安國兵法』 하권下卷에 따르면 이런 일이 생기면 반드시 천하가 크게 어지러워진다고 하였다. 이에 임금은 대사령을 내리고 수신修身하고 반성했다.

7월 3일 각간 대공이 반란을 일으켜 서울과 오도五道의 주군州郡 96명의 각간角干들이 서로 싸워 혼란스러웠다. 각간 대공이 망하자 그 집의 재산과 보물과 비단 등을 모두 왕궁으로 옮겼다. 또 신성新城 장창長倉에 화재가 나자 사량沙梁·모량牟梁등의 마을에 있던 역적들의 보물과 곡식을 또한 왕궁으로 옮겼다. 난리가 3개월 만에 멈췄는데, 상을 받은 사람도 제법 많았으나 죽임을 당한 자 역시 수없이 많았으니, 표훈이 '나라가 위태롭다.'

고 한 것이 이것이다.

원성대왕元聖大王

이찬 김주원金周元이 처음 상재上宰가 되고 왕은 각간角干으로서 상재의 다음 자리에 있었는데, 왕이 꿈에 복두(귀인이 쓰는 모자)를 벗고 흰 갓에 12현금絃琴을 들고 천관사天官寺 우물 속으로 들어갔다. 꿈에서 깨어나 사람을 시켜 점을 치게 했더니,

"복두를 벗은 것은 벼슬을 잃는 것이고, 가야금을 든 것은 칼을 쓰게 되는 것이고, 우물 속으로 들어간 것은 옥에 갇힐 징조입니다."

하였다.

이 말을 들은 왕은 몹시 걱정스러워 두문불출했다.

이때 아찬 여삼餘三이 찾아왔는데, 왕은 병을 핑계로 나오지 않았다. 이에 또다시,

"한번 뵙기를 청합니다."

라고 하자, 왕이 허락했다. 아찬이,

"공이 근심하는 것이 무엇입니까?"

하고 물었다.

왕이 이 꿈을 점친 일을 말하자, 아찬은 일어나 절하면서,

"그것은 좋은 꿈입니다. 만약 공이 왕위에 올라 나를 버리지 않으신다면 공을 위해 해몽해 드리겠습니다."

라고 했다.

이에 왕이 좌우를 물리고 아찬에게 해몽을 청했다. 아찬은,

"복두를 벗은 것은 위에 아무도 없다는 것이고, 흰 갓을 쓴 것은 면류관을 쓸 징조이며, 12현금은 12대손까지 왕위를 물려받는 조짐이며, 천관사 우물로 들어간 것은 궁궐로 들어갈 상서로운 징조입니다."

라고 했다.

왕이 말하기를

"위에 주원이 있는데, 어떻게 상위에 있을 수 있겠소?"

했다.

아찬이 말하기를,

"아무도 모르게 북천의 신에게 제사를 지내면 좋을 것입니다."

하니, 왕이 그의 말에 따랐다. 얼마 후 선덕왕이 붕어하자, 나라 사람들은 김주원을 왕으로 추대해 장차 궁중으로 맞으려고 했다. 때마침 그의 집이 북천 북쪽에 있었는데, 갑자기 냇물이 불어나 건널 수가 없었다. 이에 왕이 먼저 궁궐로 들어가 즉위하자, 모든 대신들이 따르면 새 임금에게 축하를 드리니,

이 임금이 원성대왕元聖大王이다. 왕의 이름은 경신敬信이고, 성은 김金씨이니, 그의 길몽이 그대로 들어맞았다. 주원

은 물러나 명주溟州에서 살았다. 임금의 자리에 올랐으나, 여산이 이미 죽었기 때문에 그의 자손들을 불러 벼슬을 내렸다. 왕에게는 다섯명의 손자가 있었는데, 혜충태자惠忠太子·헌평태자憲平太子·예영잡간禮英잡干·대룡부인大龍夫人·소룡부인小龍夫人 등이다.

대왕은 인생의 곤궁과 영달의 이치를 알았기 때문에 신공사뇌가身空詞腦歌(노래는 없어져 알 수 없다.) 지었다. 왕의 아버지 대각간 효양孝讓이 조종祖宗의 만파식적萬波息笛을 보관했다가 왕에게 전해 주었다. 왕은 이것을 얻음으로써 하늘의 은혜를 두텁게 입어 덕을 멀리까지 빛냈다.

정원貞元 2년 병인丙寅 10월 11일에 일본왕 문경文慶이 군사를 동원해 신라를 치려고 했지만, 신라에 만파식적이 있다는 군사를 물렸다.

문경은 『일본제기日本帝紀』를 살펴보면 제55대 왕 문덕文德이라 했는데 아마 이분인 듯하다. 그 외에 문경文慶이란 이름은 없다. 다른 책에는 이 왕의 태자라고도 했다.

그런 다음 사자에게 금 50냥을 보내 피리를 달라고 요청했지만, 왕은 사자에게 이르기를,

"내가 듣기론 옛날 진평왕 때 그 피리가 있었다고 했는데, 지금은 어디에 있는지 알 수 없다."

하였다.

이듬해 7월 7일에 또다시 사자를 보내어 금 1천 냥을 가지고 와 청하기를,

"내가 그 신비로운 물건을 보기만 하고 그대로 돌려보내 겠습니다."

했지만, 왕이 역시 거절했다. 그리고 은 3천 냥을 그 사자에게 주고 가져온 금은 되돌려 보냈다. 8월에 사자가 돌아가자 피리를 내황전內黃殿에 보관했다.

왕이 즉위한 지 11년 을해乙亥에 당나라의 사자가 서울로 들어와 한 달 동안 머물다가 돌아갔다. 그 다음 날 두 여자가 내정內廷으로 나와 아뢰기를,

"저희는 동지東池·청지靑池에 있는 두 용의 아내이옵니다. (청지는 동천사東泉寺의 샘을 말한다. 절의 기록에 의하면 이 샘은 동해東海의 용이 왕래하면서 불법佛法을 듣던 곳이고, 절은 진평왕眞平王이 지은 것으로 오백성중五百聖衆과 오층탑五層塔과 전민田民을 헌납했다고 기록되어 있다.) 그런데 당나라 사자가 하서국河西國의 두 사람을 거느리고 와서 우리의 남편인 두 용龍과 분황사 우물의 용까지 모두 세용의 모습을 작은 물고기로 변하게 하여 통속에 넣어 돌아갔습니다. 청컨대 폐하께서 그 두 사람에게 명하시어 나라를 지키는 용인 우리 두 남편을 이곳에 머물도록 해주십시오."

했다.

왕은 직접 하양관河陽館까지 쫓아가 친히 연희를 하서국 사람들에게 명하기를,

"너희는 어찌하여 우리나라의 세 용을 이곳까지 잡아왔느

냐? 사실대로 고하지 않으면 반드시 참형 시킬 것이다."

하였다.

이에 하서국 사람들은 세 마리의 고기를 내어 바치므로 세 곳에서 놓아주자 물속에서 각각 한 길이나 뛰고 기뻐하며 뛰놀다가 가 버렸다. 이에 당나라 사람들은 왕의 명철함에 감복했다. 어느 날 왕은 황룡사皇龍寺(다른 책에는 화엄사華嚴寺라고 했고 또 금강사金剛寺라고도 했으니 이것은 아마도 절 이름과 불경 이름을 혼동한 것 같다.)의 중 지해智海를 대궐로 불러 50일 동안 화엄경華嚴經을 외우게 했다.

사미묘정沙彌妙正이 매일 금광정金光井으로 가서 바릿대를 씻었는데 자라 한 마리가 우물 속에서 떴다가 가라앉았다 하므로 사미는 늘 먹다 남은 밥을 자라에게 주면서 놀았다. 법석法席이 끝날 무렵 사미 묘정은 자라에게 말하기를,

"내가 너에게 덕을 베푼 지가 오래되었는데, 너는 나에게 무엇으로 갚으려느냐?"

했다.

며칠 후 자라는 입에서 작은 구슬 한 개를 토해 묘정에게 주려는 듯 보였다. 이에 묘정은 그 구슬을 받아 허리띠 끝에 달았다. 그 후부터 대왕은 묘정을 보면 사랑하고 소중하게 여겨 내전으로 불러 옆을 떠나지 못하게 했다.

이때 잡간 한사람이 당에 사신으로 갈 때, 그 역시 묘정을 사랑해 동행하기를 청함에 왕이 허락했다. 당나라 황제도 역시 묘정을 보는 순간 사랑하게 되었으며, 승상과 신하들

까지 그를 존경하고 신뢰했다. 관상을 보는 사람 하나가 황제에게 아뢰기를,

"사미의 관상이 전혀 길한 상이 아닌데도 남에게 신뢰와 존경을 받는 것은 필경 이상한 물건을 지니고 있음이 분명합니다."

했다. 황제가 사람을 시켜 몸을 뒤졌는데, 허리띠 끝에 작은 구슬 한 개가 달려 있었다.

황제가 말하기를,

"나에게 4개의 여의주가 있었는데 지난해 한 개를 잃어버렸다. 이 구슬은 내가 잃어버린 바로 그 구슬이다."

하며 구슬을 갖게 된 이유를 물었다. 묘정은 그 사실을 자세히 아뢨다. 황제가 생각하니 구슬을 잃어버렸던 날짜가 묘정이 구슬을 얻은 날과 같았다. 황제가 구슬을 빼앗고 묘정을 돌려보냈는데, 그 뒤로는 묘정을 사랑하고 신뢰하는 사람이 없었다.

왕의 능은 토함산 서쪽 동곡사洞鵠寺(지금의 숭복사崇福寺)에 있는데, 최치원의 지은 비문이 있다. 왕은 보은사報恩寺와 망덕루望德樓를 세웠으며 조부 훈입잡간을 추봉하여 흥평대왕興平大王이라 하고, 증조 의관잡간을 신영대왕神英大王이라 하였으며, 고조 법선대아간法宣大阿干을 현성대왕玄聖大王이라 했다. 현성대왕의 아버지가 곧 마질차갑간이다.

이른 눈早雪

제40대 애장왕哀莊王 말년 무자戊子 8월 15일에 눈이 내렸다. 제41대 헌덕왕憲德王 때인 원화元和 13년 무술戊戌 3월 14일에 많은 눈이 내렸다.(다른 책에는 병인丙寅이라고 했는데, 이는 잘못이다. 원화元和는 15년에 끝났기 때문에 병인丙寅은 없다.)

제46대 문성왕文聖王 기미己未 5월 19일에 많은 눈이 내렸다. 8월 1일에는 천지가 어두웠다.

흥덕왕興德王과 앵무 鸚鵡

제42대 흥덕대왕興德大王은 보력寶曆 2년 병오丙午에 즉위했다. 얼마 후 어떤 사람이 당나라에 사신으로 갔다가 앵무새 한 쌍을 가지고 돌아왔다. 오래지 않아 암컷이 죽자 홀로 남은 수컷은 슬픈 울음을 그치지 않았다. 왕이 사람을 시켜 앵무새 앞에 거울을 놓게 했는데, 앵무새는 거울 속에 비친 자신을 제 짝으로 알고는 거울을 쪼다가 제 그림자임을 알고 슬프게 울다가 죽었다. 이에 왕이 앵무새를 두고 노래를 지었다고 하는데, 그 가사歌辭는 알 수가 없다.

신식대왕神式大王과 염장閻長과 궁파弓巴

 제45대 신무대왕神武大王이 왕위에 오르기 전 협
사 궁파俠士弓巴에게 말하기를,

"나에게는 세상에서 함께 살 수 없는 원수가 있다. 네가
나를 위해 그를 제거한다면 내가 왕위에 오른뒤에 네 딸을
왕비로 삼겠다."

했다.

궁파가 이를 허락하고 마음과 힘을 합쳐 군사를 일으켜 서
울로 쳐들어가 일을 성취했다. 그 뒤에 이미 왕위를 빼앗고
궁파의 딸을 왕비로 맞으려고 하는데 신하들이 힘써 간하
기를,

"궁파는 아주 천한 사람으로 왕께서 그의 딸을 왕비로 맞
으심은 옳지 않습니다."

하였다. 왕이 신하들의 말을 따랐는데, 그때 궁파는 청해
진에서 진을 지키고 있었다. 그는 왕이 약속을 지키지 않음
을 원망해 반란을 일으키려고 하였다. 장군 염장閻長이 이
를 알고 왕에게 아뢰기를,

"궁파가 장차 충성스럽지 못한 일을 하려고 하니 소신이

가서 그를 제거하려고 합니다."

하였다. 왕이 기뻐하며 이를 허락했다. 염장은 왕의 명을 받아 청해진으로 가서 길을 안내하는 사람을 통해,

"나는 왕에게 작은 원망이 있어서, 그대에게 의탁해 목숨을 지키려고 합니다."

라고 말했다.

궁파는 이 말을 듣고 크게 노하였다.

"너희들가 왕에게 간해서 내 딸을 폐했는데, 어찌 나를 보려 하느냐?"

염장이 다시 다른 사람을 통해 말하기를,

"그것은 여러 신하들이 간한 것이고 나는 그 일에 간여하지 않았으니 나를 의심하지 마시오."

했다.

이에 궁파는 청사廳舍로 그를 불러 물었다.

"그대는 무슨 일로 이곳에 왔는가?"

염장이,

"왕의 뜻을 거스른 일이 있어서 그대의 막하幕下에 들어와 해를 면할까 합니다."

라고 했다. 그러자 궁파가,

"그렇다면 다행한 일이오."

하면서 술자리를 마련하고 기뻐했다. 이에 염장은 궁파의 긴 칼을 빼어 궁파를 죽이자 휘하의 군사들은 놀라 모두 땅에 엎드렸다. 염장이 이들을 이끌고 서울로 와 복명하기를,

"이미 궁파를 베어 죽였습니다."

하였다.

왕은 기뻐하며 그에게 상을 내리고 아간阿干 벼슬을 내렸
다.

경문대왕景文大王

왕의 이름은 응렴膺廉이고 18세에 국선이 되었다. 약관에 이르자 헌안대왕憲安大王은 그를 궁중으로 초대해 잔치를 베풀면서 묻기를,

"낭郎은 국선이 되어 사방을 돌아다니며 놀았으니, 무슨 이상한 일을 본것이 있는가?"

라고 물었다.

낭이 이르기를,

"신은 아름다운 행실이 있는 세 사람을 보았습니다."

했다.

왕이,

"그렇다면 그 말을 들려주게."

하자, 낭이 이르기를,

"남의 윗자리에 있을 만한 사람이지만 자격이 있지만 겸손하여 그의 밑에 있는 사람이고, 그 하나요, 두 번째는 세력과 함께 부자이지만 옷차림을 검소하게 입는 사람이 그 둘이요, 세 번째는 본래부터 귀하고 세력이 있지만 그 위력을 부리지 않는 사람이 그 셋입니다."

하였다

왕은 그 말을 듣고 낭이 어질다는 것을 알고 자기도 모르게 눈물을 흘리면서 말했다

"내게 두 딸이 있는데 그대의 시중을 들게 하겠다."

이에 낭이 절하고 머리를 조아리며 물러나와 부모에게 고하니 부모는 놀라고 기뻐하면서 자제들을 모아놓고 의논하기를,

"왕의 맏 공주는 외모가 초라하고, 둘째 공주는 매우 아름답다 하니 둘째를 아내로 삼으면 좋겠다."

라고 했다.

이때 낭의 무리 중에 우두머리인 범교사範敎師가 이 말을 듣고 낭을 찾아가 물었다.

"대왕께서 공주를 공의 아내로 주고자 하는 것이 사실인가?"

"그렇습니다."

"어느 공주를 택할 것인가?"

"부모님께서는 둘째 공주가 좋겠다고 하셨습니다."

범교사가 말했다.

"낭이 만약 둘째 공주를 택하면 나는 반드시 낭의 면전에서 죽을 것이고, 맏 공주를 택하면 반드시 세가지 좋은 일이 있을것이니 경계하여 택하도록 하라."

이 말에 낭은,

"말씀대로 따르겠습니다."

했다.

그 뒤에 왕이 날을 택해 낭에게 사자를 보내면서

"두 딸 중에 공의 뜻대로 결정하라."

하였다.

사자가 돌아와 낭의 의사를 왕에게 보고하였다.

"첫째 공주를 택하겠다고 합니다."

그후 3개월이 지나서 왕의 병이 위독했다. 여러 신하들을 불러 놓고 말하기를,

"나에게 후사가 없으니, 내가 죽은 뒤의 일은 마땅히 맏딸의 남편 응렴膺廉이 이어야 할 것이다."

했다.

그 다음 날 왕이 죽자, 유언대로 낭을 왕으로 받들어 즉위했다. 이에 범교사가 왕에게 나아가 말하기를,

"제가 말씀드린 세가지 좋은 일이 이제 모두 이뤄졌습니다. 첫 번째는 공주를 택해서 왕위에 오른 것이고, 두 번째는 흠모하던 둘째 공주를 쉬이 맞을 수 있게 된 것이고, 세 번째는 맏 공주를 택했기 때문에 왕과 왕비를 기쁘게 한 것입니다."

했다.

왕은 그 말을 고맙게 여겨 대덕大德 벼슬을 내리고 금 130 냥을 하사했다. 왕이 죽자 시호를 경문景文으로 이라 했다.

일찍이 왕의 침전에는 날마다 저녁 때가 되면 수많은 뱀들이 모여들었는데, 궁인들이 놀라고 두려워 쫓아내려고 했다.

이에 왕은,

"만약 뱀이 없다면 내가 편안하게 잠을 잘 없으니 쫓아내지 말아라."

하였다.

왕이 침전에 들면 언제나 뱀이 혀를 내밀어 가슴을 덮었다. 또 왕위에 오르자 왕의 귀가 때 갑자기 우습게 되었는데 왕후와 궁인들은 이 사실을 전혀 눈치 채지 못했다. 오로지 복두장僕頭匠만 이 사실을 알고 있었으나, 그는 평생 남에게 말하지 않았다. 그가 죽을 때에 아무도 없는 도림사道林寺 대밭으로 들어가 대나무를 보고,

"우리 임금의 귀는 당나귀 귀와 같다!"

라고 외쳤다.

이후부터 바람이 불면 대밭에서 '우리임금의 귀는 당나귀 귀와 같다' 라는 소리가 났다. 왕은 이 소리가 듣기 싫어 대나무를 모두 잘라내고 산수유山茱萸 나무를 심었다. 그랬더니 바람이 불면 거기에서 다만 '우리 임금의 귀는 길다' 라는 소리가 났다.

국선 요원랑邀元郎·예흔랑譽昕郎·계원桂元·숙종랑叔宗郎 등이 금란金蘭을 유람했는데, 이들은 속으로 임금을 위해 나라를 다스리려는 뜻을 품고 있었다. 이에 노래 세 수首를 짓고, 다시 심필心弼 사지舍知에게 공책을 주고는 대구화상大矩和尙에게 보내 노래 세 수를 짓게 하니, 첫째가 현금포곡玄琴抱曲이요. 둘째가 대도곡大道曲, 셋째가 문군곡問群曲

이다. 대궐로 들어가 왕께 아뢰자, 왕은 기뻐하여 칭찬하면
서 상을 주었다 노래는 알 수 없다.

처용랑處容郎과 망해사望海寺

제49대 헌강대왕憲康大王 때에는 서울에서 지방까지 집과 담이 연하고 초가가 전혀 없었다. 음악과 노래가 길에 끊이지 않았고, 바람과 비는 사계절이 순조로웠다. 어느 날 대왕이 지금의 울주蔚州인 개운포開雲浦에서 노닐다가 돌아가던 중 물가서 쉬고 있었는데, 갑자기 구름과 안개가 자욱해져 길을 잃고 말았다. 왕이 이상하게 여겨 좌우 신하들에게 묻자, 일관日官이 이르기를,

"이것은 동해東海 용의 변화입니다. 마땅히 좋은 일로 풀어야 할 것입니다."

했다.

왕은 관원에게 명을 내려 용을 위해 근처에 절을 짓게 했다. 왕의 명령이 내리자 안개가 걷히니, 이곳을 개운포開雲浦라 했다. 동해의 용은 기뻐하면서 아들 일곱을 데리고 왕 앞에 나타나 덕을 찬양하면서 춤을 추고 음악을 연주했다. 그중 한 아들이 왕을 따라 서울로 들어와 왕의 정사를 도왔는데, 그의 이름을 처용處容이라 했다.

왕은 미인을 처용의 아내로 삼아 머물게 하고, 또 급간級干

이란 관직官職을 내렸다. 처용의 아내가 미인이었기 때문에 역신疫神이 흠모하여 인간으로 변신해 밤마다 그 집을 찾아가 몰래 동침했다. 처용이 밖에서 돌아왔다가 두 사람이 누워 있는 것을 보고 노래를 부르고 춤을 추면서 물러났다. 그 노래는 다음과 같다.

동경東京 밝은 달에, 밤들어 노닐다가
들어와 자리를 보니, 다리 가랑이 넷일러라.
둘은 내해이고, 둘은 뉘해인고.
본디 내해지만, 빼앗겼으니 어찌할꼬.

그때 역신은 본래의 모습을 나타내어 처용 앞에 꿇어앉아 말하기를,

"내가 공의 아내를 사모해 잘못을 했는데도 공은 노여워하지 않기에 감동받았습니다. 맹세하건대 이제부터는 공의 모양을 그린 것만 보아도 그 문 안에 들어가지 않겠습니다."

했다.

이 일로 해서 나라 사람들은 처용의 형상을 그려 문앞에 붙여 사귀邪鬼를 물리치고 경사스러운 일을 맞아들였다.

왕은 서울로 돌아와 이내 영취산靈鷲山 동쪽 기슭의 경치 좋은 곳에 절을 세워 이름을 망해사望海寺라 했다. 또 이 절을 신방사新房寺라 했으니, 이것은 용을 위해 세운 것이다.

왕이 또 포석정鮑石亭에 갔는데, 남산南山의 신이 왕 앞에

나타나 춤을 추었다. 그런데 좌우 사람들에게는 그것이 보이지 않고 왕만이 혼자 보았다. 사람이 나타나 춤을 추니 왕도 함께 춤을 추면서, 형상을 보였다. 신의 이름을 상심詳審이라고도 했는데, 지금까지 나라 사람들은 이 춤을 전승해 어무상심御舞詳審 또는 어무산신御舞山神이이라 한다. 혹은 말하기를 신이 먼저 나와 춤을 추자 그 모습을 살펴 공인工人에게 새기게 하여 후대 사람들에게 보이게 했기 때문에 상심象審이라 했다고 한다. 불린다. 혹은 상염무霜髥舞라고도 하는데, 이것은 그 형상에 따라 이름을 붙인 것이다.

왕이 또 금강령金剛嶺에 갔을 때 북악北岳의 신이 나타나 춤을 추었는데, 이것을 옥도검玉刀劍이라고 불렀다. 또 동례전同禮殿에서 잔치를 할 때에는 지신地神이 나타나 춤을 추었으므로 지백급간地伯級干이라고 불렀다.

『어법집語法集』에는 이르기를,

"그때 산신이 춤을 추고 '노래하기를 지리다도파智理多都波'波라고 했는데 '도파都波'는 지혜로 나라를 다스리는 사람이 미리 사태를 알고 도망해 도읍이 앞으로 파괴된다는 의미다."

라고 전하고 있다. 즉 지신과 산신은 나라가 망함을 알기 때문에 춤을 추어 이를 경계한 것이다. 그러나 나라 사람들은 이것을 알지 못하고 도리어 상서祥瑞가 나타났다며 술과 여색女色을 더욱 즐기다가 나라가 마침내 망하고 말았다고 한다.

진성여대왕과 거타지

제51대 진성여왕眞聖女王이 임금으로 즉위한 지 몇 해가 지나 유모 부호부인鳧好夫人과 그녀의 남편 위홍잡간 등 서너 명의 총신寵臣들이 권력을 잡아 정사가 혼란해지자 도둑들이 봉기했다. 이를 걱정한 나라 사람들은 다라니타陀羅尼의 은어隱語를 지어서 글로 써서 길 위에 던졌다. 왕과 권세 있는 신하들은,

"이것은 왕거인王居仁이 아니고는 누가 이 글을 지었겠는가?"

하였다.

이에 거인을 옥에 가두자 그는 시를 지어 하늘에 하소연했다. 그러자 하늘이 옥에 벼락을 내려 거인을 살아나게 했는데 그 시는 다음과 같다.

연단燕丹의 피어린 눈물 무지개가 해를 뚫었고,
추연鄒衍의 품은 슬픈 여름에도 서리 내리네.
지금 나의 불우함 그들과 같거니,
황천皇天은 어이해 아무런 상서로움을 주지 않는가.

다라니의 은어隱語는 다음과 같다.

南無亡國 刹尼那帝 判尼判尼蘇判尼 于于三阿干 鳧伊娑婆訶
남무망국 찰니나제 판니판니소판니 우우삼아간 부이사파가

해설가는 이렇게 말했다.

"찰니나제刹尼那帝는 여왕女王을 가리키는 것이고, 판니판니소판니判尼判尼蘇判尼는 두 소판蘇判을 가리킨 것이다. 소판은 관작官爵의 이름이요, 우우삼아간于于三阿干은 서너 명의 총신을 말한 것이요, 부이鳧伊는 부호鳧好를 말한 것이다."

이 왕 때 아찬阿飡 양패良貝는 왕의 막내아들이었다. 그가 당나라에 사신으로 갈 때 후백제 해적들이 진도津島에서 길을 막는다는 말을 듣고, 활 쏘는 사람 50명을 선발해 따르게 했다. 배가 곡도鵠島에 도착했을 때, 큰 풍랑이 일어나 10여 일 동안 묵게 되었다. 양패공良貝公은 이것을 근심하여 사람을 시켜 점을 치게 했는데, 점쟁이가 이르기를,

"섬에 신지神池가 있는데, 그곳에 제사를 지내면 좋을 것입니다."

했다.

이에 못 위에 제물을 차려 놓는 순간 못의 물이 한 길 넘게 치솟았다. 그날 밤 꿈에 노인이 나타나 양패공에게 이르기를,

"활 잘 쏘는 사람 한 명을 이 섬에 남겨 두면 순풍을 얻을 것이오."

했다.

양패공이 잠에서 깨어 그 일을 좌우에게 물어 말하기를,

"누구를 남겨 두면 좋겠소?"

하자, 여러 사람들은,

"나무 조각 50개에 저희의 이름을 각각 적어서 물에 가라 앉게 하여 제비를 뽑으면 될 것입니다."

라고 했다. 양패공은 이를 따르기로 했다.

군사 가운데 거타지의 나무 조각이 물에 잠겼다. 이에 그를 남겨 두니 갑자기 순풍이 불어와 배는 거침없이 나아갔다. 거타지는 조심스레 섬에 서 있었는데 갑자기 못 속에서 노인이 나타나 일러 말하기를,

"나는 서해약西海若인데, 매양 승려 한 사람이 해가 뜰 무렵 하늘에서 내려와 다라니 주문을 외면서 이 못을 세 바퀴를 도는데, 그러면 우리 부부와 자손들이 모두 물 위에 뜨게 됩니다. 그리고는 그 중이 내 자손들의 간을 빼먹습니다. 그래서 이제는 오직 우리 부부와 딸 하나만 남아 있습니다. 내일 아침에도 그 승려가 또 반드시 올 것이니, 그대는 활로 쏘아 주시오."

하였다.

거타지가 말하기를,

"활 쏘는 것은 나의 특기인데, 명령대로 하겠습니다."

했다.

노인은 고맙다는 인사와 함께 물속으로 들어갔고 거타지
는 숨어서 기다렸다. 이튿날 해가 뜰 때 과연 승려가 내려
와 주문을 외면서 늙은 용의 간을 빼먹으려고 했다. 이때
거타지가 활을 쏘아 승려를 맞혔는데, 승려는 곧바로 늙은
여우로 변하면서 땅에 쓰러져 죽었다. 이에 노인이 나와 감
사의 뜻을 표하기 이르기를,

"공의 은혜로 내 성명性命을 보전하게 되었으니 내 딸을
아내로 삼기를 청하오."

라고 했다.

거타지가 말하기를,

"따님을 나에게 주시고 나를 저버리지 않는다면 본디 바
라던 바입니다."

하였다. 노인은 그 딸을 꽃으로 변하게 해서 거타지의 품
속에 넣어 주고 두 용에게 명하여 거타지를 모시고 사신의
배를 호위하여 당나라로 들어가게 했다. 당나라 사람들은
신라의 배를 용 두 마리가 호위하고 있는 것을 보고 황제皇
帝에게 아뢨다. 이에 황제가,

"신라 사신은 반드시 비상한 사람일 것이다."

하면서 잔치를 베풀어 여러 신하들의 윗자리에 앉히고 금
과 비단을 후하게 내렸다. 본국으로 돌아온 거타지는 품속
의 꽃가지를 내어 여자로 변하게 해서 함께 살았다.

효공왕孝恭王

제52대 효공왕孝恭王 광화光化 15년 임신壬申에
봉성사奉聖寺 외문 동서쪽 21간間에 까치가 집을
지었다. 또 신덕왕神德王 즉위 4년 을해乙亥에 『고본古本』에
는 천우天祐 12년이라 했으나 당연히 정명貞明 원년이라 해
야 한다. 영묘사靈廟寺 안쪽 행랑行廊에 까치집이 34개였고
까마귀집이 40개나 되었다. 또 3월에는 서리가 두 번이나
내렸고 6월에는 참포斬浦의 물과 바닷물의 물결이 사흘 동
안 서로 싸웠다.

경명왕景明王

제54대 경명왕景明王 정명貞明 5년 무인戊寅에 사천왕사四天王寺 벽화 속의 개가 울었다. 이에 따라 3일 동안 불경을 외어 이를 물리쳤지만 반나절 만에 그 개가 또다시 울었다. 7년 경진庚辰 2월에는 황룡사탑 그림자가 금모사지今毛舍知의 집 뜰 안에 한 달 동안이나 거꾸로 서서 비쳤다. 또 10월에 사천왕사 오방신五方神의 활줄이 모두 끊어졌고, 벽화 속의 개가 뜰을 향해 달려 나왔다가 다시 벽의 그림 속으로 들어갔다.

경애왕景哀王

제55대 경애왕景哀王이 즉위한 동광同光 2년 갑
신甲申 2월 19일에 황룡사에서 백좌百座를 열어
불경을 풀이했다. 겸하여 선승禪僧 300명에게 음식을 주고
대왕이 직접 향을 올려 불공을 드렸다. 이것이 백좌百座를
설립한 선교의 시작이었다.

김부대왕金傳大王

제56대 김부대왕金傳大王의 시호는 경순敬順이다. 천성天成 2년 정해丁亥 9월에 후백제 견훤甄萱이 신라를 침범하여 고울부高蔚府에 이르니 경애왕景哀王은 우리 고려 태조에게 구원을 청했다. 이에 태조가 잠수에게 명하여 강한 군사 1만 명을 거느리고 구하게 하였으나, 이들이 도착하기 전에 견훤은 그해 11월에 신라 서울로 엄습했다. 이때 왕은 비빈과 종척宗戚들을 데리고 포석정에서 잔치를 열고 있었으므로 적병이 쳐들어오는 것을 알지 못하다가 갑작스런 공격으로 어찌할 줄 몰랐다. 견훤은 군사를 풀어서 재물을 약탈하게 하고 왕궁으로 들어가 거처했다. 그리고는 사람을 시켜 왕을 찾게 했는데, 왕은 몇 사람의 비첩과 후궁에 숨어 있었다. 왕을 군중으로 잡아다가 억지로 자결하게 하고 왕비를 욕보였으며, 부하들을 놓아 왕의 빈첩들을 욕보였다. 견훤은 왕의 친척 부傳를 왕으로 세웠는데, 부는 전왕前王의 시신을 서당西堂에 모시고 여러 신하들과 통곡했다. 이때 우리 태조도 사신을 보내 조상케 했다.

이듬해 무자戊子년 봄 3월에 태조는 50여 기병을 거느리고 신라 서울에 당도하니, 왕은 백관과 함께 교외에서 맞아 대궐로 들어와 서로 정과 예를 다하고 임해전臨海殿에서 잔치를 베풀었다. 술이 얼큰해지자 왕이 말했다.

"나는 하늘의 도움이 없어서 화와 난을 겪었고, 견훤이 불의한 짓을 마음껏 행하게 하여 우리나라를 망쳐놨습니다. 이 얼마나 원통한 일입니까?"

곧 눈물 흘리면서 우니 좌우의 사람들은 울지 않는 사람이 없었다. 이때 태조 역시 눈물을 흘렸다. 태조는 수십 일을 머물다가 돌아갔는데, 부하 군사들은 엄숙하고 정제해서 조금도 침범하지 않으니, 서울의 사녀士女들은 경하해 말하기를,

"견훤이 왔을 때는 마치 늑대와 호랑이를 만난 것 같았는데, 지금 왕공은 마치 부모를 만난 것 같다."

하였다.

8월에 태조는 사자를 파견해 왕에게 금삼錦衫과 안장 없는 말을 주고, 또 여러 관료와 장사들에게 차등을 두어 선물을 하사했다.

청태淸泰 2년 을미乙未 10월에 사방 영토가 남의 나라 소유가 되었고, 국력까지 약해져 외톨이가 되면서 스스로 소생할 수 없는 지경이 되었다. 여러 신하들과 함께 국토國土를 들어 고려 태조에게 항복하기로 하였다. 그러나 여러 신하들의 가부가 분분하여 끝이 없음에 태자가 말하였다.

"나라의 존망은 반드시 천명에 있습니다. 마땅히 충신, 의사義士들과 함께 민심을 수습해 힘이 다한 뒤에 그만두어도 될 것인데, 어찌 1000년의 사직을 경솔하게 남에게 내줄 수 있습니까?"

왕이 말하기를,

"외롭고 위태로워 형세를 보전할 수가 없다. 이미 강해질 수도 없고 더 약해질 수도 없으니 죄 없는 백성에게 간뇌도지肝腦塗地하게 하는 것은 차마 내가 할 수 없구나."

했다.

이에 시랑 김봉휴金封休에게 명해 국서國書를 가지고 가서 태조에게 항복하기를 청했다. 태자는 눈물을 흘리면서 왕에게 하직하고, 곧바로 개골산皆骨山으로 들어가 삼베옷을 입고 풀을 먹다가 죽었다. 그의 막내아들은 화엄종華嚴宗으로 들어가 중이 되어 승명을 범공梵空이라고 했는데, 후에 법수사法水寺와 해인사海印寺에 있었다고 한다.

태조는 신라의 국서를 받고 태상太相 왕철王鐵을 보내 맞이하게 했다. 왕은 여러 신하들과 함께 우리 태조에게로 돌아왔는데, 향거보마香車寶馬가 30여 리에 뻗쳤고 길에는 사람들로 가득 찼다. 태조는 교외에 직접 나가 왕을 영접하고 대궐 동쪽의 한 구역을 주었다. 그리고 장녀 낙랑공주樂浪公主를 그의 아내로 삼게 했다.

왕이 자신의 나라를 떠나 다른 나라에서 살았다고 하여 이것을 난조鸞鳥에 비유했는데, 이에 공주의 칭호를 신란공주

神鸞公主라고 고쳤으며, 시호를 효목孝穆이라 정했다. 왕을 봉封하여 정승正承으로 삼았는데, 위치는 태자보다 위이고 녹봉祿俸 1천 석을 주었다. 그리고 시종과 관원을 비롯해 장수들까지 채용하도록 했으며, 신라를 경주慶州로 고쳐 경순왕의 식읍으로 삼게 했다.

처음 왕이 항복해 오자 태조는 기뻐하면서 후하게 대접하고 사람을 시켜,

"왕께서 내게 나라를 주시니, 주시는 것이 매우큽니다. 청컨대 왕의 종실과 혼인해 대대로 좋은 의誼를 함께 하고 싶습니다."

라고 했다.

이에 왕은,

"나의 백부 억렴億廉에게 딸이 있는데, 덕행과 용모가 출중합니다. 이 사람이 아니고는 내정內政을 다스릴 사람이 없습니다."

라고 했다.

태조가 그에게 장가들었는데, 이 사람이 바로 신성왕후神成王后 김金씨다. 우리 왕조 등사랑登仕郎 김관의金寬毅가 지은 『왕대종록王代宗錄』에 다음과 같은 말이 있다.

"신성왕후 이李씨는 원래 경주慶州 대위大尉 이정언李正言이 협주수俠州守로 있을 때 태조太祖가 그곳에 갔다가 그를 왕비로 맞았다. 그래서 그를 협주군俠州君이라고 한다 했다. 그의 원당願堂은 현화사玄化寺이며 3월 25일이 기일로, 정

릉貞陵에 장사를 지냈다. 아들을 낳으니, 안종安宗이다."

 이밖에 25비주妃主 가운데 김金씨의 일은 기록이 없어서 자세하게 알 수 없다. 그러나 사신史臣의 말에 안종安宗을 신라의 외손이라고 했으니 마땅히 사전史傳이 옳다고 해야 할 것이다. 태조의 손자 경종景宗 주는 정승공政承公의 딸을 왕비를 삼았는데, 이 사람이 헌승황후憲承皇后이다. 이에 정승공을 봉해 상부尙父로 삼았다. 태평흥국太平興國 3년 무인戊寅에 죽었는데, 시호를 경순敬順이라 했다.

남부여南扶餘, 전백제前百濟, 북부여北扶餘(북부여는 이미 앞서 나와있다)

　　　부여군扶餘郡은 옛날 백제의 도읍지로, 소부리군所夫里郡이라고도 한다.

『삼국사기三國史記』에,

"백제 성왕聖王 26년 무오戊午 봄에 도읍을 사비로 옮기고 국호를 남부여南扶餘라고 했다."

라고 했으며, 주注에 이르기를,

"그 지명地名이 소부리所夫里이니, 사비泗沘는 지금의 고성진古省津이고, 소부리는 부여의 다른 이름이다."

했다.

또 『양전장부量田帳簿』에는 이르기를,

"소부리군所夫里郡은 농부의 주첩柱貼이다."

했으니, 지금 말하는 부여군은 옛 이름을 되찾은 것이다. 백제 왕의 성姓이 부씨扶氏였기 때문에 그렇게 말한 것이다. 혹은 여주餘州라고도 한는 것은, 군 서쪽에 있는 자복사資福寺 고좌高座에 수놓은 장막이 있는데, 그 수 놓은 글에 말하기를 '통화統和 15년 정유丁酉 5월 일 여주餘州 공덕대사功德大寺의 수장繡帳이다.' 했기 때문이다라는 글이 적혀 있다.

또 옛날에는 하남河南에 임주자사林州刺史를 두었는데, 도적圖籍 중에 여주餘州라는 두 글자가 있었으니, 임주林州는 지금의 가림군佳林郡이고 여주餘州는 지금의 부여군扶餘郡이다.

『백제지리지百濟地理志』를 보면 『후한서後漢書』의 말을 인용해 '삼한三韓은 모두 78개 나라로 백제는 그중의 한 나라이다.' 라고 했다.

『북사北史』에는 '백제百濟는 동쪽으론 신라와 접하고 서남쪽은 큰 바다에 닿았으며, 북쪽은 한강漢江을 경계로 하고 있다. 도읍은 거발성居拔城 혹은 고마성固麻城이라고 하며, 이 밖에 오방성五方城도 있다.' 라고 했다.

『통전通典』에는 '백제는 남쪽으로 신라에 인접하고 북쪽으로 고구려에 이르며, 서쪽으로는 큰 바다에 닿았다.' 라고 했다.

『구당서舊唐書』에는 '백제는 부여와 다른 종족이다. 동북쪽은 신라이고, 서쪽은 바다 건너 월주越州에 이르며, 남쪽은 바다 건너 왜국에 이르고, 북쪽은 고구려이다. 그 왕이 거처하는 곳에 동서東西의 두 성이 있다' 라고 했다.

『신당서新唐書』에는 '백제는 서쪽 월주越州와 경계이고, 남쪽은 왜국으로 모두 바다를 건너며, 북쪽은 고구려이다.' 라고 했다.

『삼국사三國史』 본기本紀에는 다음과 같이 말했다.

백제의 시조는 온조溫祚이고, 그의 아버지는 추모왕雛牟王 혹은 주몽朱蒙이다. 그는 북부여北扶餘에서 난리를 피해 졸본부여卒本扶餘로 왔다. 졸본부의 왕에게는 아들이 없고 딸만 셋이었는데, 주몽을 보자 비상한 인물임을 알고 둘째 딸을 아내로 주었다. 얼마 후 왕이 죽으면서 주몽이 왕위를 물려받았다. 주몽은 아들 둘을 낳았는데, 맏아들은 비류沸流이고 둘째가 온조溫祚였다. 이들은 후에 태자에게 용납되지 않을 것을 걱정해 마침내 오간烏干과 마려馬黎를 비롯한 10여 명의 신하들과 남쪽으로 갔는데, 백성이 이를 따르는 자가 많았다. 한산漢山에 도착한 그들은 부아악負兒岳으로 올라가 살 만한 곳을 살펴 보는데 비류가 바닷가에 가서 살자고 하자 10명의 신하들이 간하기를,

"이곳 하남河南 땅은 북쪽으로는 한수漢水가 흐르고 동쪽으로는 높은 산을 의지했고, 남쪽으로는 기름진 못을 바라보고, 서쪽으로는 큰 바다가 가로놓여 있어서 천험天險과 지리地利를 좀처럼 얻기 어려운 지세입니다. 이곳이 도읍을 정하는 것이 어찌 좋지 않겠습니까?"

했다.

그러나 비류는 이 말을 듣지 않고 백성을 나누어 미추홀彌雛忽로 가서 살았다. 온조는 하남 위례성河南慰禮城에 도읍하여 열명의 신하를 보좌를 삼아 나라 이름을 십제十濟라고 정했다. 이때가 한나라 성제成帝 홍가鴻佳 3년이었다.

한편 비류가 살고 있는 미추홀은 습기가 많고 물이 짜 사

람이 살 수가 없었다. 그가 위례성에 돌아와 보니, 도읍지는 안정되고 백성도 편안히 살고 있으므로 마침내 부끄러워하고 후회하면서 죽었다. 이에 그의 신하들과 백성은 모두 위례성으로 돌아왔다. 후에 백성이 올 때에 기뻐했다 하여 나라 이름을 백제로 고쳤다. 그 세계世系는 고구려와 마찬가지로 부여에서 나왔으므로 씨氏를 해解라고 했다. 그 후 성왕聖王 때에 도읍을 사비로 옮겼는데, 이것이 지금의 부여군扶餘郡이다. 미추홀은 인주仁州이고 위례는 지금의 직산稷山이다.

『고전기古典記』에 의하면 이러하다.

동명왕東明王의 셋째 아들 온조溫祚가 전한前漢 홍가鴻佳 3년 계유癸酉에 졸본부여에서 위례성慰禮城으로 와서 도읍을 정하고 왕이라 일컬었다. 14년 병진丙辰에 도읍을 지금의 광주廣州인 한산漢山으로 옮겨 389을 지냈으며, 13대 근초고왕近肖古王 때인 함안咸安 원년에 고구려 남평양南平壤을 점령해 도읍을 지금의 양주楊州인 북한성北漢城으로 옮겨 105년을 지냈다. 22대 문주왕文周王이 즉위하던 원휘元徽 3년 을묘乙卯에는 도읍을 지금의 공주公州인 웅천熊川으로 옮겨 63년을 지냈고, 26대 성왕聖王 때에 이르러 도읍을 소부리所夫里로 옮기고 국호를 남부여南扶餘라 하였고 31대 의자왕義慈王에 이르기까지 120년을 지냈다.

당나라 현경顯慶 5년은 의자왕이 왕으로 있던 20년으로 신라 김유신이 소정방과 함께 백제를 공격해 평정하던 해이다. 백제는 5부, 37군, 200성, 76만 호였다. 당나라는 그곳에 웅진熊津·마한馬韓·동명東明·금련金蓮·덕안德安 등 다섯 도독부都督府를 설치해 그 추장들을 도독부都督府나 자사刺史로 삼았지만, 얼마 후 신라가 그 땅을 모두 병합했다. 그리고 웅주熊州·전주全州·무주武州 등 3주州와 여러 군현郡縣을 설치했다.

무왕武王

고본(古本)엔 무강(武康)이라고 했는데 잘못이다.
백제(百濟)에는 무강이 없다.

제30대 무왕武王의 이름은 장璋이다. 그의 어머니가 과부寡婦가 되어 서울 남쪽 못 가에 집을 짓고 살았는데, 못 속의 용龍과 관계하여 장을 낳았다. 어릴 때 이름은 서동薯童으로 재주와 도량이 컸다. 생업으로 마[薯]를 캐다가 팔았기 때문에 사람들은 그를 서동이라 불렀다. 신라 진평왕眞平王의 셋째 공주 선화善花가 절세미인이란 소문을 듣고 머리를 깎고 서울로 들어가 마을 아이들에게 마를 먹이면서 친해졌다. 이에 동요를 지어 아이들에게 부르게 하니 그 내용은 이러하다.

선화공주善化公主님은
몰래 정을 통하고
서동방薯童房을 밤에
몰래 안고 간다.

동요童謠가 서울에 가득 퍼지고 대궐까지 들리자 백관百官들은 임금에게 공주를 멀리 귀양 보내게 하여 장차 떠나려고 하는데 왕후가 노자로 순금 한 말을 주었다. 공주가 장

차 귀양지에 당도하려는데 서동이 나와 절하면서 모시려고
했다.

공주는 그가 어디서 왔는지 알지 못했지만 우연히 그를 믿
고 좋아하니 서동을 따라가면서 몰래 정을 통했다. 그런 후
에 서동의 이름을 알았고 동요가 맞는 것도 알았다.

함께 백제로 와서 모후가 노자로 준 금을 꺼내 놓고 살 계
획을 의논하자, 서동이 크게 웃으면서 말하기를,

"이것이 무엇이오?"

하자, 공주가,

"이것은 황금인데, 백 년의 부를 누릴 수 있습니다."

라고 했다.

서동이 말하기를,

"어릴 때부터 마를 캐던 곳에 황금을 흙덩이처럼 쌓아두
었다오."

했다.

공주는 서동의 말에 크게 놀라면서,

"그것은 천하의 가장 큰 보배입니다. 그 금이 있는 곳을
아시면 우리 부모님이 계신 대궐로 보내는 것이 어떻겠습
니까?"

라고 했다.

서동이 '좋소이다' 하였다.

이에 금을 산더미처럼 쌓아 놓고 용화산龍華山 사자사師子
寺의 지명법사知命法師에게 이것을 실어서 보낼 방법을 물었

다. 그러자 법사가,

"내가 신통력으로 보낼 것이니, 금을 나에게 가져 오시오."

라고 했다.

이에 공주가 부모에게 보내는 편지와 함께 금을 사자사師子寺로 가져왔다.

법사는 신통력으로 하룻밤 사이에 신라 궁중으로 금을 보냈다. 진평왕眞平王은 그 신비스러운 변화를 기이하게 여겨 서동을 존경해 항상 편지로 안부를 물었다. 이로부터 서동은 인심을 얻어 마침내 왕위에 올랐다.

어느 날 무왕이 부인과 함께 사자사에 가던 중 용화산龍華山의 큰 못가에 이르렀는데 미륵삼존彌勒三尊이 못 가운데서 나타나 수레를 멈추고 절을 했다. 부인이 왕에게 말하기를,

"모름지기 이곳에 큰 절을 지어 주십시오. 그것이 저의 소원입니다."

하니, 왕이 허락했다. 곧 지명법사에게 가서 못을 메울 일을 물으니 신통력으로 하룻밤 사이에 산을 헐어 못을 메워 평지를 만들었다. 이곳에 미륵삼존의 상像을 만들고 회전會殿과 탑塔과 낭무를 각각 세 곳에 세우고 이름을 미륵사彌勒寺라 했다.

(『국사國史』에는 왕흥사王興寺라고 했다.)

이때 진평왕이 여러 공인工人들을 보내 그 역사를 도왔는데, 그 절은 지금까지 보존되어 있다.

『삼국사』에는 법왕의 아들이라 했는데, 여기에서는 과부의 아들이라 했으니 분명하지 않다.

후백제後百濟의 견훤 甄萱

　　『삼국사三國史』 본전本傳에 보면 이러하다. 견훤
　　甄萱은 상주尙州 가은현加恩縣 사람으로, 함통咸通
8년 정해丁亥에 태어났다. 원래 성姓은 이李씨였는데, 뒤에
견甄으로 성을 고쳤다. 그의 아버지 아자개는 농사를 지었
는데, 광계光啓 연간에 지금의 상주尙州인 사불성沙弗城에응
거하여 스스로 장군이라 했다. 그에게 아들이 넷이 있어 모
두 이름이 알려졌는데 견훤甄萱은 다른 형제들보다 뛰어나
고 지략智略이 많았다.

『이제가기李제家記』에 보면 이러하다.

　진흥대왕眞興大王 비妃인 사도思刀의 시호 백융부인이다.
그녀의 셋째 아들 구륜공仇輪公의 아들 파진간波珍干 선품善
品의 아들 각간角干 작진酌珍이 왕교파리王咬巴里를 아내로
맞아 각간 원선元善을 낳으니 이가 곧 이자개이다. 그의 첫
째 부인은 상원부인上院夫人이고, 둘째 부인은 남원부인南院
夫人으로 아들 다섯과 딸 하나를 낳으니 그 맏아들이 상부尙
父 훤萱이고, 둘째 아들이 장군 능애能哀고, 셋째 아들이 장
군 용개龍盖이고, 넷째 아들이 보개寶盖이고, 다섯째 아들이

장군 소개小盖이며, 딸은 대주도금大主刀金이다.

또 『고기古記』에는 이렇게 말한다.

옛날 어떤 부자가 광주光州 북촌에 살았는데, 그의 딸 하나가 용모와 자태가 단정했다. 딸이 아버지에게 말하기를,

"밤마다 자줏빛 옷을 입은 남자가 침실로 들어와 관계를 하고 갑니다."

했다. 그러자 아버지가,

"그렇다면 긴 실을 바늘에 꿰어 그 남자의 옷에 꽂아라."

라고 하여, 딸이 그대로 따랐다. 날이 밝아 그 실을 따라가 보니, 바늘은 북쪽 담 밑의 큰 지렁이 허리에 꽂혀 있었다. 이로부터 태기가 있어 남자아이를 낳았는데, 나이 15세가 되면서 스스로 견훤甄萱이라고 불렀다. 그는 경복景福 원년元年 임자壬子에 왕이라 일컫고 완산군完山郡에 도읍을 정했다. 나라를 다스린 지 청태淸泰 원년元年 갑오甲午에 견훤의 세 아들이 찬역하여 견원은 태조에게 투항했다. 아들 금강이 왕위에 올라 천복天福 원년元年 병신丙申에 고려 군사와 일선군一善郡에서 싸웠지만, 후백제後百濟가 패배하면서 나라가 망하였다고 한다.

처음 견훤이 태어나 포대기에 싸여 있을때, 아버지는 들에서 밭을 갈고 어머니는 아버지에게 밥을 가져다 주려고 아이를 수풀에 놓아 두었는데 호랑이가 견훤에게 찾아와 젖을 먹이니 마을 사람들은 이 말을 듣고 기이하게 생각했다. 아이가 장성하면서 신체가 웅장하고 기이했으며 뜻이 커

서, 남에게 얽매이지 않고 비범했다. 군인이 되어 서울로
들어갔다가 서남 해변으로 가서 변경을 지켰는데 창을 베
개로 삼아 적군을 지키니 그의 기상은 항상 사졸士卒보다
앞섰고 그 공로를 인정받아 비장裨將으로 진급되었다.

　당나라 소종昭宗 경복景福 원년元年은 신라 진성왕眞聖王의
재위 6년이다. 이때 간신이 국권을 농락해 나라의 기강이
문란해졌다. 더구나 기근까지 더해져 백성은 떠돌아다니고
도둑들이 벌떼처럼 일어났다. 이에 견훤은 반역할 마음으
로 무리들을 모아 서울 서남 주현州縣들을 공격하니 가는
곳마다 백성이 호응하여 한 달 동안에 무리가 5,000이 되
었다. 드디어 무진주武珍州를 습격하여 스스로 왕이 되었지
만 공공연하게 왕이라 일컫지는 못하고 자칭 신라서남도통
행전주자사겸어사중승상주국한남군개국공新羅西南都統行全
州刺史兼御史中承上柱國漢南郡開國公이라 했으니, 용화龍化 원
년元年 기유己酉였다.

　이때 북원北原의 도둑 양길良吉의 세력이 매우 웅강하여 궁
예弓裔가 스스로 그의 수하에 들어갔다. 견훤이 이 소식을
듣고 멀리 양길에게 직책을 주어 비장裨將으로 삼았다. 견
훤이 서쪽으로 순행해 완산주完山州에 도착하자 고을 백성
이 영접하여 위로했다. 견훤은 민심을 얻은 것을 기뻐하며
좌우 사람들에게,

　"백제가 개국한 지 600여 년에 당나라 고종高宗이 신라의
요청으로 소정방蘇定方에게 명해 수군水軍 13만 명을 이끌고

바다를 건너오고 신라 김유신金庾信은 군사를 이끌고 황산 黃山을 거쳐 당나라 군사와 합세하여 백제를 멸망시켰으니 어찌 감히 도읍을 세워 옛날의 분함을 씻지 않겠는가."

하면서 드디어 스스로 후백제 왕이라 일컫고 벼슬과 직책을 나눠주었다. 이때가 당나라 광화光化 3년, 신라 효공왕孝恭王 4년이었다.

정명貞明 4년 무인戊寅에 철원경鐵原京의 민심이 갑자기 변하면서 우리 태조를 추대해 왕위에 오르게 했다. 이 소식을 들은 견훤이 사자를 보내 경하하면서 공작선孔雀扇과 지리산智異山의 죽전竹箭 등을 바쳤다. 견훤은 우리 태조를 겉으론 화친하는 척하면서 속으로는 몹시 시기했다. 그는 태조에게 총마를 바치더니 3년 겨울 10월에는 기병騎兵 3,000을 이끌고 조물성曹物城까지 쳐들어왔다. 태조도 역시 정병을 이끌고 와서 그들과 싸웠지만 견훤의 군사가 날래어 공부를 볼 수가 이길 수가 없었다. 이에 태조는 견훤의 군사들이 피곤해지기를 기다리기 위해 글을 보내 화친을 청하며 종제 왕신王信을 인질로 보내자, 견훤 역시 사위 진호眞虎를 보냈다. 12월 견훤은 거서居西 등 20여 성을 공격해 점령하고 사자를 후당後唐으로 파견해 번신藩臣이라고 일컬으니, 후당은 그에게 검교태위 겸 시중판백제군사檢校太尉兼侍中判百濟軍事의 벼슬을 내렸다. 그리고 예전처럼 도독행전주자사해동서면도통지휘병마판치등사백제왕都督行全州刺史海東西面都統指揮兵馬判置等事百濟王이라 하고 식읍 2,500호를 하사했다.

　4년에 진호眞虎가 갑자기 죽자 견훤은 일부러 죽였다고 의심하여 곧바로 왕신을 옥에 가두고 사람을 보내 지난해에 보낸 총마를 돌려달라고 하니, 태조가 웃으면서 말을 돌려주었다.

　천성天成 2년 정해丁亥 9월에 견훤은 지금의 산양현山陽縣인 근품성近品成을 점령하고 불을 질렀다. 그러자 신라 왕은 태조에게 구원을 청했고, 태조는 군사를 보내려는데 견훤은 지금의 울주蔚州인 고울부高鬱府를 공격해 점령하고 족시림族始林으로 진군해 신라 서울로 쳐들어갔다. 이때 신라 왕은 부인과 함께 포석정鮑石亭 나가 놀고 있었기 때문에 쉽게 패하고 말았다. 견훤은 왕의 부인을 욕보이고 왕의 족제 김부金傅를 왕으로 세웠다. 그리고 왕의 아우 효렴孝廉과 재상 영경英景을 사로잡고 진귀한 보물과 무기와 자제子弟들을 비롯해 우수한 공인들을 데리고 갔다. 태조는 정예기병 5,000명을 이끌고 공산公山 아래에서 견훤과 싸웠지만, 장수 김락金樂과 신숭겸申崇謙이 전사하고 대패했다. 태조가 겨우 죽음을 면했을 뿐 더 저항하지 못해 견훤은 더 많은 죄악을 저질렀다.

　견훤은 전쟁에 승리한 기세를 타고 지금의 약목현若木縣인 대목성大木城과 지금의 성주星州인 경산부京山府와 지금의 진주晋州인 강주康州를 노략질하고 부곡성缶谷城을 공격했다. 의성부義成府 태수太守 홍술洪述이 그와 맞서 싸우다가

전사했다. 태조는 이 소식을 듣고 말하기를,

"오늘 내 오른손을 잃었구나."

했다.

신라의 군신들은 망해 가는 나라를 다시 살릴 수 없다고 판단해 우리 태조를 끌어들여 의誼를 맺어 후원해 주도록 했다. 이 소식을 들은 견훤이 또 다시 신라 서울로 들어가 나쁜 짓을 하려 하는데 태조가 먼저 들어갈까 두려워 편지를 보내 경계했고 이에 태조 역시 답장을 보냈다.

장흥長興 3년에 견훤의 신하이며 지략가인 공직이 태조에게 항복하자 견훤은 그의 두 아들과 딸 하나를 잡아다가 다리 힘줄을 지져서 끊었다. 9월에 견훤은 일길一吉을 보내 수군을 이끌고 고려 예성강禮成江으로 쳐들어가 3일 동안 머물면서 염주鹽州·백주白州·진주眞州 등에 있는 배 100여 척을 빼앗아 불사르고 돌아갔다.

청태淸泰 원년 갑오甲午에 견훤은 태조가 운주運州에 주둔해 있다는 말을 듣고 갑옷 입은 군사를 선발해 욕식辱食시켜 빨리 도착하게 했는데 그들이 미처 영루[營壘에 도착하기 전에 장군將軍 유금필庾黔弼이 강한 기병으로 쳐서 기병들 3,000여 명을 목 베니 웅진熊津 이북以北에 있는 30여 성이 이 소식을 듣고 자진해서 항복했고, 또 견훤의 부하 술사術士 종훈宗訓·의사醫師 지겸之謙·용장勇將 상봉尙逢·최필崔弼 등도 태조에게 항복했다.

병신년丙申年 정월에 견훤은 아들들에게 말하기를,

"내가 신라 말에 후백제를 세운 지 여러 해가 되고 군사가 북쪽의 고려 군사보다 배나 되는데도 오히려 승리하지 못하는 것은 필경 하늘이 고려를 가수假手하는 것 같다. 그래서 고려왕에게 귀순해 생명을 보존하지 않을 수 있겠느냐."

했다.

그러나 아들 신검神劍·용검龍劍·양검良劍은 모두 불응했다.

『이제가기』에는 이렇게 말했다.

"견훤에게 아들이 아홉이 있으니, 첫째가 신검神劍, 둘째가 태사太師 겸뇌謙腦, 셋째가 좌승佐承 용술龍述, 넷째가 태사太師 총지聰智, 다섯째가 대아간大阿干 종우宗祐, 여섯째는 이름을 알 수 없고, 일곱째가 좌승佐承 위흥位興, 여덟째가 태사太師 청구靑丘이고, 딸 하나는 국대부인國大夫人이니 모두 상원부인上院夫人의 소생이다."

또한,

"견훤은 처첩이 많아 아들 10여 명을 두었는데, 넷째 아들 금강金剛이 키가 크고 지혜가 많아 견훤이 그를 사랑해 왕위를 물려주려고 했는데, 그의 형 신검, 양검, 용검 등이 이를 알아차리고 몹시 근심했다. 이때 양검은 강주도독康州都督, 용검은 무주도독武州都督으로 이었지만, 신검만이 혼자 견훤의 곁에 있었다. 이찬伊飡 능환能奐이 강주와 무주로 사람을 보내 양검 등과 모의했다. 청태淸泰 2년 을미乙未 3월에 이들은 영순英順 등과 함께 신검을 권해서 견훤을 금산金

山 불당에 가두고 사람을 보내 금강을 죽였다. 신검은 스스로 대왕이라하고 나라 안의 모든 죄수들을 사면했다."
라고 했다.

처음 견훤이 잠자리에서 일어나기 전에 멀리 대궐 뜰에서 들려오는 고함을 들었다. 이에 견훤이 무슨 소리냐고 묻자, 신검이 고하기를,

"왕께서 늙으시어 군국의 정사에 어두어 장자 신검이 부왕의 자리를 대신하게 되었다해서 모든 장수들이 기뻐하는 소리입니다."
하였다.

잠시 후에 아버지를 금산사金山寺 불당으로 옮기고 파달巴達 등 30명의 장사에게 지키게 했다. 동요童謠에서 이렇게 말했다.

가엾은 완산完山 아이
아비를 잃어 울고 있구나.

당시 견훤은 후궁과 나이 어린 남녀 2명, 시비 고비녀古比女, 나인 능예남能乂男 등과 함께 불당에 갇혀 있었다. 그러다가 4월에 견훤은 술을 빚어 지키는 장사 30명에게 먹여 취하게 하고 고려로 도망쳤다. 그러자 태조는 소원보향예小元甫香乂·오염吳琰·충질忠質 등을 보내 수로로 가서 맞이하게 했다. 견훤이 고려에 도착하자 태조는 그의 나이가 10

년 위라하여 높여서 상부尙父라 하고 남궁南宮에 편히 있게 하고 양주楊洲의 식읍食邑, 전장田莊과 노비 40명, 말 9필을 하고 먼저 항복한 신강信康을 그의 아전으로 임명했다. 견훤의 사위 장군 영규英規가 몰래 아내에게 말하기를,

"대왕께서 나라를 위해 애쓰신지 40여 년만에 공업이 거의 이루어지려 하는데, 하루아침에 집안사람의 화禍로 나라를 잃고 고려에 따르니, 보편적으로 정녀貞女는 두 지아비를 모시지 않고 충신은 두 임금을 섬기지 않는 법이오. 만약 내가 임금을 버리고 반역한 아들을 섬긴다면 무슨 낯으로 천하 사람들을 대하겠소? 더구나 고려의 왕공王公은 어질고 후덕하며 부지런하고 검소해서 민심을 얻었다하니 이는 틀림없이 하늘의 계시로 반드시 삼한三韓의 임금이 될 것이오. 어찌 글을 올려 우리 임금을 위로하고 겸하여 왕공에게 은근히 하여 훗날의 복을 도모하지 않겠소?"

하자, 그의 아내가,

"당신의 말씀이 곧 저의 뜻입니다."

라고 했다.

이에 따라 천복天福 원년 병신丙申 2월에 사람을 보내 태조에게 자기의 뜻을 말했다.

"왕께서 의기義旗를 드시면 저는 내앙하여 고려 군사를 맞겠습니다."

태조는 기뻐하면서 사자에게 후하게 예물을 주어 보내고 영규에게,

"만약 그대의 은혜로 한번 합세하여 길에서 막히는 일이 없게 한다면 곧 먼저 장군께 뵙고 다음에 당에 올라가 부인께 절하여 형과 누님으로 모시면서 반드시 끝까지 후하게 보답하겠습니다. 천지와 귀신들은 모두 이 말을 들을 것이오."

6월에 견훤이 태조에게,

"노신이 전하께 항복한 것은 전하의 위엄으로 반역한 자식들을 죽이기 위함입니다. 엎드려 바라건대, 대왕의 신병으로 난신적자를 죽이시면 이 비록 죽어도 유감이 없겠습니다."

태조가 말하기를,

"그들을 치지 않으려는 것이 아니라 때를 기다리고 있습니다."

했다.

이에 우선 태자 무武와 장군 술희述希에게 보병과 기병 10만을 주어 천안부天安府로 나가게 하고 가을 9월에 태조는 삼군三軍을 이끌고 천안天安에 이르러 군사를 합하여 일선군一善郡으로 진격하니 신검이 군사를 이끌고 막았다. 갑오일甲午日에 일리천一利川을 사이에 두고 서로 대치했는데, 고려 군사는 동북방을 등지고 서남쪽을 향해 진을 쳤다. 태조는 견훤과 함께 군대를 사열하는데 갑자기 칼과 창 같은 흰 구름이 일어나 적군을 향해 가므로 북을 치면서 진격하자 후백제 장군 효봉孝奉 · 덕술德述 · 애술哀述 · 명길明吉 등이 고려군사의 형세가 크고 정돈된 것을 보고 갑옷을 버리고 진 앞에 나와 항복했다. 태조는 그들을 위로하고 장수가 있는 곳을 물으니 효봉 등이 말하기를,

"원수 신검은 중군中軍에 있습니다."

했다.

태조는 장군 공훤公萱에게 명해 삼군을 일시에 진군시켜 협력하니 백제군이 무너지면서 다달아났다. 황산黃山 탄현炭峴에 이르자 신검은 두 아우와 장군 부달富達·능환能奐 등 40여 명과 함께 항복했다. 태조는 항복을 받고 그들을 위로하면서 처자와 함께 서울로 돌아가도록 허락했다. 태조가 능환能奐에게 물었다.

"처음 양검 등과 음모를 꾸며 대왕을 가두고 그의 아들을 세운 것은 너의 꾀이다. 이것은 신하된 의리를 저버린 것이다."

능환은 머리를 숙이고 말을 하지 못했다. 태조는 명하여 를 목을 베었다. 신검이 참담히 왕위를 찬탈한 것은 남의 위협이 있었기 때문으로 본심이 아니었고 또 항복하여 죄를 빌어 특히 그 죽음을 용서하였더니, 견훤은 이를 분하게 여겨 등창이 생겨 수일 만에 황산黃山에 있는 불사에서 죽으니, 때는 9월 8일이었고 나이는 70이었다.

태조는 군령을 엄하게 분명하게 하여 군사들이 조금도 범하지 않아 주와 현이 모두 편안해 남녀노소가 만세를 불렀다. 태조는 영규英規를 만나 말하기를,

"전왕이 나라를 잃은 후에 그의 신하된 자로서 한 사람도 위로해 주는 사람이 없었는데 오직 경의 내외만이 천리 밖에서 글을 보내 성의를 보였고 겸해서 아름다운 명예를 나에게 돌렸으니 나는 의리를 잊을 수 없소."

하고 좌승左承이란 벼슬과 밭 1,000경頃을 하사하고 역마驛馬 35필을 빌려 주어 가족들을 맞게 했으며, 아울러 그의 두 아들에게도 벼슬을 내렸다. 이로써 견훤은 당나라 경복景福 원년에 나라를 세워 진晉나라 천복天福 원년까지 이어졌다가 45년 만인 병신丙申년에 멸망했다.

가락국기駕洛國記

고려高麗 문묘조文廟朝 대강大康 연간에 김관지주
사金官知州事 문인文人이 지은 것을 여기에 실었
다.

천지가 최초로 개벽한 이후로 이곳에는 아직 나라이름이
없었고 군신의 칭호도 없었다. 이럴 때 아도간我刀干·여도
간汝刀干·피도간彼刀干·오도간五刀干·유수간留水干·유천
간留天干·신천간神天干·오천간五天干·신귀간神鬼干 등 9
간이 있었다. 이들 추장들이 모든 백성을 통솔했는데, 모두
100호로서 7만 5,000명이었다. 이들은 거의 산과 들에 모
여서 살았고 우물을 파서 물을 마시고 밭을 갈라 곡식을 먹
었다.

후한後漢의 세조世祖 광무제光武帝 건무建武 18년 임인壬寅
3월 계욕일에 그들이 살고 있는 북쪽 귀지龜旨(산봉우리)에서
부르는 이상한 소리가 들렸다. 백성 2~3백 명이 여기에 모
였는데 사람의 소리 같기는 하나 그 모양을 숨기고 소리만
내서 말하기를,

"이곳에 사람이 있느냐?"

하였다 아홉 간干 등이 말했다.

"우리가 있습니다."

그러자 또 말했다.

"내가 있는 곳이 어디더냐?"

"귀지龜旨입니다."

또 말했다.

"하늘이 나에게 명하기를 이곳에 나라를 세우고 임금이 되라고 하였으므로 일부러 이곳에 내려왔으니, 너희는 모름지기 산꼭대기로 가서 흙을 파면서 노래하되 '거북아, 거북아, 머리를 내밀어라. 만일 내밀지 않으면 구워서 먹겠다' 하고, 뛰면서 춤을 추어. 그리하면 곧 대왕을 맞이해 기뻐서 뛰어놀게 될 것이다."

9간들은 이 말에 따라 즐겁게 노래 부르고 춤추다가 얼마 후 하늘을 쳐다보니 다만 자줏빛 줄이 하늘에서 드리워져 땅에 닿아 있었다. 그 줄 끝에는 붉은 보자기에 금으로 만든 상자가 싸여 있었으므로 상자를 열어보니 그곳엔 해처럼 둥근 황금 알 여섯개가 들어 있었다. 여러 사람들은 놀라고 기뻐하면서 동시에 이것에 백번을 절하고 얼마있다가 상자를 싸안고 아도간我刀干의 집으로 가져가 책상 위에 놓아두고 여러 사람들은 각자 흩어졌다. 그리고 12시간이 지난 이튿날 아침, 여러 사람들이 다시 모여 그 상자를 열어보니 6개의 알은 어린아이로 변해 있었는데 용모가 모두 뛰어났다. 어린아이들을 평상에 앉히고 여러 사람들이 절하고 하례 하면서 극진히 공경했다. 이들은 나날이 자라면서 10여 일이 지나니 키는 9척으로 은殷나라 천을天乙고 같고 얼굴은 용과 같아 한漢나라 고조高祖와 같았다. 채색이 나는 팔자 눈썹은 당唐나라 고조高祖와 같고, 겹으로 된 눈동자는 우虞나라 순임금과 같았다. 그가 그달 보름에 왕위에 올랐는데, 세상에 처음 나타났다 하여 이름을 수로首露라 하였다. 혹은 수릉首陵이라고도 했다.(수릉首陵은 죽은 후의 시호諡號다.) 나라 이름을 대가락大駕洛 또는 가야국伽耶國으로 정했는데, 이것은 여섯 가야伽耶 중의 하나이다. 나머지 다섯 사람도 각각 다섯 가야의 임금이 되었는데, 동쪽은 황산강黃山江, 서남쪽은 창해滄海, 서북쪽은 지리산地理山, 동북쪽은 가야산伽耶山이며 남쪽은 나라의 끝이었다. 그는 임시로 궁궐을 짓고 기거하면서 다만 질박하고 검소하니 지분의 이엄을 자르지 않고 흙으로 쌓은 계단은 겨우 3척 이었다.

즉위 2년 계묘癸卯 정월 왕이 말하기를,

"이제 서울을 정하려 한다."

하면서 곧바로 임시궁궐 남쪽 신답평新畓坪으로 나가 사방의 산악을 살피다가 좌우 사람을 돌아보고 말하기를,

"이 땅은 협소하기가 마치 여뀌蓼 잎과 같지만 수려하고 기이해 가히 16나한羅漢이 살만한 곳이다. 더구나 1에서 3을 이루고 그 3에서 7을 이루니 7성聖이 살 곳으로도 적당하다. 여기에 의탁하여 강토疆土를 개척하여 마침내 좋은

곳을 만드는 것이 어떻겠는가."

하였다 이곳에 1,500보步 둘레의 성과, 궁궐, 전당, 다양한 청사, 무기고, 곡식 창고를 지을 터를 마련한 다음 궁궐로 돌아왔다. 널리 나라 안의 장정과 공장工匠들을 소집해 그달 20일에 성을 쌓기 시작해 3월 10일에 완공했다. 또 궁궐과 옥사屋舍는 농사가 바쁘지 않을 때를 이용했기 때문에 그해 10월부터 시작해 갑진甲辰년 2월에 완공되었다. 왕은 좋은 날을 가려 새 궁으로 거동하여 모든 정사를 다스리고 여러 일도 부지런히 보살폈다. 이때 갑자기 완하국琓夏國 함달왕含達王 부인夫人이 임신하여 달이 차서 알을 낳으니 그 알이 화하여 사람이 되니, 이름을 탈해脫解라 하였는데. 탈해는 바다를 좇아 가락국으로 왔다. 키가 3척이고 머리둘레가 1척이었다. 그는 기꺼이 대궐로 가서 왕에게 말하기를,

"나는 왕의 자리를 빼앗기 위해서 왔다."

했다.

그러자 왕은 하늘의 명으로 왕위에 올랐기 때문에 남에게 줄 수가 없다고 말했다. 이에 탈해가 말했다.

"그렇다면 술법으로 겨뤄 보겠는가?"

왕이 좋다고 했다. 순간 탈해가 매로 변하자 왕은 독수리로 변했고, 탈해가 참새로 변하자 왕은 새매로 변하는데 그 변함에 시간이 조금도 걸리지 않았다. 탈해가 본 모습으로 돌아오자 왕도 역시 전 모양이 되었다. 이에 탈해가 왕에게 엎드려 항복했다.

"매가 독수리에게 참새가 새매에게 잡히는 것을 면한 것은 왕께서 성인의 마음을 가졌기 때문입니다. 내가 왕과 더불어 왕위를 다툼은 실로 어려울 것입니다."

탈해는 왕께 하직하고 나가 이웃교회의 나루터에 도착해 중국에서 온 배를 대는 수로로 해서 갔다. 왕은 그가 머물면서 반란을 일으킬까 염려해 급히 수군 500척을 보내 쫓게 하니 탈해는 계림鷄林의 땅으로 달아나므로 수군은 모두 돌아왔다. 그러나 여기에 실린 기사記事는 신라의 기사와는 많이 다르다.

건무建武 24년 무신戊申 7월 27일 9간九干 등이 조회할 때, 말하기를

"대왕께서 좋은 배필을 얻지 못하셨으니. 신들의 집 처녀 중에서 미모가 뛰어난 이를 골라 대왕의 짝이 되게 하겠습니다."

하자, 왕은,

"내가 이곳에 내려온 것은 하늘의 명인데, 왕후 역시 하늘의 명령이 있을 것이다. 그러니 경들은 신경 쓰지 말라."

했다. 왕은 유천간留天干에게 명해 경주輕舟와 준마駿馬를 가지고 망산도望山島에 가서 서서 기다리게 하고 신귀간神鬼干에게 명해 승점乘岾으로 가게 했다. 그런데 갑자기 서쪽 바다에서 붉은 빛의 돛단 배가 붉은 기를 희날리며 북쪽을 향해 오고 있었다. 이에 유천간등이 먼저 망산도에서 횃불을 올렸는데, 사람들이 앞다투어 육지로 내려 뛰어오므로.

신귀간은 이것을 바라보다 대궐로 달려와 왕에게 고했다. 이 말을 들은 왕은 기뻐하면서 9간九干등을 보내 목연木蓮 키를 갖추고 계수나무로 만든 노를 저어 가서 그들을 맞이 하여 곧 대궐로 들어가려 하는데 왕후가 말하기를,

"나는 너희를 모르는데 어찌 감히 경솔하게 따라갈 수 있 겠느냐?"

하였다. 유천간 등이 돌아가 왕후의 말을 전하자, 왕은 옳 게 여기고 유사有司와 함께 행차하여 대궐 아래에서 서남쪽 으로 60보 되는 산기슭에 장막으로 임시 궁전을 만들어 놓 고 기다렸다. 왕후는 산 밖의 별포別浦 나루터에 배를 정박 하고 육지로 올라 높은 언덕에서 쉬고 입은 비단바지를 벗 어 산신령에게 폐백으로 바쳤다. 이 밖에 왕후를 따라온 대 종待從 잉신잉臣은 두사람의 이름은 신보申輔와 조광趙匡이 고, 그들의 아내는 각각 모정慕貞과 모량慕良이었다. 함께 데리고 온 노비까지 모두 20여 명이고, 들고 온 금수능라錦 繡綾羅・의상필단衣裳疋緞・금은주옥金銀珠玉과 구슬로 만든 패물들이 헤아릴 수 없이 많았다. 왕후 왕이 계신 곳에 가 까워 오니 왕은 나아가 맞이하여 함께 장막 궁전으로 들어 왔다. 잉신 이하 모든 사람들은 뜰아래서 알현하고 즉시 물 러갔다. 왕은 유사有司에게 명해 잉신 내외들을 안내하게 하고 명하여 사람마다 방을 주고 노비들은 한 방에 대여섯 명씩 두어 쉬게 하였다. 난초로 만든 마실 것과 술과 무늬 와 채색이 있는 자리에서 자게 하고 옷과 비단과 보화를 주

고 많은 군인들로 하여금 보호하게 했다.

왕이 왕후와 함께 침전에 드니, 왕후가 나지막이 말하기를,

"저는 아유타국의 공주이온데, 성姓은 허許씨이고 이름은 황옥黃玉이며 올해 16세입니다. 본국에 있을 때 금년 5월에 부왕과 모후께서 소녀에게 말씀하시기를, '어젯밤 꿈에 함께 하늘의 상제를 뵈었는데, 상제께서 가락국왕 수로首露를 하늘이 내려보내 왕위에 오르게 했으니 신령스럽고 성스럽다. 또 나라를 다스림에 아직 배필을 정하지 못했으니, 경들은 공주를 보내 그의 배필을 삼게 하라 하시고 하늘로 올라가셨다. 이제 너는 이 자리에서 부모와 작별하고 그곳으로 떠나라' 하셨습니다. 이에 소녀는 배를 타고 멀리 증조蒸棗를 찾고 하늘로 가서 반도蟠桃를 찾아 이제 모양을 가다듬고 용안을 가까이 하게 되었습니다."

하였다. 이에 왕이,

"나는 나면서 부터 성스러워 공주가 올 것을 알고 있었기에 신하들이 왕비를 맞이하라는 청을 따르지 않았소. 그런데 이제 현숙한 공주가 스스로 오셨으니 이 봄에 매우 다행한 일이오."

했다. 왕이 드디어 그와 혼인하여 함께 두 밤을 지내고 또 하루 낮을 지냈다. 이에 그들이 타고 온 배를 돌려 보냈는데 15명의 뱃사공에게 각각 쌀 10석과 베 30필을 주어 보냈다.

왕은 왕후와 함께 사는 것이 마치 하늘에게 땅이 있고, 해에게 달이 있고, 양에게 음이 있는 것과 같았다. 그 해에 왕후는 곰을 얻는 꿈을 꾸고 태자 거등공居登公을 낳았다.

영제靈帝 중평中平 6년 기사己巳 3월 1일에 왕후가 죽으니 온 나라 사람들이 슬퍼하였다. 157세 였다. 귀지봉龜旨峰 동북 언덕에 장사 지냈다. 왕후가 죽자 왕은 외로움을 베개에 의지하다가 10년이 지난 헌제獻帝 입안立安 4년 기묘己卯 3월 23일에 죽으니 158세였다. 대궐 동북쪽 평지에 빈궁殯宮을 세우니 높이가 한 길, 둘레가 300보步인 그곳에 장사를 지내고 이름을 수릉왕묘首陵王廟라 했다.

그의 아들 거등왕居登王으로부터 9대손 구충왕仇衝王까지 이사담에 배향配享하고, 매년 정월正月 3일과 7일, 5월 5일, 8월 5일과 15일에 깨끗한 제물을 바쳐 제사를 지내어 대대로 끊이지 않았다.

신라 제30대 법민왕法敏王 용삭龍朔 원년 신유辛酉 3월에 왕은, '가야국 시조 9대손인 구형왕仇衝王이 이 나라에 항복할 때 데려온 아들 세종世宗의 아들인 솔우공率友公의 아들 서운잡간의 딸 문명황후文明皇后께서 나를 낳으셨으니 시조 수로왕은 어린 나에게 15대조가 된다. 그 나라는 이미 없어졌지만 그를 장사지낸 사당은 아직까지 남아있으니 종묘에 합해 계속 제사를 지내게 하라.' 라는 조서를 내렸다.

신라 말년에 충지잡간이 금관성金官城을 공격해 빼앗아 성주장군城主將軍이 되었다. 이때 영규아간英規阿干이 장군의 위엄을 빙자해 묘향廟享을 빼앗아 함부로 제사를 지내더니 단오端午를 맞아 또 고사를 지냈는데, 공연히 대들보가 부러져 깔려서 죽었다. 이에 장군이 혼잣말로 중얼거리기를, '다행이 전세前世의 인연으로 외람되게 성왕聖王이 계시던 국성國城에 제사 지내게 되었으니 마땅히 진영眞影을 그려 모시고 향과 등을 바쳐 신하된 은혜를 갚아야겠구나.' 하고, 삼척三尺 교견鮫絹에 진영을 그려 벽 위에 모시고 아침저녁으로 촛불을 켜놓고 받들었는데, 3일이 만에 진영의 두 눈에서 피눈물이 흘러 땅 위에 괴어, 거의 한 말이나 되었다. 장군은 몹시 두려워하여 진영을 모시고 사당으로 나가 불태워 없애고, 곧 수로왕의 친자손인 규림圭林을 불러 말하기를,

"어제 상서롭지 못한 일이 있었는데 무슨 이유로 이런 일들이 자꾸 생기는지 알 수가 없다. 이것은 필시 사당의 위령이 내가 진웅을 그려 모시는 것을 불손하게 여겨 크게 노하신 것인가 보다. 영규英規가 이미 죽었고 나는 두려워 화상을 불살랐으니 반드시 신의 베임을 받을 것이다. 그대는 왕의 친 자손이니 전처럼 제사를 받드는 것이 좋겠다."

했다.

규림이 대를 이어 제사를 지내 오다가 88세의 나이로 죽자, 그 아들 간원경間元卿이 계속해서 제사를 지냈는데, 만단옷날 알묘제謁廟祭 때 영규의 아들 준필俊必이 발광하여 사당으로 와서 간원경이 차려 놓은 제물을 치우고 자신이

제물을 차려 제사를 지냈다. 그런데 삼헌三獻이 채 끝나기도 전에 갑자기 병이 생겨 집으로 돌아가 죽었다.

또 도둑의 무리가 사당 안에 금과 옥이 많다고 해서 와서 훔치려고 했다. 그러자 갑옷과 투구를 갖추고 활에 살을 매긴 용사가 사당 안에서 나오더니 화살을 쏘아 일고여덟 명이 맞아 죽자 나머지 도둑 무리들은 달아나 버렸다. 며칠 후 도둑들이 다시 오자 길이가 30여 척이고 눈빛이 번개 같은 큰 구렁이가 사당 옆에서 나와 여덟아홉명을 물어서 죽이니 겨우 살아남은 자들은 모두 자빠지고 흩어져 도망하였다. 능원陵園은 안에는 반드시 신물이 보호한다는 것을 깨달았다.

또한 수로왕을 사모해서 하는 놀이가 있다. 매년 7월 29일에 이 지방 사람들과 서리胥吏·군졸軍卒들이 승점乘岾에 올라가 장막을 치고 술과 음식을 먹으면서 즐겁게 노는데, 놀이 방법은 이들이 동서쪽으로 서로 눈짓하면 건장한 인부들은 좌우로 나누어 망산도望山島에서 말달려 급히 육지를 향하고, 뱃머리를 물 위 띄워 서로 밀면서 북쪽 고포古浦를 향해 다투어 달리니. 이것은 옛날 유천간留天干과 신귀간神鬼干 등이 왕후가 오는 것을 바라보고 급히 수로왕에게 아뢰던 자취이다.

가락국이 망한 뒤로는 대대로 칭호가 한결같이 않았다. 신라 제31대 정명왕政明王이 즉위한 개요開耀 원년 신사辛巳에는 금관경金官京이라 하고 태수太守를 두었다. 그 후 259년에 우리 고려 태조가 통합한 뒤로는 여러 대를 거치면서 임해현臨海縣이라 하고, 배안사排岸使를 두어, 48년이나 지속되었다. 다음에 임해군臨海郡 혹은 김해부金海府라 하고 도호부都護府를 두어, 27년이나 지속되었으며, 또한 방어사防禦使를 두어 64년 동안 계속되었다.

순화淳化 2년에 김해부金海府의 양전사量田使 중대부中大夫 조문선趙文善이 조사해 보고하기를 '수로왕의 능묘에 있는 밭 면적이 많으니, 마땅히 15결結로 전대로 제사 지내게 하고, 나머지는 부府의 역정役丁들에게 나눠줌이 좋겠습니다.' 하였다. 이 일을 맡은 관청에서 그 장계를 받아 보고하자 조정에서 명령하기를 '하늘에서 내려온 알이 변해 성군이 되었고, 이내 왕위에 올라 158세까지 이르렀으니 삼황三皇 이후오 이에 견줄만한 인물이 없다. 수로왕이 붕어한 뒤 선대부터 능묘에 소속된 전답을 지금에 와서 줄인다면 이것은 매우 두려운 일이다.' 하며 불허했다. 양전사量田使가 또다시 아뢰자 조정에서 받아들여 반은 능묘에 그대로 두고, 반은 그곳의 역정役丁에게 나누어 주게 하였다. 절사節使는 조정의 명을 받아 반을 능원陵園에 소속시키고 반은 부府의 부역자인 호정戶丁에게 주었다. 이 일이 거의 끝날 무렵 양전사는 몹시 피곤하더니 어느 날 밤 꿈속에서 일고여덟 귀신이 보이는데 밧줄과 칼을 들고 와서 너에게 큰 죄가 있어 참수해야겠다는 말과 함께 형刑을 받아 매우 아파하다가 잠놀라서 깨어 이내 병을 얻어 남에게 알리지도 못하고 밤에 도망하는데 병이 낫지 않아 관문關門을 지나서 죽었다. 이로 인해 양전도장量田都帳에는 그의 도장이 찍히지 않았다고 후에 사신을 파견해 그의 밭을 검사했는데, 겨우 11결結 12부負 9속束뿐이었고, 3결結 87부負 1속束이 부족했다. 이에 모자라는 밭을 조사해 내외궁內外宮에 보고하여, 임금의 명으로 부족한 것을 채워주게 했는데 이 때문에 고금의 일을 탄식하는 사람이 있었다.

수로왕首露王의 8대손 김질왕은 시조모始祖母를 허황후許皇后를 위해 그의 명복을 빌고자 했다. 그래서 원가元嘉 29년 임진壬辰에 수로왕과 허황후가 혼인했던 곳에 절을 세워 이름을 왕후사王后寺라 하였다. 이 절이 생긴 지 500년 후에 장유사長遊寺가 세웠는데, 이 절에 바친 밭이 모두 300결結이었다. 이때 장유사 삼강三綱은 왕후사가 장유사 밭 동남쪽 지역 내에 있다 하여, 왕후사를 폐하고 장사莊舍를 만들어 곡식을 저장하고 말과 소를 치는 마구간으로 만들었으니 매우 슬픈 일이다.

세조世祖 이하 9대손의 역수曆數를 아래에 자세하게 기록했다 하니 그 명銘은 이러하다.

처음 천지가 열리니 이안利眼이 비로소 밝았네.

비록 인륜人倫은 생겼지만, 임금의 지위는 아직 이루지 안았네.

중국은 여러 대를 거듭했지만, 동국東國은 서울이 갈렸네.

계림鷄林이 먼저 정해지고 가락국駕洛國이 뒤에 경영되었네.

스스로 맡아 다스릴 사람이 없으면, 누가 백성을 보살피겠는가.

드디어 상제께서 저 창생蒼生을 돌봐 주었네.

여기 부명符命을 주어 특별히 정령을 보내셨네.

산 속에 알을 내려보내고 안갯속에 모습을 감추었네.

속은 오히려 아득하고 겉도 역시 컴컴했네.

바라보면 형상이 없는 듯하나 들으니 여기에 소리가 나네.

무리들은 노래로 아뢰고 춤으로 추어 바치네.

7일이 지난 후에 한 때 안정되었네.

바람 불어 구름 걷히니 푸른 하늘이 텅 비었네.

여섯 개 둥근 알이 내려오니 한 오리 자줏빛 끈이 드리웠네.

낯선 이상한 땅에 집과 집이 잇닿아 있네.

구경하는 사람들 줄지었고 바라보는 사람 우글거리네.

다섯은 각 고을로 돌아가고 하나는 이 성에 있었네.

같은 때 같은 자취는 아우와 같고 형과 같았네.

실로 하늘이 덕을 낳아서 세상을 위해 질서를 만들었네.

왕위에 처음 오르니 온 세상은 맑아지려 했네.

궁전 구조는 옛 법을 따랐고, 토계土階는 오히려 평평했네.

만기萬機를 비로소 쓰고 모든 정치를 시행했네.

기울지도 치우치지도 않으니 오직 하나이고 오직 정밀했네.

길 가는 자는 길을 양보하고 농사짓는 자는 밭을 양보했네.

사방은 모두 안정되고, 만백성은 태평을 맞이 했네.

갑자기 풀잎의 이슬처럼, 대춘大椿의 나이를 보전되지 못했네.

천지의 기운이 변하자, 조야 모두가 슬퍼했네.

금과 같은 발자취, 옥과 같이 떨친 그이름이여.

후손이 끊이지 않으니, 사당의 제사가 오직 향기로웠네.

비록 세월은 흘러갔지만, 규범規範은 기울어지지 않았네.

거등왕居登王

아버지는 수로왕首露王이고 어머니는 허황후許皇后이다. 건안建安 4년 기묘己卯 3월 13일에 즉위하여 치세가 39년이었으며, 가평嘉平 5년 계유癸酉 9월 17일에 죽었다. 왕비王妃는 천부경泉府卿 신보申輔의 딸 모정慕貞으로 태자 마품麻品을 낳았다.

『개황력開皇曆』에,

"성姓은 김金씨이고 시조始祖가 금란金卵에서 난 까닭에 김으로 성을 삼았다."

고 기록되어 있다.

마품왕麻品王

마품馬品이라고도 하며, 성은 김金씨이다. 가평 嘉平 5년 계유癸酉에 즉위해 치세가 39년이었고, 영평永平 원년 신해辛亥 1월 29일에 죽었다. 왕비王妃는 종정감宗正監 조광趙匡의 손녀孫女 호구好仇로 태자 거질미居叱彌를 낳았다.

거질미왕居叱彌王

금물今勿이라고도 하며, 성은 김金씨이다. 영평永
平 원년에 즉위해 치세가 56년이었고, 영화永和 2
년 병오丙午 7월 7일에 죽었다. 왕비는 아궁아간阿躬阿干의
손녀 아지阿志로 왕자 이시품伊尸品을 낳았다.

이시품왕伊尸品王

성은 김金씨이고 영화永和 2년에 즉위했다. 치세가 62년이었고 의희義熙 3년 정미丁未 4월 10일에 죽었다. 왕비는 사농경司農卿 극충克忠의 딸 정신貞信으로 왕자 좌지坐知를 낳았다.

좌지왕坐知王

김질金叱이라고도 하며, 의희義熙 3년에 즉위했다. 용녀傭女에게 장가들면서 그녀의 무리를 관리로 등용하니 나라가 시끄러웠다. 계림鷄林이 꾀를 내어 치려고 하자, 신하 박원도朴元道가 간하기를,

"유초遺草를 보고 또 봐도 털이 나는 법인데, 하물며 사람에 있어서이겠습니까? 하늘이 망하고 땅이 꺼지면 사람이 어느곳에 보전하오리까? 또한 점쟁이가 점을 쳐 해괘解卦를 얻었는데, 그 괘산에, '소인을 제거하면 반드시 군자가 와서 도울 것이다' 했으니. 왕께서는 역의 괘를 살피시옵소어."

했다.

이에 왕은 사과하면서 용녀를 하산도荷山島로 귀양 보내고 정치를 바르게 행하여 백성을 편안하게 다스렸다. 치세가 15년이었고 영초永初 2년 신유辛酉 4월 12일에 죽었다. 왕비는 도령대아간道寧大阿干의 딸 복수福壽로, 아들 취희吹希를 낳았다.

취희왕吹希王

질가叱嘉라고도 하며, 성은 김金이고 영초永初 2년에 즉위했다. 치세가 31년이었고 원가元嘉 28년 신묘辛卯 2월 3일에 죽었다. 왕비는 진사각간進思角干의 딸 인덕仁德으로 왕자 질지를 낳았다.

질지왕質知王

김질왕金質王이라고도 하며, 원가元嘉 28년에 즉위했다. 이듬해 시조始祖와 허황옥 왕후許黃玉王后의 명복을 빌기 위해 처음 시조와 만났던 자리에 절을 세워 왕후사王后寺라 하고, 밭 10결結을 바쳐 비용에 쓰게 했다. 치세가 42년이었고 영명永明 10년 임신壬申 10월 4일에 죽었다. 왕비는 김상사간金相沙干의 딸 방원邦媛으로 왕자 겸지鉗知를 낳았다.

겸지왕鉗知王

김겸왕金鉗王이라고도 하며, 영명永明 10년에 즉위했다. 치세가 30년이었고 정광正光 2년 신축辛丑 4월 7일에 죽었다. 왕비는 출충각간出忠角干의 딸 숙淑으로 왕자 구형仇衡을 낳았다.

구형왕仇衡王

성은 김金이고 정광正光 2년에 즉위하여, 치세가 42년이었다. 보정保定 2년 임오壬午 9월에 신라 제24대 진흥왕眞興王이 군사를 동원해 쳐들어오자 왕은 친히 군사를 지휘했다. 그러나 적병의 수는 많고 이쪽은 적었기 때문에 맞서 싸울 수가 없었다. 이에 왕은 동기同氣 탈지이질금脫知爾叱今을 보내 본국에 머물러 있게 하고, 왕자와 장손 졸지공卒支公 등은 항복해 신라로 들어갔다. 왕비는 분질수이질分叱水爾叱의 딸 계화桂花로, 세 아들을 낳으니 첫째가 세종각간世宗角干, 둘째가 무도각간茂刀角干, 셋째가 무득각간茂得角干이다.

『개황록開皇錄』에,

"양梁나라 무제武帝 중대통中大通 4년 임자壬子에 신라에 항복했다."

고 기록되어 있다.

그러나 『삼국사三國史』에는 구형왕仇衡王이 양梁나라 무제武帝 중대통中大通 4년 임자壬子에 땅을 바쳐 신라에 항복한 것으로 기록되어 있다. 그러면 수로왕首露王이 처음 즉위한 동한東漢 건무建武 18년 임인壬寅으로부터 구형왕 말년 임자

壬子까지 계산해 보면 490년이 된다. 만일 이 상고한다면 땅을 바친 것은 원위元魏 보정保定 2년 임오壬午에 해당된다. 그러면 30년을 더하게 되어 도합 520년이 되는 셈이다. 여기에는 이 두 가지 설을 모두 기록해 둔다.

제3권
흥법 제3(興法 第三)

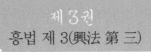

고구려의 불교는 순도가 처음으로 전파
順道肇麗

　　도공道公 후에 법심法深 · 의연義淵 · 담엄曇嚴 등
이 계승해서 불교佛敎를 일으켰다. 그러나 고전에
는 기록이 없으므로 지금은 사실을 넣어 편찬하지 못한다.
(자세한 것은 『해동고승전海東高僧傳』에 있다.)

『고구려본기高句麗本記』에,

"소수림왕小獸林王이 즉위한 2년 임신壬申은 동진東晉 함안
咸安 2년으로 효무제孝武帝가 즉위한 해이다. 전진前秦의 부
견符堅이 사신과 중 순도順道에게 명해 불상과 경문을 보내
왔고, 4년 갑술甲戌에는 아도阿道가 동진東晉에서 왔다. 이
듬해 을해乙亥 2월에 초문사肖門寺를 지어 순도順道를 있게
하고 또, 이불난사伊弗蘭寺를 지어 아도를 머물게 했다. 이
것이 고구려 "불법의 시초이다."

라고 기록되어 있다.

『해동고승전海東高僧傳』에서 순도와 아도가 북위北魏에서
왔다는 것은 잘못이고, 실제로는 전진前秦에서 온 것이다.
초문사肖門寺는 지금의 흥국사興國寺이고 이불란사는 지금
의 흥복사興福寺라고 기록한 것 역시 잘못이다. 고구려는
안시성女市城 혹은 안정홀女丁忽에 도읍을 정하였는데, 요수

遼水 북쪽에 위치하고 있다. 요수는 일명 압록鴨綠이라고도
하며 안민강安民江이라 부른다. 어찌 송경松京 흥국사興國寺
의 이름이 여기에 있을 수가 있겠는가?

찬讚하여 말한다.

압록강은 봄이 깊어 물빛이 곱고,
백사장 갈매기는 한가롭게 조는 구나.
갑자기 어디선가 들리는 노 젓는 소리에 놀라니,
어느 곳 어선인지, 벌서 길손이 벌써 당도했구나.

백제의 불교는 난타가 전하다

『백제본기百濟本記』에,

"제15대 침류왕枕流王이 즉위한 갑신甲申에 호승胡僧 마라난타摩羅難陀가 동진東晉으로부터 오자, 그를 맞아 궁중에 두고 예로써 공경했다."
라고 했다.

이듬해인 을유乙酉에 새 도읍인 한산주漢山州에 절을 짓고 도승度僧 10인을 두었으니, 이것이 백제 불법의 시초이다. 또 아신왕阿莘王이 즉위한 대원大元 17년 2월에 불법佛法을 숭상하고 믿어 복을 구하라고 했다. 마라난타摩羅難陀는 번역해서 동학童學이라고 한다. 그의 이적은 〈해동고승전〉에 자세히 나타나 있다.

찬하여 말한다.

하늘의 조화는 옛날부터 아득한 것.
대체로 잔재주로 솜씨 부리기는 어려우리라.
어른들은 스스로 노래와 춤을 가지고
옆의 사람 끌어당겨 눈으로 보게 하는구나.

아도가 신라의 불교 기초를 닦다
아도기라順道肇麗

『신라본기新羅本紀』제4권에 이르기를,

"제19대 눌지왕訥祗王 때 중 묵호자墨胡子가 고구려에서 일선군一善郡으로 왔다. 그러자 그 고을 사람 모례毛禮가 집 안에 굴을 파 방을 만들어 편안히 있게 했다."

고 했다.

이때 양梁나라에서 사신을 파견해 의복과 향香을 보내왔는데 군신들은 그 향의 이름과 사용법을 알지 못했다. 이에 사람을 시켜 향을 가지고 나라 안을 돌아다니면서 물어보게 했다.

이때 묵호자가 이것을 보고 말하기를,

"이것은 향이라는 것으로 태우면 향기가 몹시 풍기는데, 이는 정성이 신성한 곳까지 이르는 때문입니다. 신성이란 세 가지 보물보다 더한 것이 없으니 만일 이것을 태우고 축원祝願한다면 반드시 영험이 있을 것입니다."

했다.

이때 왕녀의 병세가 위독하여 묵호자를 불러 향을 피우고 축원하게 하니, 왕녀의 병이 나았다. 왕이 기뻐하면서 예물을 후하게 굴었는데 갑자기 그의 간 곳을 알 수가 없었다.

또 제21대 비처왕毗處王 때 아도화상我道和尙이 시자侍者 세 사람을 데리고 역시 모례毛禮의 집으로 왔는데, 모습이 묵호자와 비슷했다. 그는 여기서 수해를 살다가 아무런 병도 없이 죽었다. 시자 세사람을 계속 머물면서 경經과 율律을 강독講讀하니 이따금 신봉자가 생겼다. 주注에 보면,

"본비本碑와 모든 전기傳記와는 사실이 다르다."

고 했다.

또한 『고승전高僧傳』에는 서천축西天竺 사람이라 했고, 혹은 오吳나라에서 왔다고 했다.

아도본비我道本碑에 보면 아도我道는 고구려 사람으로 어머니는 고도령高道寧이다. 정시正始 연간에 조위曹魏 사람 굴마가 고구려에 사신으로 왔다가 그녀와 간통하고 돌아갔는데 이로부터 태기가 있었다. 아도가 5세가 되었을 때 어머니는 그를 출가시켰다. 나이 16세에 위魏나라로 가서 굴마를 만나 현창화상玄彰和尙이 강독하는 자리에 나가 불법을 익혔다.

19세 때 돌아와 어머니를 뵙자, 어머니는 말하기를,

"이 고구려는 지금까지도 불법을 모른다. 하지만 앞으로 3,000여 달이 지나면 계림鷄林에 성왕이 나서 불교를 크게 일으킬 것이다. 그 나라 서울 일곱곳에 절터가 있는데, 하나는 금교金橋 동쪽인 천경림天鏡林(지금의 흥윤사興輪寺)이고, 둘은 삼천三川인(지금의 영흥사永興寺) 갈래이고, 셋은

용궁龍宮(지금의 황룡사皇龍寺)의 남쪽이고, 넷은 용궁龍宮(지금의 분황사芬皇寺)의 북쪽이고, 다섯은 사천沙川(지금의 영묘사靈妙寺)의 끝이고, 여섯은 신유림神遊林(지금의 천왕사天王寺)이고, 일곱은 서청전(지금의 담엄사曇嚴寺)이다. 이것은 모두 전불 때의 절터로 불법이 앞으로 길이 전해질 곳이다. 너는 그곳으로 가 대교大敎를 전파한다면 네가 이 땅에서 불교의 개조開祖가 될 것이다."

했다.

아도我道는 이 가르침을 듣고 계림鷄林으로 가서 왕성王城 서쪽 마을에 살았는데(이곳은 지금의 엄장사嚴莊寺이다.) 때는 미추왕未鄒王 즉위 2년 계미癸未였다. 그가 대궐로 들어가 불법佛法행하기를 청하니 당시 세상에서 보지 못한 꺼리고 끝내 죽이려는 자까지 있었다. 이에 속림續林(지금의 일선현一善縣인)으로 도망쳐 모록毛祿의 집으로 숨었다.

미추왕未鄒王 3년에 성국공주成國公主가 병이 났는데, 무당과 의원의 효험이 없어 칙사勅使를 사방으로 보내서 의원을 찾았다. 이때 법사法師가 대궐로 들어가 그 병을 고치니, 왕은 크게 기뻐하며 그의 소원을 묻자 법사가 대답하기를,

"빈도는 아무것도 구하는 것이 없고 오직 천경림天鏡林에 큰 절을 세우고, 불교를 일으켜 국가의 복을 기원하길 원할 뿐입니다."

하였다.

왕이 이를 허락해 공사를 명령했다. 당시 풍속이 질박하면

서 검소해 법사는 별도로 지붕을 덮고 이곳에 살면서 강연講演하니 이때 천화天花가 땅으로 떨어지므로 절 이름을 흥륜사興輪寺라고 하였다. 모록毛祿의 누이동생의 이름은 사史씨인데, 법사에게 와서 중이 되어 역시 삼천三川 갈래에 절을 짓고 살았으니, 절 이름을 영흥사永興寺라 하였다. 얼마 후 미추왕未鄒王이 죽자 나라사람들이 해치려하므로 법사는 모록의 집으로 돌아가 스스로 무덤을 만들고, 그속에서 문을 닫고 자절自絶하여 다시는 나타나지 않았다. 이로 말미암아 불교도 또한 폐하게 되었다.

제23대 법흥대왕法興大王이 소량蕭梁 천감天監 13년 갑오甲午에 왕으로 즉위해 불교를 일으키니 이때가 미추왕未雛王 계미癸未에서 252년이나 된다. 고도령이 말한 3,000여 달이 맞은 것이다. 이에 『본기本記』와 본비本碑의 두 가지 설이 서로 어긋나 같지 않은 것이 이와 같다.

친하여 말한다.

금교에 눈이 쌓여 얼고 풀리지 않았으니
계림의 봄빛 아직도 온전히 돌아오지 않았구나.
예쁘도다! 봄의 신은 재주가 많나니
먼저 모랑毛郞의 집 매화나무에 꽃이 피게 하였구나.

원종이 불교를 진흥시키고
염촉이 몸을 희생하다 原宗興法 厭觸滅身

『新羅本記신라본기』에 보면 법흥대왕法興大王이 즉위한 14년에 신하 이차돈異次頓이 불법을 위해 스스로 자기 몸을 죽이니 곧 소량蕭梁 보통普通 8년 정미丁未에 서천축西竺達의 달마대사摩磨大師가 금릉金陵으로온 해이다. 이 해에 낭지법사朗智法師 역시 영취산靈鷲山에 살면서 법장法場을 열었으니, 불교의 흥망이 반드시 원근에서 한 시기에 서로 감응한다는 것을 이로써 알 수가 있다.

원화元和 연간에 남간사南澗寺의 중 일념一念이 촉향분례불결사문촉香墳禮佛結社文을 지었는데 이 사실이 자세히 실려 있으니 그 내용은 다음과 같다. 예전에 법흥대왕이 자극전紫極殿에서 왕위에 올랐는데, 그때 동쪽 지역을 살펴 보고 말하기를,

"예전에 한漢나라 명제明帝가 꿈에 감응되어 불법이 동쪽에서 흘러 들어왔다. 내가 왕위에 오르면 백성을 위해 복을 닦고 죄를 없앨 곳을 마련하겠다."

이에 조신들은 왕의 깊은 뜻을 헤아리지 못하고, 오직 나라를 다스리는 대의만을 지켜 절을 세우겠다는 신령스러운 생각에 따르지 않자 대왕은 탄식했다.

"아아! 나는 덕이 없는 사람으로 왕업을 이어받아 위로는 음양의 조화가 모자라고, 아래로는 백성을 즐거이 하는 일이 없어서 정사를 닦는 여가에 불교에 마음을 두었으니 그 누가 나의 일을 함께 하겠는가?"

이때 소신小臣이 있었는데, 성姓은 박朴씨고 자子는 염촉인데, 그의 아버지는 자세히 알 수 없다. 조부는 아진阿珍 종宗으로 습보習寶 갈문왕葛文王의 아들이다.(신라의 관작官爵은 도합 17등급으로 그 넷째를 파진손波珍飡이나 아진손阿珍飡이라고도 한다. 종宗은 그 이름이고 습보習寶 역시 이름이다. 신라 사람은 추봉追封한 왕을 모두 갈문왕葛文王이라고 했는데, 그 까닭은 사신史臣도 역시 자세히 알 수 없다고 했다. 또 김용행金用行이 지은 아도비阿道碑를 보면, 사인舍人은 그때 나이 26세였고, 아버지는 길승吉升, 조부는 공한功漢, 증조는 걸해대왕乞解大王이라 했다.)

그는 죽백竹栢과 같은 바탕에 수경水鏡과 같은 뜻을 품었고, 적선한 집의 증손으로서 궁내의 조아爪牙가 되기를 바랐으며, 성조聖朝의 충신으로서 하청河淸에 등시登侍할 것을 기대했다. 이때 나이 22세로 하사下士의 등급인 사인舍人의 직책에 있었는데 왕의 얼굴을 쳐다보고서 그 심정을 눈치채고 아뢰기를,

"신이 듣기로는 옛 사람은 천한 사람에게도 계교를 물었다 하오니 신이 큰 죄를 무릅쓰고 아룁니다."

하면서,

"나라를 위해 몸을 바치는 것은 신하로서 큰 절개이고, 임금을 위해 목숨을 바치는 것은 백성의 곧은 의리입니다. 거짓으로 말씀을 전했다 하여 신의 목을 베신다면 만민이 굴복해 왕의 말씀을 어기지 못할 것입니다."

라고 했다.

왕이 말했다.

"살을 베어 저울로 달아 장차 새 한 마리를 살리려 했고, 피를 뿌려 목숨을 끊어 일곱 마리 짐승을 스스로 불쌍히 여겼다. 나의 뜻은 사람을 이롭게 하는 것인데, 어찌 죄 없는 사람을 죽이겠느냐? 너는 비록 공덕을 남기려고 하지만, 죽음을 피하는 것만 못할 것이다."

시안이 말하기를,

"일체一切를 버리기 어려운 것은 신명神命에 지나지 않고, 소신이 저녁에 죽어 불교가 아침에 행해진다면, 불일佛日은 다시 성행하고 성주께서는 길이 편안할 것입니다."

했다.

왕이 말했다.

"난새鸞鳥와 봉새鳳鳥의 새끼는 어려도 하늘을 뚫을 마음이 있고, 홍곡鴻鵠의 새끼는 태어나면서 물결을 깨칠 기세를 품었다 하니 네가 그렇게 할 수 있다면 과연 대사大士의 행동이라 할 수 있겠다."

라고 했다.

이에 대왕은 여러 신하를 불러 물었다.

"경들은 내가 절을 지으려고 하는데 일부러 지체시키지 않았느냐." 향전鄕傳에는 염촉이 거짓 왕명으로 신하들에게 절을 세우라는 뜻을 전하니, 여러 신하들이 와서 간하자 왕은 이것을 염촉에게 책임을 지워 노하면서 왕명을 거짓으로 전했다하여 형에 처했다고 했다.

이에 여러 신하들이 벌벌 떨고 두려워하면서 황당스레 맹세하고 손으로 동쪽과 서쪽을 가리키니, 왕은 사인을 불러 꾸짖었다. 사인은 얼굴빛이 변하면서 아무 대답도 하지 못했다. 대왕이 크게 노해 그를 베어 죽이라고 명을 내리자, 유사는 그를 묶어 관아로 끌고 갔다. 옥리가 그의 목을 베자, 흰 젖이 한 길이나 치솟았고, 하늘은 사방이 어두워져 저녁의 빛을 감추었으며 땅이 진동하고 비가 뚝뚝 떨어졌다.(향전鄕傳에는 사인舍人이 맹세하기를, "대성법왕大聖法王께서 불교를 일으키려 하시므로 내가 목숨을 돌보지 않고 세상 인연을 버리니, 하늘에서 상서를 내려 백성에게 두루 보여 주십시오" 했다. 이에 그의 머리는 날아가 금강산金剛山 마루에 떨어졌다고 한다.)

임금은 슬퍼하여 눈물이 곤룡포를 적시고 재상들은 근심하여 진땀이 선면蟬冕까지 흘렀다. 감천甘泉이 갑자기 말라 물고기와 자라가 펄떡거리고, 곧은 나무가 저절로 부러져 원숭이들이 떼를 지어 울었다. 춘궁春宮에서 말고삐를 나란히 하고 놀던 동무들은 피눈물을 흘리면서 서로 돌아보고, 월정月庭에서 소매를 마주하던 친구들은 창자가 끊어지는 듯한 이별을 애석해 하여 관棺을 바라보며 우는 소리가 마치 부모가 죽은 것과 같았다. 그들은 모두 말했다.

"개자추介子推가 자신의 다리의 살을 벤 것도 염촉의 고절苦節에 비할 수 없고, 홍연弘演이 배를 가른 일 또한 어찌 그의 그의 장열壯烈함에 비할 수 있으랴. 이것이야말로 대왕의 신력信力을 붙들어 아도阿道의 본심을 성취시킨 것이니 성자로다."

드디어 북산北山 서쪽 고개(금강산金剛山으로, 전傳에는 머리가 날아가 떨어진 곳이므로 그곳에 장사지냈다고 했다. 그러나 여기에는 그것을 말하지 않았으니 무슨 까닭인가.)에 장사를 지냈다. 나인들은 그의 죽음을 슬퍼해 명당을 골라 절을 세우고 이름이 자추사刺楸寺라 하였다. 이로부터 집집마다 부처를 받들면 대대로 영화를 얻게 되고 사람마다 불도를 행하면 이내 불교의 이익을 얻게 되었다.

대청大淸 초년에 양梁나라 사신 심호沈湖가 사리舍利를 가져왔고, 천가天嘉 6년에 진陣나라 사신 유사劉思가 중 명관明觀과 함께 불경을 가지고 오면서 절이 별처럼 많아졌고, 탑은 기러기처럼 줄을 지었다. 법당을 건설하고 범종을 달아 용상龍象의 중들은 천하의 복전福田이 되고, 대승大乘·소승小乘의 불법은 서울의 자운慈雲이 되었다. 다른 지방의 보살菩薩이 세상에 출현하고 서역西域의 이름난 중들이 이 땅으로 오니 삼한三韓이 아우러져 한나라가 되고 사해四海를 통틀어 한 집이 되었다.

원화元和 12년 정유丁酉 8월 5일은 제41대 헌덕대왕憲德大王 9년으로 흥륜사興輪寺의 영수선사永秀禪師가 이 무덤에 예불할 향도香徒들을 모아 매월 5일에 영혼의 묘원妙願을 위해 단을 쌓고 법회를 열었다.

법흥왕法興王은 폐해진 불교를 일으켜 절을 세우고, 절이 완공되자 면류관을 벗고 가사를 입었으며 궁중에 있는 친척들을 절의 노예로 쓰게 하여, 그 절의 주지가 되어 몸소 교화를 넓게 펼쳤다.(절의 종은 지금까지도 왕손王孫이라고 한다. 그 뒤 태종왕太宗王 때는 재상 김양도金良圖가 불법을 믿어 화보花寶·연보蓮寶라는 두 딸을 이 절의 종으로 하였고 또 역신逆臣 모척毛尺의 가족들을 데려와 절의 노예로 삼았으니 이 두 가족의 후손은 지금까지도 끊어지지 않았다.)

『책부원귀册府元龜』에는 법흥왕의 성이 모募씨이고 이름은 진秦이라고 했다. 처음 절 공사를 시작했던 을묘乙卯년에 왕비 역시 영흥사永興寺를 세우고 모록毛祿의 누이동생 사史씨의 유풍遺風을 사모해 법흥왕과 함께 머리를 깎고 중이 되어 이름을 묘법妙法이라 했으며, 영흥사에 살다가 여러 해 뒤에 죽었다.

『국사國史』에는 건복建福 31년에 영흥사의 소상塑像이 저절로 무너졌는데, 얼마 되지 않아 진흥왕비인 비구니比丘尼가 죽었다고 했다.

상고하건대, 진흥왕은 법흥왕 조카이고, 왕비 사도부인思刀夫人 박朴씨는 모량리牟梁里 영실각간英失角干로서 역시 출가해 비구니가 되었지만, 영흥사를 세운 주인은 아니다. 그러면 진眞자를 법法자로 고친다면 이것은 법흥왕의 비妃인 파조부인이 비구니가 되었다가 죽은 것을 가리킨 것이니 이는 그녀가 절을 짓고 불상을 세운 주인이기 때문이다.

법흥왕과 진흥왕이 왕위를 버리고 출가한 것에 대해 사관이 기록하지 않은 것은 세상을 경영하는 교훈이 되지 못하기 때문이었다. 또 대통大通 원년 정미丁未에 양梁나라 무제武帝를 위해 웅천주熊天州에 절을 지어 이름을 대통사大通寺라고 했다.(웅천熊天은 곧 공주公州로, 당시 신라에 소속되었기 때문이다. 그러나 정미년丁未年의 일은 아닐 것으로 중대통中大通 원년 기유己酉에 지은 것이다. 흥륜사興輪寺를 처음 세웠던 정미년丁未年에는 다른 군에다가 절을 세울 겨를이 없었을 것이다.)

찬하여 말한다.

성인의 지혜는 본디 만세萬世를 꾀하나,
구구한 여론輿論은 조금도 따질 것이 없네.
법륜法輪이 풀려 금륜金輪을 쫓아 구르니,
요순 세월 바야흐로 불교로 해서 이루어지네.

이것은 원종原宗을 위한 것이다.

의義에 쫓아 생명 가볍게 하니 놀라운 일인데,

천화天花의 흰 젖의 이적異蹟 다시 다정해라.

이윽고 한칼에몸은 비록 죽었지만,

절마다 울리는 종소리는 서울을 뒤흔드네.

이것은 염촉을 위한 것이다.

법왕은 살생을 금했다法王禁殺

백제 제29대 법왕法王의 이름은 선宣이고 효순孝順이라고도 한다. 개황開皇 10년 기미己未에 즉위하여 겨울에 조서를 내려 살생을 금지시키니 즉 민가에서 기르는 매나 새매 등을 놓아 주고 물고기를 잡는 기구 등을 불살라 일체 금지시켰다. 이듬해 경신庚申에 30명의 도승度僧을 두고 당시 서울인 사비성 지금의 부여에 왕흥사王興寺를 짓기 위해 겨우 터를 정리하다가 죽었다. 무왕武王이 이어 즉위해 아버지의 터를 닦은 것을 아들이 일으켜 수기數紀를 지내서 완성하니 그 절의 이름도 미륵사彌勒寺이다. 왕은 항상 배를 타고 강물을 따라 절에 들어가 그 경치가 장엄하고 아름다운 것을 구경했다.(『고기古記』에 실린 것과는 조금 다르다. 무왕은 가난한 어머니가 못의 용과 관계하여 낳은 이로, 어릴 때 이름은 서동이었지만, 즉위한 후에 시호를 무왕武王이라 했다. 이 절은 처음 왕비와 함께 세운 것이다.

찬하여 말한다.

짐승에 너그러움은 천 개 언덕에 미치고,
은택이 돼지와 물고기에게까지 흡족하니 어짊이 온 세상
에 넘치네.
성군이 갑자기 돌아감을 말하지 말지니,
상방上方 도솔에는 이제 꽃다운 봄이 되리라.

보장왕 도교를 신봉하고 보덕은 절을 옮겼다
寶藏奉老 普德移庵

『고구려본기高句麗本記』에 말했다. 고구려 말기 무덕武德 정관貞觀 연간에 나라 사람들이 다투어 오두미교五斗米敎를 믿었다. 이에 당나라 고조高祖가 도사道士에게 명해 천존상天尊像을 보내고, 도덕경道德經을 강술하게 했다. 왕이 백성과 함께 이것을 들었는데, 이때가 제27대 영류왕榮留王 즉위 7년 갑신甲申의 일이다. 이듬해 고구려가 당나라에 사신을 파견해 불교와 도교의 배움을 청하자 당 황제가 허락했다.

그 후 보장왕寶藏王이 즉위하면서(정관貞觀 16년 임인壬寅에 또한 유儒·불佛·도道의 세 교를 모두를 부흥시키려고 했다. 이때 왕의 총애를 재상 개소문蓋蘇文이 왕에게 아뢰기를,

"지금 유교와 불교는 함께 부흥하고 있지만, 도교는 그렇지 못합니다. 이에 따라 당에 사신을 파견해 도교를 구하도록 하십시오."

했다.

이때 반룡사盤龍寺의 보덕화상普德和尙이 도교와 불교의 마찰로 나라의 문수가 위태로워질 것을 염려해 여러 번을 간

했다. 하지만 왕이 듣지 않으므로 이에 신력神力으로 방장方丈을 날려 남쪽에 있는 완산주完山州(지금의 전주全州인) 고대산孤大山으로 옮겨 살았으니, 영휘英徽 원년元年 경술庚戌 6월이었다.(또 본전本傳에는, 건봉乾封 2년 정묘丁卯 3월 3일의 일이라고 기록되어 있다.) 이런 일이 있은 지 얼마 지나지 않아 나라가 멸망했다.(총장總章 원년 무진戊辰에 나라가 망했는데, 그 사이를 따져보면 경술년庚戌年의 19년 후가 된다.) 지금의 경복사景福寺로 날아온 방장方丈이 바로 이것이다.(이상은 『국사國史』에 기록되어 있는 말이다.) 진락공眞樂公은 그를 위해 시詩를 지어 당나라에 남겨두었는데, 문렬공文烈公이 그의 전기를 저술하여 세상에 전했다.

또 당서唐書를 상고하면 이보다 앞서 수隨나라 양제煬帝가 요동遼東을 정벌할 때 비장裨將 양명羊皿이란 자가 있었는데, 전쟁에 불리해 장차 죽게 되었을 때 맹세했다.

"내 반드시 고구려의 총신寵臣이 되어 저 나라를 멸망시킬 것이다."

개씨蓋氏가 정권政權을 마음대로 하자 개蓋로 성씨를 삼았으니, 곧 양명의 응應함이었다.

또 『고구려고기高句麗古記』에 말했다. 수隨나라 양제煬帝가 대업 8년 임신壬申에 30만 명의 군사를 이끌고 바다를 건너 쳐들어왔고, 10년 갑술甲戌 10월에 고구려왕高句麗王이 표문表文을 올려 항복을 청할 때 한 사람이 몰래 소노小弩를 품속에 감추고, 표문을 가진 사신을 따라 양제가 탄 배로 들어어가 양제가 표문을 듣고 읽을 때, 소노를 쏘아 그의 가슴에 명중시켰다. 양제는 즉시 군사를 돌리기 위해 좌우 신하들에게 말하기를,

"내가 천하의 군주가 되어 작은 나라를 몸소 정벌하려 했지만, 이기지 못했으니 만대의 웃음거리가 되었다."

라고 했다.

이때 우상 양명羊皿이 아뢰기를,

"신이 죽으면 고구려 대신이 되어 반드시 나라를 멸해 제왕의 원수를 갚겠나이다."

했다.

양제가 죽은 뒤 그는 과연 고구려에서 태어 나니 나이 15세의 총명하고 신기한 무용이 있었다.

당시 무양왕武陽王이 그가 어질다는 말을 듣고 신하로 삼았다. 그는 스스로 성姓을 개蓋라 가호, 이름을 김金이라 했으며, 위치가 소문蘇文에까지 이르니 바로 시중侍中의 벼슬이다.

(『당서唐書』에는 개소문蓋蘇文이 자칭 막이지莫離支라 했으니, 당나라의 중서령中書令과 같은 것이다 했다. 또 『신지비사神誌秘詞』의 서문에는, 소문蘇文 대영홍大英弘이 서문을 쓰고 주까지 달았다고 했다. 그렇다면 소문은 곧 직명으로서 문중文證이 있다. 전傳에는, 문인文人 소영홍蘇英弘이 서문을 썼다고 했는데, 이에 어느 것이 옳은지를 정확하게 알 수가 없다.)

개금盖金이 아뢰었다.

"솥에는 세 발이있고, 나라에는 세 가지 교敎가 있는 법입니다. 신이 보기에 이 나라 안에는 오직 유교와 불교만 있고 도교가 없으므로 나라가 위태로운 것입니다."

왕은 옳게 여겨, 당에 아뢰어 도교를 하니, 태종太宗이 서달 등 도사道士 8명을 보내주었다.

(『국사國史』에는 무덕武德 8년 을유乙酉에 사신을 당나라에 보내 불교와 도교를 청하니 황제가 허락했다고 했다. 이 기록으로 보면 양명羊皿이 갑술년甲戌年에 죽어서 고구려에 태어났다면, 나이가 겨우 10여 세에 총재寵宰가 되어 왕을 달래어 사신을 당으로 파견해 도교를 청했다하니 그 연월일에 반드시 한 가지가 잘못된 곳이 있을 것이다. 그래서 여기에 두 가지를 모두 기록한다.

왕이 기뻐하면서 사찰을 도관道館으로 만들고, 도사道士를 존경해 유사儒士 위에 앉혔다. 이에 도사들은 국내의 이름난 산천을 돌아다니면서 도관을 넓혔는데 옛 평양성平壤城이 지세가 신월성新月城이라하여 주문을 읽어 남하南河의 용龍에게 명령했다. 용은 만월성滿月城을 더 쌓아 용언성龍堰城이라 했으며, 참기讖記를 지어서 용언도龍堰堵 혹은 천년보장도千年寶藏堵라고 했다. 혹은 영석靈石을 파서 깨뜨리기도 했다.

개금盖金은 또 왕에게 아뢰어 동북과 서남쪽에 긴 성을 쌓게 했다. 이 공사는 16년 만에 끝났는데, 당시 남자들은 부역했고 여자들이 대신 농사를 지었다. 보장왕寶藏王 때에 이르러 당나라 태종太宗이 육군六軍을 이끌고 쳐들어왔지만 또 이기지 못하고 돌아갔다. 당나라 고종高宗 총장總章 원년 무진戊辰에 우상 유인궤劉仁軌, 대장군大將軍 이적李勣을 비롯해 신라 김인문金仁問 등이 고구려를 공격해 나라를 멸했다. 이때 고구려왕을 사로잡아 당나라로 돌아가니, 보장왕의 서자가 4,000여 가구와 함께 신라로 항복했다.(『국사國史』와 조금 다르기에 모두 싣는다.) 대안大安 8년 신미辛未에 우세승통祐世僧統이 고대산孤大山 경복사景福寺의 비래방장飛來方丈으로 가서 보덕성사普德聖師의 영정에 예를 갖추고 시詩를 지었다.

열반涅槃의 평등한 가르침은
우리 스승에게서 전해졌다고 하네.
애석하게도 승방僧房에 날아온 뒤에
동명왕東明王의 옛 나라 위태로웠네.

시의 발문은 이렇다.
"고구려 보장왕이 도교에 미혹되어 불교를 믿지 않으니 보덕법사普德法師가 승방을 날려서 남쪽 차산此山으로 옮겼다. 그 후 신인神人이 고구려 마령馬嶺에 나타나 사람들에게 말하기를, '너의 나라가 망하는 날이 얼마 남지 않았다'고 했다."

이런 것은 모두 『국사國史』와 같고, 그 나머지는 『본전本傳』과 『승전僧傳』에 모두 기록되어 있다. 보덕법사에게는 11명의 유명한 제자가 있었는데, 그중에 무상화상無上和尙은 제자 김취金趣 등과 함께 금동사金洞寺를, 적멸寂滅과 의융義融법사는 진구사珍丘寺를, 지수智藪는 대승사大乘寺를, 일승一乘은 심정心正 · 대원大原과 함께 대원사大原寺를, 수정水淨은 유마사維摩寺를, 사대四大는 계육契育 등과 함께 중대사中臺寺를, 개원화상開原和尙은 개원사開原寺를, 명덕明德은 연구사燕口寺를 세웠다. 개심開心과 보명普明 역시 전기가 있는데, 모두 본전本傳과 같다.

찬하여 말한다.

불교는 넓어서 바다와 같이 끝이 없어서
백천百川의 유교儒敎와 도교道敎를 모두 받아들이네.
가소롭구나. 저 여왕麗王은 웅덩이를 막고, 있어서
바다로 와룡臥龍이 옮겨가는 것을 알지 못하네.

동경(지금의 경주)
흥륜사 금당의 열 성인 東京興輪寺 金堂十聖

동쪽 벽에 앉아서 서쪽으로 향한 이상泥像(진흙으로 만든 상)은 아도我道·염촉염촉·혜숙惠宿·안함安含·의상義湘이다. 서쪽 벽에 앉아서 동쪽을 향한 이상은 표훈表訓·사파蛇巴·원효元曉·혜공惠空·자장慈藏이다.

가섭불의 연좌석迦葉佛宴坐石

『옥룡집玉龍集』과 『자장전慈藏傳』을 비롯해 여러 사람의 전기에는 모두 이렇게 말했다.

"신라 월성月城 동쪽과 용궁龍宮 남쪽에 가섭불迦葉佛의 연좌석宴坐石이 있다. 이것은 전불前佛 때의 절터인데, 지금의 황룡사皇龍寺 터는 일곱 사찰 가운데 하나이다."

라고 했다.

『국사國史』에 보면, 진흥왕眞興王 즉위 14년, 개국開國 3년 계유癸酉 2월에, 월성 동쪽에 새로운 궁궐을 지었다. 그런데 이곳에서 황룡皇龍이 나타났으므로 왕은 이것을 의심해 고쳐서 황룡사皇龍寺라 하였다. 연좌석은 불전佛殿 후면에 있었다. 일찍이 한번 본 적이 있는데, 돌의 높이는 5~6척이나 되었고 그 둘레는 겨우 서 발자밖에 되지 않았으며 우뚝하게 세워져 있으며 위쪽은 편편했다. 진흥왕이 절을 세운 이후 두 번이나 화재를 겪어 돌이 갈라진 곳이 있다. 이에 절의 중이 여기에 쇠를 붙여서 보호했다.

여기에 찬하여 말한다.

불교가 침체된 것이 얼마인지 기억할 수 없는데,

오직 연좌석宴坐石만이 그대로 남아 있네.

상전桑田이 변해 몇 번이나 창해滄海가 되었는가.

아깝게도 우뚝한 채 아무 데로도 옮기지 않았네.

이윽고 몽고蒙古의 큰 병란 이후에 불전佛殿과 탑은 모두 불타버렸다. 그래서 이 돌도 역시 흙속에 파묻혀 겨우 땅바닥과 같이 편편해진 것이다.

『아함경阿含經』에 보면 가섭불迦葉佛은 현겁賢劫의 세번째 부처다. 그는 사람 나이로 2만 세 때에 세상에 태어났다고 한다. 여기에 의거하여 증감법으로 계산하면 성겁成劫의 시초에는 모두 무량세無量歲를 누렸다. 이것이 점점 감해져 8만 세에 이르면, 그때가 바로 주겁住劫의 시초가 된다. 이때부터 또 100년마다 1세씩 줄어 10세가 되면 일감一滅이 되고 또 증가해 사람의 나이 8만 세가 되면 일증一增이 된다. 이렇게 20번을 감하고 20번을 더하면 한주겁住劫이 된다. 한주겁 동안 1,000개의 부처가 세상에 나타나는데, 지금 본사本師인 석가불釋迦佛은 네번째의 부처이다. 이 4번째 부처는 모두 제9감第九滅 중에 나타난다.

석가세존釋迦世尊 100세 때부터 가섭불의 2만 세까지는 이미 200만여 세나 된다. 만약 현겁現劫 시초의 첫째 부처였던 구류손불拘留孫佛 때에 이르면 또 몇만 세歲가 된다. 구류손불로 부터 위로 올라가 겁초劫初 무량세無量歲를 누리던

때까지는 또 얼마나 될 것인가? 석가세존으로부터 아래로 지금의 지원至元 18년 신사辛巳까지는 이미 2,230년이고 보면, 구류손불로 부터 가섭불때를 지나 지금에 이르기까지는 또 몇만 세나 되겠는가?

본조本朝 명사名士 오세문五世文이 역대가歷代歌를 지었는데 여기에 보면, 대금大金의 정우貞祐 7년 기묘己卯에서 거슬러 셈하여 4만 9,600여 세에 이르면 바로 반고씨盤古氏가 천지를 개벽한 무인년戊寅年이 된다고 했다. 또 연희궁延禧宮 녹사錄事 김희령金希寧이 지은 대일역법大一曆法에 의하면 천지개벽한 상원上元 갑자甲子로부터 원풍元豊 갑자甲子에 이르기 까지 193만 7,641세라고 했다. 또 『찬고도纂古圖』에는 천지가 개벽한 때로부터 획린獲麟에 이르기까지 276만 세라고 했다. 여러 경문經文을 살펴보면, 또 가섭불때로부터 지금까지가 바로 이 연좌석의 나이가 된다고 하였으니 오히려 겁초劫初의 천지가 개벽한 때와 비교해 어린아이 나이가 될 정도다. 이들 삼가三家의 말이 어린 돌의 나이에도 미치지 못하니 그들은 천지개벽의 설說에 대해서는 매우 소홀 했던 것이다.

요동성遼東城의 육왕탑育王塔

『삼보감통록三寶感通錄』에는 고구려 요동성遼東城 옆에 있는 탑에 대한 옛날 노인들의 말을 이렇게 기록하고 있다. 옛날 고구려 성왕聖王이 국경 지방을 순시하다가 이 성에 이르렀다. 그때 오색구름이 땅을 덮는 것을 보고 그 구름 속으로 들어갔다. 거기에는 승려 한 사람이 지팡이를 짚고 서 있었는데, 다가가면 사라지고 멀리 바라보니 다시 나타났다. 그 옆에는 세겹으로 된 토탑土塔이 있는데, 위는 솥을 덮은 것 같은데 그것이 무엇인지 알 수가 없었다. 눈길을 돌려 중을 찾았지만, 오직 거친 풀만 있을 뿐이었다. 왕은 그곳을 한 길 깊이로 파자 지팡이와 신이 나오고 더 깊이 파자 명銘이 나왔는데, 그 위에 범서梵書가 있었다. 시신侍臣이 이 글을 얼른 알아보고 불탑이라고 했다.

이에 왕이 자세하게 물으니 시신은 말하기를,

"이것은 한漢나라 때 있었던 것으로 이름을 포도왕蒲圖王이라 합니다."

했다.

성왕은 이로부터 불교를 믿을 마음이 생겨 곧바로 칠중목탑七重木塔을 세웠고, 후에 불법이 비로소 전해오자 그 시작과 끝을 알게 되었다. 지금 다시 그 탑의 높이를 줄이려고 했다가 본탑本塔이 썩어 무너졌다. 아육왕阿育王이 통일했다는 염부재주閻浮提州에는 곳곳에 탑을 세웠으니 이는 괴이하게 여길 것이 없다.

또 당나라 용삭龍朔 연간에 요동에 전쟁이 일어나 행군行軍 설인귀薛仁貴가 수나라 양제가 토벌한 요동의 옛 땅에 이르렀다가 여기 산에 있는 불상을 보았는데, 모두 텅 비어 있고 고요하고 쓸쓸하여 사람의 왕래가 끊어져 있었다.

고로古老에게 물으니,

"이 불상은 선대先代에 나타난 것입니다."

하였다.

이에 이 불상을 그대로 그려서 서울로 가져왔다.

서한西漢과 삼국三國의 지리지地理地에 보면, 요동성은 압록강 밖에 있고 한漢나라 유주幽州에 속한다고 기록되어 있다. 하지만 당시의 고구려 성왕이 어느 임금인지 알 수가 없다. 혹은 동명성제東明聖帝라고 하지만 그렇지 않은 것 같다. 동명제는 전한前漢의 원제元帝 건소建昭 2년에 즉위해 성제成帝 홍가鴻嘉 임인壬寅에 죽었으니 그때는 한漢나라에서도 패엽貝葉을 보지 못했다. 그런데 해외에 있는 가신이 어떻게 범서梵書를 알아본단 말인가? 그러나 불佛을 포도왕蒲圖王이라 하였으니, 서한西漢 시대에도 틀림없이 서역문자

西域文字를 아는 사람이 있었기 때문에 범서라고 했을 것이다.

찬하여 말한다.

아육왕阿育王 보탑寶塔은 세상 곳곳에 세워져
비에 젖고 구름에 묻히고 이끼마저 아롱졌구나.
생각하건대, 그때의 길손들의 보는 눈은
몇 사람이나 제신祭神의 무덤을 가리켰을꼬.

금관성金官城의 파사석탑婆娑石塔

금관金官의 호계사虎溪寺 파사석탑婆娑石塔은 옛날 이 고을이 금관국金官國이었을 때, 세조世祖 수로왕首露王의 비인 허황후許皇后 황옥黃玉이 동한東漢 건무建武 24년 갑신甲申에 서역西域 아유타국阿踰陀國에서 배에 싣고 온 것이다.

처음 공주가 부모의 명으로 바다를 건너 동쪽으로 향하려는데 수신水神의 노여움을 받게 되어 가지 못하고 되돌아와 부왕에게 아뢰니, 부왕은 이 탑을 배에 싣고 가라 하였다. 그리하여 무사히 바다를 건너 남쪽 언덕에 배를 댈 수 있었다. 이때 그 배에 붉은 돛과 붉은 깃발을 달았고 아름다운 주옥珠玉을이 실었기 때문에 지금 그곳을 주포主浦라고 한다. 그리고 공주가 비단바지를 벗던 바위를 능현綾峴이라 하고, 붉은 기旗가 해안으로 들어가던 곳을 기출변旗出邊이라고 한다.

수로왕首露王이 황후를 맞아 같이 150여 년 동안 나라를 다스렸다. 그때까지도 해동에는 아직 절을 세우거나 불법을 신봉하는 일이 없었다. 대체로 상교像教가 전해지지 않아서 이 지방 사람들은 이것을 믿지 않았다. 이에 따라 『가락국본기駕洛國本記』 어디에도 절을 세웠다는 기록이 없다. 그러다가 제8대 질지왕 2년 임진壬辰에 이르러 그곳에 절을 세우고, 왕후사王后寺를 세워 지금까지 복을 기원하고 있다. 또 겸하여 남쪽 왜국倭國을 진압시켰으니, 이 사실은 『가락국본기駕洛國本記』에 자세하게 기록되어 있다. 탑은 각진 4면이 5층으로 되어 있고 그 조각이 매우 기묘하다. 돌에는 희미한 붉은 무늬가 있고 품질이 매우 좋은데, 우리나라에서는 나는 종류가 아니다.

『본초本草』에세

"닭 볏의 피를 찍어서 시험을 했다."

하고 한 것이 바로 이것이다. 금관국을 또한 가락국이라고도 하니 『가락국본기駕洛國本記』에 자세하게 실려 있다.

찬讚하여 말한다.

석탑을 실은 붉은 돛대 깃발도 가벼운데,
신령께 빌어 험한 물결 헤치고 왔네.
어찌 황옥黃玉만 도와서 이 언덕에 왔으랴.
천년 동안 왜국의 노한 고래를 막고자 함이로다.

고구려 영탑사高句麗 靈塔寺

『고승전高僧傳』에 이르기를,

"승려 보덕普德의 자字는 지법智法으로 전 고구려 용강현龍岡縣 사람이다."하였으니, 이것은 『본전本傳』에 자세하게 나타나 있다. 보덕은 항상 평양성平壤城에서 살고 있었는데, 산방山方의 늙은 중이 찾아와 불경강의를 청하므로 굳이 사양하다가 마지못해 『열반경涅槃經』40여 권을 강의했다. 강의를 마치고 성 서쪽 대보산大寶山 바위 굴 아래에 이르러 선관禪觀했다. 이때 신인神人이 와서 청하기를,

"이곳에 사는 것이 좋겠다."

하고, 석장錫杖을 그의 앞에 놓고 땅을 가리키며 이르기를,

"이 속에 8면의 7층 석탑이 있을 것이다."

하므로 땅을 파보니, 과연 그러하였다. 이에 절을 짓고 이름을 영탑사靈塔寺라 하고 그곳에서 살았다.

황룡사皇龍寺의 장육丈六

신라 제24대 진흥왕眞興王이 즉위한 14년 계유癸酉 2월에 용궁龍宮 남쪽에 대궐을 지으려고 하자, 갑자기 황룡이 나타났다. 이에 이것을 고쳐 절을 삼고 황룡사皇龍寺라 하고 기축년己丑年에 이르러 담을 쌓아 17년 만에 완공했다.

그런 얼마 후 바다 남쪽에 큰 배 한척이 나타나 하곡현河曲縣 사포絲浦(지금의 울주蔚州 곡포谷浦)에 닿았다. 배를 검사하니 공문公文이 있었는데 쓰여 있기를,

"서축西竺 아육왕阿育王이 누른 쇠 5만 7,000근과 황금 3만분分을 모아 장자 석가釋迦 존상尊像 셋을 부어 만들려고 하다가 이루지 못하고 배에 실어 바다에 띄우면서 빌어 이르기를, '부디 연이 닿는 나라로 가서 장육존상丈六尊像을 이루어 주기 바란다.'하였다. 부처 하나와 두 개의 보살상菩薩像 모형模型도 함께 실려 있었다.

현의 관리가 문서를 갖추어 보고하자, 왕은 사자에게 명해 그 고을 성 동쪽에 있는 높고 깨끗한 땅을 골라 동축사東竺寺를 세우고 세 불상을 모시게 했다. 그리고 그 금과 쇠는

서울로 보냈는데, 태건太建 6년 갑오甲午 3월에 장륙존상丈
六尊像을 부어 만들었다. 공사는 단숨에 이뤄졌는데, 그 무
게가 3만 5,007근으로 황금黃金 198푼이 사용되었고, 두 보
살상菩薩像은 쇠 1만 2,000근과 황금 1만 136푼이 사용되었
다. 이장륙존상을 황룡사에 모셨는데, 그 이듬해 불상에서
눈물이 발꿈치까지 흘러내려 땅을 한자나 적시니 이는 대
왕이 승하할 징조였다. 혹은 불상이 진평왕眞平王 때에 만들
어졌다고 하지만 이것은 그릇된 말이다.

『별본別本』에는 말했다. '아육왕은 서축 대향화국大香華國
에서 부처가 세상을 떠난 후 100년 만에 태어났다. 그는 부
처에게 진신眞身을 공양하지 못한 것을 한스럽게 생각해 금
과 쇠 몇 근씩을 모아 세 번이나 불상을 부어 만들었지만
성공하지 못했다. 이때 태자가 홀로 그 일에 참여하지 않으
므로, 왕이 까닭을 물으니 태자가 말하기를,

"그 일은 혼자의 힘으로는 공을 이루지 못할 것을 저는 이
미 알고 있었습니다."

했다.

왕이 그 말을 옳게 여겨 그것을 배에 실어 바다에 띄웠더
니 그 배는 남염부제南閻浮提의 16개 큰 나라와 500 중국中
國, 10천의 소국小國, 8만의 촌락村落을 두루 돌아다니지 않
은 곳이 없었으나 불상을 부어 만들기에는 성공하지 못
했다. 최후로 신라국에 이르러 진흥왕이 문잉림文仍林에게
명해 이것을 부어 만들어 불상을 이루니 모양이 매우 좋았

다. 이에 아육왕의 근심이 없게 되었다.

그 후 대덕大德 자장慈藏이 중국에 유학하여 오대산五臺山에 이르렀는데, 문수보살文殊菩薩이 현실로 나타나 감응해 비결을 주면서 그에게 부탁하기를,

"너희 나라 황룡사는 바로 석가와 가섭불迦葉佛이 강연하던 곳으로 연좌석宴坐石이 아직 남아 있다. 그런 까닭에 인도 무우왕無憂王이 황철黃鐵 몇 근을 모아 바다에 띄웠던 것인데 1,300여 년이 지나서야 너희 나라에 이르러 그 절을 세우게 한 것은 대개 거룩한 인연 때문이다."

했다.

불상이 이루어진 뒤 동축사東竺寺의 삼존불三尊佛도 역시 황룡사로 옮겨 안치安置했다.

『사기史記』에 이르기를,

"진평왕眞平王 5(6)년 갑진甲辰에 이 절의 금당金堂이 이루어지고, 선덕왕善德王 때에 이 절의 첫 번째 주지는 진골 환희사歡喜師였고, 제 2대 주지는 자장국통慈藏國統, 그 다음은 국통혜훈國統惠訓, 그 다음은 상률사廂律師였다."

했다.

이제 병화兵火 이래 대상大像과 두 보살상菩薩像은 모두 녹아 없어지고 작은 석가釋迦상만 남아 있을 뿐이다.

찬讚하여 말한다.

속세 어느 곳인들 참 고양이 아니랴만
향화香火의 인연은 우리나라가 으뜸이로다.
이것은 아육왕이 착수하지 못한 것이 아니라,
월성月城의 옛터를 찾기 위해 그랬던 것이구나.

황룡사皇龍寺 구층탑九層塔

신라 제27대 선덕왕善德王 즉위 5년인 정관貞觀 10년 병신丙申에 자장법사慈藏法師가 중국으로 유학하여 오대산五臺山에서 문수보살文殊菩薩의 불법을 저하는 것을 감응해 얻었는데,

문수보살은 또 말했다.

"너희 국왕은 바로 천축天竺의 찰리종刹利種의 왕으로 이미 불기佛記를 받았고, 별도의 인연이 있어 동이공공東夷共工의 종족과는 다르다. 그러나 산천이 험한 탓에 사람의 성질이 거칠고 사나워 간사한 말을 많이 믿는다믿고 있다. 그래서 때때로 혹 천신이 화를 내리기도 하지만, 다문비구多聞比丘가 나라 안에 있어 군신과 만백성이 평안한 것이다."

자장은 이것이 대성大聖의 변화인 줄 알고 슬퍼 울면서 물러갔다. 법사法師가 중국 대화지太和池 가를 지나가던 중 갑자기 신인神人이 나와 묻기를,

"어찌하여 이곳에 오셨소?"

하였다.

자장이 대답하기를,

"보리菩提를 구하러 왔습니다."

하니 신인은 그에게 절을 하고 나서 묻기를,

"그대 나라에 어떤 어려운 일이 있소?"

하니 자장이 이르기를,

"우리나라는 북쪽으로는 말갈에 접해 있고 남쪽으로는 왜국과 이어졌으며, 고구려와 백제가 번갈아 국경을 침범하는 등 이웃 나라의 횡포가 빈번하오니 이것이 백성의 걱정입니다."

했다.

이 신인이 이르기를,

"지금 그대의 나라는 여자를 왕으로 삼아, 덕은 있어도 위엄이 없어서 이웃 나라에서 침략을 도모하는 것이니 그대는 속히 본국으로 돌아가시오."

했다.

자장이 묻기를,

"고향에 돌아가면 무슨 유익한 것이 있겠습니까?"

하자, 신인이 말하기를,

"황룡사皇龍寺의 호법룡護法龍은 바로 내 큰아들이오. 범왕梵王의 명령으로 이 절에 와서 보호하고 있으니 본국에 돌아가면 절 안에 구층탑九層塔을 세우시오. 그러면 이웃 나라들은 항복할 것이며, 구한九韓이 와서 조공하여 왕업이 길이 편안할 것이오. 또 탑을 세운 뒤에는 팔관회八關會를 열고 죄인을 사면한다면 외적이 침범하지 못할 것이오. 다시

나를 위해 경기京畿 남쪽 언덕에 절 한 채를 지어 함께 내
복을 빌어 주면 나 역시 은덕恩德을 보답하겠소.”

하고 옥을 바치고 이내 형체를 숨기고 사라졌다.(『사중기
寺中記』에는 ‘종남산終南山 원향선사圓香禪師에게 탑을 세울
이유를 들었다’고 했다.)

정관貞觀 17년 계묘癸卯 16일에 자장법사는 당나라 황제가
준 불경·불상·가사·폐백 등을 가지고 본국으로 돌아왔
다. 그리고 왕에게 탑을 세울 것을 아뢰니 선덕왕이 여러
신하들에게 의논하니, 신하들은 말하기를,

“청컨대, 백제에서 공장工匠을 청해 데려와야 가능합니
다.”

했다.

이에 보물과 비단을 가지고 백제에 가서 청해 그들을 오게
했다. 이리하여 공장 아비지阿非知가 명을 받고 와서 나무와
돌을 재고, 이간伊干 용춘龍春이 역사를 주관함에 거느리고
일한 소장小匠들이 200이나 되었다.

처음 절의 기둥을 세우던 날 공장의 꿈에 본국 백제가 멸
망하는 모양을 보았다. 이에 그의 마음속에 의심이 생겨 일
을 멈추더니 갑자기 천지가 진동하고 어두워지면서 노승
한 사람과 장사 한 사람이 금전문金殿門에서 나와 그 기둥을
세우고는 중과 장사는 모두 없어지고 보이지 않았다. 공장
은 일을 멈춘 것을 후회하고 그 탑을 완성시켰다.

『찰주기刹柱記』에는 이렇게 말했다.

"철반鐵盤 이상의 높이가 42척, 철반 이하는 183척이다."

자장이 오대산에서 받아 가져온 사리 100알을 탑 기둥 속과, 통도사通度寺 계단과 대화사大和寺 탑에 나누어 모셨다. 이렇게 한 것은 못에 있는 용의 청에 따른 것이다.(대화사大和寺는 아곡현阿曲縣 남쪽에 있는데, 지금의 울주蔚州로 이 역시 자장법사가 세운 것이다.) 탑을 세운 뒤 천하가 안정되고 삼한三韓이 통일되었으니 어찌 탑의 영험이 아니겠는가. 그 뒤에 고구려왕이 장차 신라를 칠 계획을 세우면서 신하들에게 꾀하다가 말하기를,

"신라에는 세가지 보물이 있어 침범할 수 없다고 하는데 이는 무엇을 말하는 것이냐?"

하였다.

"황룡사皇龍寺 장륙존상丈六尊像과 구층탑九層塔과 진평왕의 천사옥대天賜玉帶를 말합니다."

이 말을 듣고 고구려 왕은 침범할 계획을 멈췄다. 주周나라에 구정九鼎이 있어서 초楚나라 사람이 감히 주나라를 엿보지 못했다하나 이와 같은 류類일것이다.

귀신의 힘으로 한 듯이 제경帝京을 누르니,
휘황한 금벽 채색은 처마를 움직이는 듯하네.
여기에 올라 어찌 구한九韓의 항복만을 보리오마는,
건곤乾坤이 특별히 편안한 것 비로소 깨달았네.

또 해동海東의 명현名賢 안홍安弘이 쓴 『동도성립기東都成立記』에는 이런 말이 있다.

"신라 제27대에 여자가 임금이 되니 비록 도리는 있지만 위엄이 없어서 구한九韓이 침범하는 것이다. 만약 대궐 남쪽 황룡사皇龍寺에 구층탑을 세우면 이웃 나라의 침범하는 재앙을 진압할 수 있을 것이다. 제1층은 일본日本, 2층은 중화中華, 3층은 오월吳越, 제4층은 탁라托羅, 제5층은 응유鷹遊, 제6층은 말갈靺鞨, 제7층은 거란契丹, 제8층은 여진女眞, 제9층은 예맥穢貊을 진압시킨다."

또 『국사國史』및 『사중고기寺中古記』에 보면,

"진흥왕眞興王 14년 계유癸酉에 황룡사皇龍寺를 처음 세운 후에 선덕왕善德王 정관貞觀 19년 을사乙巳에 탑이 처음 이루어졌다. 제32대 효소왕孝昭王이 즉위 한 7년 성력聖歷 원년 무술戊戌 6월에 절에 벼락이 떨어졌다. 제33대 성덕왕聖德王 경신庚申에 다시 절을 세웠지만, 제48대 경문왕景文王 무자戊子 6월에 두 번째 벼락이 떨어졌으며 같은 임금 때에 세 번째로 중수했다. 본조本朝 광종光宗 즉위 5년 계축癸丑 10월에 세 번째 벼락을 맞았고, 현종現宗 13년 신유辛酉에 네 번째 중수했다. 또 정종靖宗 2년 을해乙亥에 네 번째 벼락을 맞았는데 문종文宗 갑진甲辰에 다섯 번째 중수하니 또 헌종憲宗 말년 을해乙亥에 다섯 번째 벼락이 떨어졌다. 이에 숙종肅宗 병자丙子에 여섯 번째로 중수했더니 또 고종高宗 16년 무술戊戌 겨울에 몽고의 병화兵火로 탑과 장륙존상丈六

尊像과 절의 전우殿宇가 모두 재앙을 입었다."

하였다.

황룡사皇龍寺 종鍾, 분황사芬皇寺 약사藥師, 봉덕사奉德寺 종鍾

신라 35대 경덕대왕景德大王이 천보天寶 13년 갑오甲午에 황룡사皇龍寺의 종을 주조했다. 길이가 1장丈 3촌寸, 두께가 9촌, 무게가 49만 7,581근이었다. 시주는 효정이왕孝貞伊王 삼모부인三毛夫人이고, 공장은 이상택里上宅 하전下典이었다. 숙종肅宗 때 새종을 만들었는데, 길이가 6척 8촌이었다.

또 이듬해 을미년乙未年에 분황사芬皇寺의 약사여래불藥師如來佛 동상銅像을 만들었다. 무게가 30만 6,700근이고 공장은 본피부本彼部 강고내말强古乃未이었다. 또 경덕왕景德王은 황동黃銅 12만 근을 내려 그 아버지 성덕왕聖德王을 위해 큰 종을 만들려고 하다가 이루지 못하고 죽었다. 그러자 그 아들 혜공대왕惠恭大王 건운乾運이 대력大曆 경술庚戌 12월에 유사에게 명해 공장들을 모아 끝내 완성시켜 봉덕사奉德寺에 안치했다.

이 봉덕사는 효성왕孝成王이 개원開元 26년 무인戊寅에 아버지 성덕대왕聖德大王의 복을 기원하기 위해 세운 것이다. 그래서 그 종의 명銘에 이르기를, '성덕대왕신종지명聖德大王神鐘之銘'이라 했다. 성덕대왕은 곧 경덕대왕의 아버지 전

광대왕典光大王이다. 종은 본디 경덕대왕이 그 아버지를 위해 시주한 금金이었기 때문에 성덕왕의 종이라고 칭한 것이다. 조산대부朝散大夫 전태자사의랑前太子司議郎 한림랑翰林郎 금필월 해奚가 임금의 명을 받들어 종의 명銘을 지었는데, 글이 너무 길어서 여기에 싣지 못한다.

영묘사靈妙寺 장육丈六

선덕왕善德王이 절을 짓고 소상塑像을 만든 내력은 모두 『양지법사전良志法師傳』에 기록되어 있다. 경덕왕景德王 즉위 23년에 장육존상丈六尊像을 금으로 다시 칠했는데, 그 비용으로 조租가 2만 3,700석이나 되었다.

『양지전良志傳』에는 불상을 처음 만들 때의 비용이라고 기록되어 있다. 그래서 두 가지 설을 모두 싣는다.

사불산四佛山, 굴불산掘佛山, 만불산萬佛山

죽령竹嶺 동쪽 100리쯤 되는 곳에 우뚝 솟은 높은 산이 있는데, 진평왕眞平王 9년 갑신甲申에 갑자기 사면이 한 길이나 되는 큰 돌이 나타났는데, 크기가 사면방장四面方丈만 했다. 거기에는 사방여래四方如來 상이 새겨져 있고 모두 붉은 비단으로 싸여 있었는데, 이것은 하늘에서 그 산마루에 떨어진 것이다. 이 말을 들은 왕이 그곳으로 가서 그 돌을 쳐다보면서 공경을 표하고 드디어 그 옆에 절을 세워 이름을 대승사大乘寺라고 했다. 여기에 이름은 전해지지 않지만, 연경蓮經을 외는 중을 데려와 이 절을 맡겨 공석供石을 깨끗이 쓸고 향화香火가 끊어지지 않게 했다. 그 산을 역덕산亦德山 혹은 사불산四佛山이라고도 한다. 그 절의 중이 죽어 장사 지냈는데, 무덤 위에 연꽃이 피어났다.

또 경덕왕景德王이 백률사栢栗寺로 행차하던 중 산 밑에 이르렀는데, 땅속에서 염불 소리가 들려 그곳을 파게 했더니 큰 돌이 있어, 사면에 사방불四方佛이 새겨져 있었다. 여기에 절을 세우고 굴불사掘佛寺라고 불렀는데, 지금은 잘못 전해져 굴석사掘石寺라고 부른다.

경덕왕은 또 당나라 대종황제代宗皇帝가 불교를 숭상한다는 말에 공장에게 명해 오색 담요를 만들고, 또 침단목沈檀木을 조각해 명주와 아름다운 옥으로 꾸며 높이 1장丈 조금 넘는 가산假山을 만들어 담요 위에 놓았다.(중략) 그 속에 만불萬佛을 모셨는데 큰 것은 사방 한 치가 넘고 작은 것은 8~9푼쯤 된다. 그 머리는 큰 기장만 하고 혹은 콩 반쪽만 하였다.(중략)

앞에는 돌아다니는 중의 형상 1,000여 개가 있고, 아래는 자금종紫金鐘 셋을 벌여 놓았다. 또 모두가 종각鐘閣이 있고 포뢰蒲牢가 있으며 고래모양으로 종 치는 방망이를 만들었다. 바람이 불어 종이 울리면 돌아다니는 승려 형상들이 모두 엎드려 머리를 땅에 대고 절했다. 은은하게 염불하는 소리가 나는 듯하니 이 까닭은 그 종에 있었다. 이것을 비록 만불萬佛이라는 하나, 그 실상을 모두 기록할 수가 없다. 만불산萬佛山이 완성되자, 당나라에 사신을 보내 바치니 대종代宗은

"신라의 교묘한 기술은 하늘이 만들었지 사람의 기술이 아니다."

라며 감탄했다.

이에 구광선九光扇을 그 바위 사이에 두고 이름을 불광佛光이라 하였다. 4월 8일에 대종은 두 거리의 승도들에게 명해 내도량內道場에서 만불산을 향해 예불하고, 삼장불공三藏不空에게 명해 밀부密部의 진리眞理를 1,000번이나 외어 경축

하게 하니, 보는 사람들은 모두 그 교묘한 솜씨에 탄복했다.

찬讚하여 말한다.

하늘은 만월滿月을 단장시켜 사방불四方佛을 마름질하고,
땅은 명호明豪에 솟구어 하룻밤에 열였도다.
교묘한 솜씨로 다시금 만불萬佛을 새겼으니,
부처님의 풍도를 삼재에 두루 퍼지게 하리.

생의사生義寺의 석미륵石彌勒

선덕왕善德王 때에 승려 생의生義는 항상 도중사道中寺에 살고 있었다. 어느 날 꿈속에 한 중이 나타나 그를 데리고 남산南山으로 올라가 걷다가 풀을 매어 표를 해 놓게 하고는 산 남쪽 골짜기에로 와서 말하기를,

"내가 여기에 묻혀 있으니, 스님께서 이것을 파내어 고개 위에 편하게 묻어 주시오."

했다.

꿈에서 깬 그는 친구와 함께 표시해 놓은 곳을 찾아 그 골짜기에 이르러 땅을 파자 돌미륵石彌勒이 나오므로 삼화령三花嶺 위로 옮겼다. 선덕왕 13년 갑신甲申에 이곳에 절을 짓고 살았는데, 뒤에 절 이름을 생의사生義寺라고 했다. 지금은 잘못 전해져 성의사性義寺라고 한다. 충담사忠談師가 해마다 3월 3일과 9월 9일에 차를 달여 공양한 것이 바로 이 부처이다.

흥륜사興輪寺의 벽화壁畫, 보현普賢

제54대 경명왕景明王 때 흥륜사興輪寺의 남문과 좌우 낭무가 불에 탔는데, 수리하지 못하고 있었는데, 이에 정화靖和와 홍계弘繼란 두 중이 시주를 받아 수리했다.

정명貞明 7년 신사辛巳 5월 15일에 제석신帝釋神이 이 절 왼쪽 경루經樓에 내려와 열흘 동안 머물렀는데, 전탑殿塔·풀·나무·흙·돌에서 향기가 풍겼고, 오색구름이 절을 덮었으며, 남쪽연못에 있는 어룡魚龍들도 즐거워하면서 뛰놀았다. 나라사람들은 이것을 기이하게 여겨 옥과 비단과 곡식들을 시주하니, 산더미처럼 쌓였다.

공장들도 스스로 와서 하루가 안되어 수리가 이루어졌다. 역사를 마치고 천제가 장차 돌아가라고 하자, 중이 아뢰기를,

"저희가 천제의 얼굴을 그려 정성껏 공양해 하늘의 은혜를 갚게 하시고, 영상影像을 여기에 남겨 세상을 길이 보호하게 하시옵소서."

하자 천제가 말하기를,

"내 힘은 보현보살普賢菩薩이 현화玄化를 두루 펴는 것만

못하니 이 보살의 화상을 그려 공손히 공양하여 끊이지 않
게 하는 것이 옳겠다."

했다.

이에 두 중은 천제의 가르침을 받들어 보현보살普賢菩薩 상
을 벽에 공손히 그렸는데, 지금까지도 이 화상이 남아 있
다.

삼소관음三所觀音과 중생사衆生寺

『신라고전新羅古傳』에 말했다. 중국 천자에게 사랑하는 여자가 있었는데, 아름답기 그지없어 이에 천자가 말하기를,

"고금의 그림으로도 이같이 아름다운 것은 드물 것이다."

하고 사람 시켜 그리도록 했다.(화공의 이름은 전하지 않지만, 혹은 장승요張僧繇라고도 한다. 그렇다면 그는 오吳나라 사람으로 양梁나라 천감天監 연간에 무릉왕국武陵王國의 시랑직비각지화사侍郎直秘閣知畵事가 되었고, 우장군右將軍과 오흥태수吳興太守를 지냈다. 그러니 여기서 말한 천자는 중국 양梁과 진陣 때의 천자일 것이다. 그런데 전傳에서 당나라 황제라고 기록한 것은 우리 조선 사람이 중국을 가리켜 모두 당이라 했기 때문이다. 하지만 실제로는 어느 시대의 제왕인지 정확하게 알 수가 없다. 그래서 여기에 두 가지 말을 모두 적는다.)

그 화공은 천자의 명으로 그림을 다 그렸지만, 붓을 잘못 떨어뜨려 배꼽 밑에 붉은 점이 찍혔는데, 고쳐보려고 애를 썼지만 고쳐지지 않았다. 이에 화공은 속으로 생각하기를 이 붉은 점이 태어날 때부터 있었던 것인가 보다 하고 그대

로 황제에게 바쳤다. 그 그림을 보고 말하기를,

"모양은 실물과 똑같은데, 배꼽 밑의 점은 속에 감춰진 것으로 어떻게 알고 이것까지 그렸느냐?"

하고 노하여 화공을 가두고 장차 형벌을 주려고 하니 승상丞相이 아뢰었다.

"저 사람은 마음이 매우 곧습니다. 청컨대 용서해 주시기 바랍니다."

황제가 말했다.

"만약 저 사람이 어질고 곧다면, 내가 어제 꿈에서 본 사람의 형상을 그려 바치게 하라. 그 그림이 꿈에서 본 얼굴과 틀림없다면 용서하겠노라."

이에 화공이 십일면관음보살十一面觀音菩薩의 얼굴을 그려 바치니, 꿈속의 사람과 같아 황제가 용서했다.

죄를 면한 화공은 박사博士 분절芬節에게 약속했다.

"내가 듣기로 신라국은 불법을 존경해 신봉信奉한다고 하니 그래서 그대와 함께 배를 타고 그곳으로 가 함께 불사佛事를 닦아 그 나라를 널리 이익되게 한다면 이 또한 좋은 일이 아니겠소."

이들은 드디어 신라에 도착해 중생사衆生寺 관음보살의 상을 만들었는데, 나라 사람들이 모두 우러러보고 기원해 복을 얻으니 이루다 기록할 수가 없다.(중략)

또 통화統和 10년 3월에 사주寺主인 중 승려 성태性泰가 보살 앞에 꿇어앉아 말하기를,

"저는 오랫동안 이 절에서 정성껏 부지런히 향화香火를 받들었습니다. 하지만 절 땅에서 생산되는 것이 없어서 향사香祀를 계속 할 수가 없으므로 장차 다른 곳으로 옮기려 함에 지금 하직합니다."

했다.

이날 그는 졸다가 꿈을 꾸었는데, 관음대성觀音大聖이 나타나 말하기를,

"법사法師는 아직 여기에 머물고 멀리 떠나지 말라. 내가 시주해서 제사에 쓸 비용을 마련해주겠다."

했다.

중이 기뻐하여 꿈에서 깨어 그 절에 머물며 떠나지 않았다. 그런 지 13일이 지나 갑자기 두 사람이 말과 소에 물건을 싣고 문 앞에 이르렀다. 절에 있던 중이 어디서 왔냐고 묻자 대답하기를,

"우리는 금주金州 지방 사람으로 지난번 스님 한 분이 우리를 찾아와 '나는 동경東京 중생사衆生寺에 오랫동안 있었는데, 공양에 쓸 비용이 어려워 시주를 얻기 위해 이곳에 왔다' 라고 했습니다. 그래서 우리는 이웃 마을로 가서 시주를 모아 쌀 여섯 섬과 소금 넉 섬을 싣고 온 것입니다."

하자, 중이 말했다.

"이 절에는 시주를 구하러 나간 사람이 없는데, 그대들이 필경 잘못 들은 것 같소."

그들이 또 말했다.

"그 스님은 우리를 데리고 오다가 이 신견정神見井가에 이르러 말하기를 '절이 얼마 남지 않았으니 내가 먼저 가서 기다를 것이다.'라고 했습니다. 그래서 우리가 이곳까지 따라온 것입니다."

중이 그들을 데리고 법당 앞으로 들어가 그들이 관음대성觀音大聖을 쳐다보고 절하면서

"이 부처님이 바로 시주를 구하러 왔던 스님의 상像입니다."

하면서 놀라고 감탄했다.

이로부터 이곳에 바치는 쌀과 소금이 해마다 끊이지 않았다.

또 어느 날 저녁, 절 문에 화재가 발생해 마을사람들이 달려와 불을 껐다. 이때 법당에 올라가 보니, 관음상이 없으므로 둘러보니 이미 뜰 가운데 있었다. 누가 관음상을 밖으로 내왔느냐고 물었지만 아무도 아는 사람들이 없었다. 사람들은 그제야 관음대성觀音大聖의 신령스러움을 알게 되었다.

또 대정大定 13년 계사癸巳 연간에 승려 점숭占崇이 이 절에 와서 살았다. 그는 비록글을 알지 못했지만 본성이 순수해 향화香火를 열심히 올렸다. 어떤 중 하나가 그 절을 빼앗아 살려고 하여 친의천사에게 호소하기를,

"이 절은 나라에서 은혜를 기원하고 복을 구하는 곳이니 마땅히 글을 아는 사람을 뽑아 그에게 맡겨야 할 것입니

다."

하였다. 천사는 그의 말을 옳게 여겨 그를 시험하기 위해
소문疏文을 거꾸로 주었다. 그러나 점승은 이것을 받자 곧
바로 막힘없이 읽었다. 천사는 이것을 마음속에 간직하고
방 가운데로 물러앉아 다시 그에게 읽어보라고 했다. 그러
나 점승은 입을 다문 채 한마디도 읽지 못했다. 이를 보고
천사가 말했다,

"스님은 참으로 관음대성이 보호해 주시는 사람이로다."

이리하여 끝내 절을 빼앗지 않았다.

당시 점승과 함께 이 절에서 살던 처사 김인부金仁夫가 이
이야기를 고을 노인들에게 전해 주고 또 전기로 기록해 두
었다.

백률사栢栗寺

계림鷄林 북쪽 산은 금강령金剛嶺이라 하고 산의
남쪽에는 백률사栢栗寺가 있다. 그 절에는 부처상
이 하나 있는데, 어느 때 만든 것인지는 알 수 없으나 영험
은 자못 뚜렷했다. 어떤 사람은 말하기를,

"이것은 중국 신장神匠이 중생사衆生寺의 관음소상觀音塑像
을 함께 만들 때 만든 것이다."

했다.

또한 『속전俗傳』에는 말했다.

"이 부처님이 도리천에 올라갔다가 돌아와 법당에 들어갈
때 밟았던 돌 위의 발자국이 없어지지 않고 지금까지 남아
있다."

또 어떤 사람은 말하기를,

"부처님이 부례랑夫禮郎을 구출해 돌아올 때 보였던 자취
이다."

했다.

천수天授 3년 임진壬辰 9월 7일에 효소왕孝昭王은 대현大玄
살찬의 아들 부례랑夫禮郎을 국선으로 삼았고, 주리珠履의

무리가 1,000명이나 되었는데, 안상安常과는 매우 친했다.
천수天授 4년 계사癸巳 3월에 부례랑은 무리들과 함께 금란
金蘭으로 놀러갔다가 북명北溟의 경계에서 적적狄賊에게 사
로잡혀 갔다. 문객들은 모두 어찌할 줄 모르다가, 안상安常
혼자만 그를 쫓아갔는데, 이때가 3월 11일이었다. 대왕은
이 말을 듣고 놀라 말하기를,

"선왕께서 신적神笛을 얻어 나에게 주셨는데, 현금玄琴과
함께 내고內庫에 간수해 두었는데 무슨일로 해서 국선이 갑
자기 적에게 잡혀갔단 말인가?"

했다.

이때 상서로운 구름이 천존고天尊庫를 덮자 왕은 또 놀라
고 두려워 조사하게 하니, 그 안에 보관되어 있던 현금과
피리가 없어졌다. 이에 왕은

"내게 복이 없어서 어제는 국선을 잃고 또 이제 현금과 피
리까지 잃었구나."

왕은 창고 관리인 김정고金貞高 등 5명을 옥에 가두고, 4월
에 사람을 모집하여 말하기를,

"현금玄琴과 피리를 얻는 사람에겐 1년 조세租稅를 상으로
내리겠다."

했다.

5월 15일에 부례랑의 부모가 백률사栢栗寺 대비상大悲像 앞
에 나가 여러 날 저녁기도를 올리자 갑자기 향탁香卓 위에
현금과 피리 두 보배가 놓여 있고, 부례랑과 안상 두 사람

도 불상 뒤에 와 있었다. 부모는 기뻐하면서 어찌된 영문인지를 묻자, 부례랑이 말하기를,

"저는 적에게 잡혀가 적국 대도구라大都仇羅의 집에서 말 치는 일을 맡아 대오라니大烏羅尼의 들에서 말에게 풀을 먹이고 있었습니다. 그때 홀연히 모습이 단정한 스님 한분이 손에 거문고와 피리를 들고 와서 '고향 일을 생각하느냐?' 라며 위로하기에 저도 모르게 그앞에 꿇어앉아 '임금과 부모를 그리워하는 마음을 어찌 다 말할 수 있겠습니까?' 라고 했습니다. 스님이 이르기를, '그러면 나를 따라오너라.' 하면서 저를 데리고 바닷가까지 갔는데, 거기서 또 안상과 만나게 되었습니다. 이에 스님은 피리를 둘로 쪼개어 우리 두 사람에게 주고 각각 타게하고 스스로 그 현금을 타고 바다에 떠서 오는데 순식간에 여기에 와 닿았습니다."

했다.

이것을 신속히 왕에게 보고하자 왕이 크게 놀라면서 사람을 보내어 그들을 맞이하니, 부례랑은 현금과 피리를 들고 대궐 안으로 들어갔다. 왕은 50냥의 금은金銀으로 만든 그릇 다섯개씩 두벌과 마납가사摩衲袈裟 다섯벌, 대초 3,000 필, 밭 1만 경頃을 백률사에 바쳐 부처님의 은덕에 보답했다. 그리고 나라 안의 죄인들에게 대사령을 내리고 관리들에겐 벼슬 3계급씩 높여 주고, 백성에게는 3년간의 조세를 면제해 주었다. 그리고 절의 주지를 봉성사奉聖寺로 옮겨 살게 했다.(중략)

6월 12일에 혜성彗星이 동쪽 하늘에 나타났고, 17일엔 또 서쪽 하늘에 나타나자 일관日官이 아뢰기를,

"이것은 현금과 신적을 벼슬에 봉하지 않아서 그러한 것입니다."

하였다.

이에 피리를 만만파파식적萬萬波波息笛이라고 했더니, 혜성이 이내 없어졌다. 그 다음에도 신령스럽고 이상한 일이 많았지만 글이 번거로워 다 싣지 않는다. 세상 사람들은 안상을 준영랑俊永郎의 무리라고 했으나 이일은 자세하게 알 수가 없다. 영랑 무리에 오직 진재眞材와 번완繁完의 이름이 알려졌지만, 이들 역시 누구인지 알 수 없다. 자세한 것은 별전別傳에 기록되어 있다.

민장사 敏藏寺

　　우금리에 살고 있는 가난한 여자 보개寶開에게 장춘長春이란 아들이 있었다.

　그는 바다 장사꾼을 따라 갔는데, 오래 되어도 소식이 없자 그의 어머니가 민장사敏藏寺 관음보살 앞에서 7일 동안 기도했더니, 아들 장춘이 곧 돌아왔다. 그동안 어찌된 일이냐고 묻자, 장춘은,

　"바다 가운데서 회오리바람을 만나 배는 부서지고 동료들은 모두 죽었지만 저는 널판 조각을 타고 오吳나라 바닷가에 닿았는데, 오나라 사람이 저를 데려다가 농사를 짓게 해주었습니다. 어느 날, 이상한 중 한분이 고향에서 온 것처럼 따뜻하게 위로하더니 저를 데리고 같이 가는데 깊은 도랑이 가로막히자 중은 저를 겨드랑이에 끼고 도랑을 뛰어넘었습니다. 저는 정신이 가물가물 하는데 우리 집 말소리와 우는 소리가 들리므로 정신을 차려보니 어느덧 이곳에 와 있었습니다."

　라고 했다.

　저녁때 오나라를 떠났는데 이곳에 도착한 것은 겨우 술시戌時(7~8시경)로 접어든 시각이었다.

이때가 천보天寶 4년 을유乙酉 4월 8일의 일이었다.

경덕왕景德王 이 말을 듣고 민장사敏藏寺에 밭을 시주하고 재물도 바쳤다.

전후소장사리前後所將舍利

『국사國史』에서 말했다.

진흥왕眞興王 때인 태청大淸 3년 기사己巳에 양梁 나라에서 심호沈湖를 시켜 사리 몇 알을 보내왔다. 선덕왕善德王 때인 정관貞觀 17년 계묘癸卯에 자장법사慈藏法師가 당 나라에서 부처의 머리뼈와 어금니와 부처사리 100알과 부처가 입었던 붉은 비단에 금색 점이 있는 가사 한 벌을 가지고 왔는데, 그 사리를 셋으로 나눠 하나는 황룡사 탑에, 하나는 대화사大和寺탑에, 하나는 가사와 함께 통도사通度寺 계단戒壇에 두었다. 그런데 그 나머지는 그 있는 곳을 자세히 알 수 없다.

통도사 계단에는 두 층이 있는데, 위층 가운데에는 돌 뚜껑을 덮어 마치 가마솥을 엎어놓은 것과 같았다.

속설에는, 이렇게 말했다.

옛날 본조本朝에서 전후로 염사廉使 두 사람이 나타나 계단에 절하고 공손히 돌솥을 들어 경건히 보았는데, 처음에는 긴 이무기가 돌 함函에 들어있는 것을 보았고, 다음에는 큰 두꺼비가 돌 밑에 쪼그리고 있는 것을 보았기에 이후부터는 감히 이 돌을 들어올리지 못했다고 한다.

요사이 상장군 김공金公 이생利生과 유시랑庾侍郎 석석이 고종高宗의 명을 받아 강동을 지휘할 때 부절符節을 가지고 돌을 들고 절하려고 하니, 절의 중은 지난 일이 있었으므로 난처했다.

두 사람은 군사들에게 명해 돌을 들게 했는데, 그 속에는 작은 돌함이 있었고, 함 속에는 유리통瑠璃筒이 있어 통 속에는 사리舍利가 단지 네 개뿐이었다. 이것을 서로 돌려보면서 경례敬禮했는데, 통이 약간 상해 있었다. 그때 유공庾公이 때마침 가지고 있던 수정함 한 개를 시주해 함께 두게 하고 이를 기록해 두었다. 이때가 강화도江華島로 서울을 옮긴 지 4년이 되던 을미년乙未年이었다.

『고기古記』에 일컬었다.

"사리舍利 100알을 세곳으로 나눠 두었는데, 이제는 오직 네 알밖에 뿐이다. 그것은 숨겨지기도 하고 나타나기도 해서 보는 사람에 따라 달라지기 때문에 많고 적음을 괴이하게 여길 것이 없다.라고 했다.

또 속설俗說에는,

"황룡사皇龍寺 탑이 불에 타던 날, 돌솥 동쪽에 처음 큰 얼룩이 생겼는데, 이 자국이 지금까지도 남아 있다."

라고 했다.

이때는 요遼나라 응력應曆 3년 계축癸丑으로, 본조本朝 광종光宗 5년인데, 탑이 세 번째 불타던 시기다. 조계曹溪의

무의자無衣子가 시를 남겨 말하기를,

"듣건대 황룡사탑이 불타던 날, 번져서 탄 한쪽에도 틈이 없었네."

하였다.

지원至元 갑자년甲子年 이후 원나라 사신과 본국 황화皇華들이 다투어 와서 이 돌함에 절했고, 사방의 운수雲水들도 몰려와 참례했는데, 돌함을 들기도 하고 혹은 들지 않기로 했다.(중략)

당나라 대중大中 5년 신미辛未에 당나라로 갔던 사신 원홍元弘이 당에서 가지고 온 부처의 어금니(지금은 어디 있는지 알 수 없으나 신라 문성왕 때의 일이다.)와 후당後唐 동광同光 원년 계미癸未인 본조本朝 태조太祖 즉위 6년 당나라로 파견된 사신 윤질尹質이 가지고 온 오백나한五百羅漢상은 지금 북숭산北崇山 신광사神光寺에 있다.

송나라 선화宣和 원년 기묘己卯에 입공사入貢使 정극영鄭克永과 이지미李之美등이 가지고 온 부처의 어금니는 지금 내전에 모셔둔 것이 바로 이 것이다.(중략)

대중大中 5년에는 당나라에 보낸 사신 원홍元弘이 불경 몇 축軸을 가지고 왔고, 신라 말기에 보요선사普耀禪師가 두 번이나 오월국吳越國에서 대장경大藏經을 싣고 왔으니 그는 곧 해룡왕사海龍王寺의 개산조開山祖다.

송나라 원우元祐 갑술년甲戌年에 어떤 사람이 선사禪師의 진영眞影을 찬하여 이렇게 말했다.

거룩하여라, 개조開祖 스님이시여!

한껏 빼어났구나, 저 진실한 모습이여!

두 번이나 오월吳越로 가서,

대장경大藏經 가지고 왔구나.

보요普耀라는 직함을 하사하고,

네 번이나 조서詔書 내렸네.

만약 그의 덕을 물으면,

밝은 달, 맑은 바람과 같다고 하겠네.

또 대정大定 연간 한남 관기漢南管記 팽조적이 시를 지어 남 겼다.

물과 구름 조용한 절에 부처님 계신데,

더구나 신룡神龍이 한 지경을 보호하네.

마침내 이 좋은 절 어느 누가 이어받을까,

처음 불교는 남쪽에서 전해왔네.

발문跋文이 있는데 이러하다.

옛날 보요선사普耀禪師가 처음으로 남월南越에서 대장경大 藏經을 구해서 돌아오는데, 바닷 바람이 갑자기 불어 조각 배가 물결 사이에서 뒤집힐 것 같았다. 이에 선사가

"이것은 신룡神龍이 대장경을 여기에 머물게 하려는 것이

아닐까?"

하면서 주문으로 정성껏 축원해 용과 함께 받들고 돌아오니, 바람도 물결도 잔잔해졌다.

본국으로 돌아와 산천을 구경하면서 대장경을 안치할 곳을 구하다가 산에 이르렀는데, 갑자기 상서로운 구름이 산 위에서 일어나는 곳을 보고 수제자 홍경弘慶과 함께 연사蓮社를 세우니 불교가 동방으로 전해온 것은 실로 이때에 시작된 것이다.

한남관기漢南管記 팽조적은 제題한다.

해룡왕사海龍王寺에는 용왕당龍王堂이 있는데, 신령스럽고 기이한 일이 많았다.

당시 용왕은 대장경大藏經을 따라와 이곳에 머물고 있었는데, 용왕당은 지금까지도 남아있다. 또 천성天成 3년 무자년戊子年에 묵화상默和尚이 당나라로 들어가 역시 대장경을 가지고 왔고, 본조本朝 예종睿宗 때는 혜조국사慧照國師가 조서를 가지고 중국으로 유학을 가 요본遼本 대장경 3부를 구입해서 왔는데, 그 한 본은 지금 정혜사定惠寺에 있다.(해인사海印寺에 한 본이 있고 허참정許參政댁에 한 본이 있다.)

대안大安 2년 본조本朝 선종宣宗때에는 우세승통祐世僧統 의천義天이 송나라로 들어가 천태교관天台敎觀을 많이 가지고 왔으며, 이밖에도 서적에 기록되지 않은 고승高僧과 신사信士들이 왕래하면서 가지고 온 것은 이루 자세하게 기록할 수가 없다. 대체로 불교가 동방으로 전해오는 데는 그 앞길리 양양하였으니 경사스러운 일이다.

찬하여 말한다.

중국과 동방은 오히려 안개로 막혀있고,
녹원鹿苑의 학수鶴樹는 2,000년이네.
이 땅에 전해 오니 참으로 하례할 일이로고,
동진東震과 서건西乾이 한 세상 되었네.

(이하 생략)

미륵선화彌勒仙花, 미시랑未尸郎, 진자사眞慈師

신라 제24대 진흥왕眞興王의 성姓은 김金씨고 이름은 삼맥종인데, 양나라 대동大同 6년 경신庚申에 왕위에 올랐다. 백부 법흥왕法興王의 뜻을 사모하여 일심으로 부처를 받들어 널리 절을 세우고, 많은 사람들에게 중이 되도록 허락했다. 왕은 또 신선을 숭상해 민가의 처녀들 중 아름다운 자를 선발해 원화原花로 삼았으니 이는 무리를 모아 사람을 뽑고 그들에게 효제충신을 가르치려 함이었으며 또 나라를 더 다스리는 대요大要이기도 했다. 이에 남모와 교정이라는 두 원화가 뽑히매, 여기에 모인 무리들은 삼사백 명이었다.

교정이 남모를 질투하여 술자리를 마련해 남모를 취하게 먹이고, 몰래 북천北川으로 마주 들고 가서 큰 돌을 들어서 그 속에 묻어 죽였다. 이에 무리들은 남모의 행방을 알지 못해 슬피 울다가 헤어졌다. 그때 그 음모를 아는 자가 있어서 노래를 지어 어린아이들을 꾀어서 거리에서 부르게 하니, 남모의 무리들이 듣고 그 시체를 북천에서 찾아내고 교정을 죽였다. 이에 대왕은 영을 내려 원화 제도를 폐지했다.

이 일이 지 다음 여러 해가 되었을 때, 왕은 또 나라를 일으키기 위해서는 풍월도風月道를 먼저 만들어야 한다고 생각하고 다시 명을 내려 양가良家의 남자 중 덕행이 있는 자를 선발해 화랑花娘이라 하고 비로소 설원랑薛原郎을 받들어 국선을 삼으니 이것이 화랑花郎국선의 시초이다.(중략)

진지왕眞智王 때 흥륜사興輪寺의 중 진자眞慈가 항상 이 당堂의 주인 미륵상彌勒像 앞에서 발원發願해 맹세하기를,

"우리 대성大聖께서 화랑花郎으로 화化하시어 세상에 나타나 제가 항상 수용을 가까이 뵙고 받들어 시중들게 해 주십시오."

하였다.

그의 간절한 기원이 날로 두터워지니 어느 날 밤 꿈에 중이 나타나,

"웅천 수원사水源寺(지금의 공주公州)에 가면 미륵선화彌勒仙花를 볼 수 있을 것이다."

라고 했다.

꿈에서 깬 진자는 놀라고 기뻐하여 그 절을 찾아 열흘길을 가는데 발자국마다 절을 하며 그 절에 이르렀다.

문밖에는 소년이 있었는데, 탐스럽고 곱고 예쁜 눈매로 맞이해 작은 문으로 데리고 들어가 객실로 안내하니 진자는 올라가 읍揖하고 말했다,

"그대는 나를 잘 모를 터에 어째서 이렇듯 은근하게 대접하는가?"

이에 소년이,

"나도 또한 서울 사람입니다. 스님이 먼 곳에서 오시는 것을 보고 그저 위로한 것입니다."

라고 하였다. 이윽고 소년은 문밖으로 나갔는데, 어디로 갔는지 알 수가 없었다.

진자는 속으로 우연한 일일것이라고 생각해 조금도 이상하게 여기지 않았다. 다만 절의 중들에게 지난밤 꿈과 자신이 이곳에 온 뜻만을 말하고 잠시 저 아랫자리에서 미륵선화를 기다리기를 청했다. 중들은 그의 마음이 흔들리는 것을 알았지만, 그의 근실한 모습을 보고,

"여기서 남쪽으로 가면 천산千山이 있는데, 예로부터 현인과 철인이 살고 있어서 명감冥感이 많다고 합니다. 그곳으로 가 보는 것이 좋겠습니다."

했다.

진자가 그 말을 쫓아 산 아래에 이르니, 산신령이 노인으로 변하여 나와 맞으면서 말하기를,

"이곳에 무엇 하러 왔는가?"

하였다. 진자가,

"미륵선화를 뵙고자 왔습니다."

하니 노인이,

"지난번 수원사水源寺 문밖에서 이미 미륵선화를 보았는데, 또다시 무엇을 보려고 것인가?"

했다.

이 말에 진자는 깜짝 놀라 진땀을 흘리면서 본 절로 되돌아왔다. 그런지 한달이 넘어 진지왕眞智王이 이 말을 듣고 진자를 불러 그 까닭을 묻기를,

"그 소년 스스로 서울 사람이라고 했으니, 성인은 거짓말을 하지 않는데, 왜 성 안에서 찾지 않느냐?"

했다.

이에 진자는 왕의 뜻에 따라 무리들을 모아 두루 마을으 돌면서 찾으니 한 소년이 있었는데 단장을 갖춰 얼굴모양이 수려했다. 그 소년은 영묘사靈妙寺 동북쪽 길가 나무 밑을 노닐고 있었다. 진자는 그를 만나 보자 놀라면서 말하기를, '이분이 미륵선화다.' 하였다. 그는 나가서 물었다.

"낭郎의 집은 어디에 있고 성姓이 무엇인지 듣고 싶습니다."

낭이 답하기를,

"내 이름은 미시未尸이고, 어렸을 때 부모가 돌아가시는 바를 여의어 성이 무엇인지 알 수가 없습니다."

했다.

이에 진자는 그 소년을 가마에 태우고 들어가 왕에게 뵈었다. 왕은 그를 존경하고 사랑해 국선으로 삼았다. 화랑도花郎徒 무리들을 서로 화목하게 하고 예의禮儀와 풍교風敎가 보통사람과 달랐다. 그는 풍류風流를 세상에 빛내다가 7년이 되어 갑자기 어디로 갔는지 알 수가 없었다. 진자는 몹시 슬퍼하고 그리워했다. 미시랑未尸郎의 자비스러운 혜택

을 많이 입었고, 맑은 덕화德化를 이어 스스로 뉘우쳐 도를 닦으니, 만년晩年에 그 역시 어디로 가서 죽었는지 알 수가 없었다. (중략)

찬하여 말한다.

선화仙花를 찾아 한 걸음 걸으며 그의 모습을 되새기니,
곳곳마다 심은 것은 한결같은 공로일세.
졸지에 봄은 되돌아가고 찾을 곳 없으니,
누가 알았을까, 상림上林의 한때 봄날을.

남백월이성南白月二聖 노힐부득努肹夫得과 달달박박恒恒朴朴

『백월산양성성도기白月山兩聖成道記』에서 말했다.

"백월산白月山은 신라 구사군仇史郡 북쪽에 있었
다.(옛날 굴자군屈自郡이고, 지금의 의안군義安郡이다.) 산봉
우리가 기이하고 빼어났는데, 그 산줄기가 수백리에 뻗쳐
있어 참으로 큰 진산鎭山이다."

옛날 노인들이 서로 전하여 말하기를,

"옛날에 당나라 황제皇帝가 어느 때 못을 팠는데, 달마다
보름 전이면 달빛이 밝고, 못 가운데 산이 하나 있고 사자
처럼 생긴 바위가 꽃 사이로 비쳐 그림자를 못 가운데에 나
타냈다. 황제는 화공에게 명해 모양을 그리게 하여 사자를
보내 천하를 돌면서 찾도록 했다. 사자가 해동海東에 당도
하여 보니 산에 큰 사자암獅子巖이 있고 산의 서남쪽 이보쯤
되는 곳에 삼산三山이 있는데 그 이름이 화산花山으로 모양
이 그림과 같았다. 그러나 아직 진짜인지 아닌지를 알 수
없어서 신 한 짝을 사자암 꼭대기에 걸어 놓고 돌아와 아뢰
었다. 그런데 신 그림자도 역시 못에 비치므로 황제는 이상
히 여겨 그 산 이름을 백월산白月山이라 하였다. 그러나 그
후로는 못 가운데에 산 그림자가 없어졌다."

했다.

이 산의 동남쪽 3,000보쯤 되는 곳에 선천촌仙川村이 있고, 마을에는 두 사람이 살고 있었는데, 하나는 노힐부득으로 아버지 이름이 월장月藏이고, 어머니는 미승味勝이었다. 또 하나는 달달박박으로 아버지는 이름이 수범修梵이고, 어머니는 범마梵摩였다.(향전鄕傳에는 치산촌雉山村이라고 했는데 잘못이다. 두 선비의 이름은 방언方言이니 두 집에는 각각 두선비의 마음과 행동이 등등騰騰하고, 고절苦節하다는 두 가지 뜻에서 이렇게 이름 지은 것이다.

이들은 풍채와 골격이 범상치 않았고, 속세를 떠난 마음이 있어 서는 좋은 친구였다. 나이가 20세가 되어 마을 동북쪽 고개 밖에 있는 법적방法積房에 가서 머리를 깎고 중이 되었다. 얼마 후 서남쪽 치산촌雉山村 법종곡法宗谷 승도촌僧道村에 옛절이 있는데, 천진天眞할 수 있다는 말에 함께 가서 대불전大佛田과 소불전小佛田의 두 마을에서 따로 살았다. 부득夫得은 회진암懷眞巖에 살았는데, 혹은 이곳을 양사襄寺라고도 했고, 박박朴朴은 유리광사瑠璃光寺에서 살았다. 이들은 모두 처자를 데려와 살면서 산업産業을 경영하고, 서로 왕래하면서 정신을 수양하고 마음을 길러 속세를 떠날 마음을 잠시도 잊지 않았다.(중략) 이들은 드디어 인간세상을 떠나 장차 깊은 골짜기로 숨으려고 했다. 어느날 밤 꿈 속에 백호白毫의 빛이 서쪽에서 오더니 빛에서 금빛 팔이 내려와 두 사람의 이마를 쓰다듬어 주었다. 꿈에서 깨어 그 이야기를 하니 두 사람의 말이 같았으므로 드디어 백월산白月山 무등곡으로 들어갔다.(무등곡은 지금의 남수동南藪洞이다.)

박박사朴朴師는 북쪽 고개 사자암獅子巖에서 판자로 8척 방을 만들어 살았기에 판방板房이라 하고, 부득사夫得師는 동쪽 고개의 무더기 돌 아래 물이 있는 곳에서 역시 방을 만들어 살았기에 뇌방磊房이라 하였다.(향전鄕傳에는 부득夫得은 산 북쪽 유리동瑠璃洞에 살았으니 곧 지금의 판방板房이고, 박박朴朴은 산 남쪽 법정동法精洞 뇌방磊房에 살았다고 으니 이 기록과는 반대다. 지금 와서보면 향전鄕傳의 기록이 잘못이다. 이들은 각각 암자에 부득夫得은 미륵불彌勒佛을 성심껏 구했고, 박박朴朴은 미타불彌陀佛을 경례하고 염송念誦했다.

3년이 못되어 경룡景龍 3년 기유己酉 4월 8일은 성덕왕聖德王즉위 8년이다. 해는 저물어 가는데, 나이가 20에 가깝고 얼굴이 아름다운 낭자가 난초 향기와 사향 냄새를 풍기며, 갑자기 북암北庵에 와서 하룻밤을 묵기를 청하면서 글을 지어 바쳤다.

갈 길은 더딘데 해는 떨어져 모든 산이 어둡고,
길이 막히고 성은 멀어 인가도 하나 없네.
오늘 이 암자에서 자려 하니,
자비스러운 스님은 노하지 마소서.

박박朴朴은 말했다

"절은 깨끗해야 하는 것이니 그대가 가까이 올 곳이 아니오. 어서 다른 곳으로 가 이곳에 지체하지 마시오."

하고는 문을 닫고 들어갔다.

기記에 이르기를,

"나는 모든 잡념雜念이 없으니 혈낭血囊으로 시험하지 말라."

고 했다.

낭자는 남암南庵으로 돌아가서 또 전과같이 묵기를 청하니, 부득夫得은 말했다.

"그대는 이 밤중에 어디에서 왔는가?"

처녀가 대답하기를,

"맑기가 태허太虛와 같은데, 어찌 오고가는 것이 있겠습니까? 오직 어진 선비의 뜻이 깊고 덕행이 높고 굳다는 말을 듣고 장차 도와 보리菩提를 이루고자 할뿐입니다."

하면서 게偈 하나를 주었다.

해 저문 깊은 산길에,

가도 가도 인가는 보이지 않네.

대나무와 소나무 그늘은 그윽하기만 하고,

시내와 골짜기의 물소리는 더더욱 새롭구나.

길을 잃어 잘 곳 찾는 것이 아니라,

존사尊師를 인도하려 함일세.

바라건대, 내 청을 들어만 주시고,
길손이 누구인지 묻지를 마오.

부득夫得은 이 말을 듣고 몹시 놀라면서 말했다.
"이곳은 여자와 함께 있을 곳이 못되지만, 중생을 따르는
것 역시 보살행菩薩行의 하나라고 생각하오. 더구나 깊은 산
골짜기에 날이 어두웠으니, 어찌 소홀히 대접할 수가 있겠
소."
이에 그를 맞아 읍揖하고 암자 안에 묵게 했다.
밤이 되자 부득은 마음을 맑게 하고 지조를 닦아 희미한
등불이 비치는 벽 밑에서 고요히 염불을 외웠다. 밤이 새려
고 할 때 낭자는 부득을 불러 말했다.
"내가 불행하게도 마침 산고産故가 있으니, 바라건대, 스
님께서 짚자리를 준비해 주십시오"
부득이 불쌍히 여겨 거절하지 못하고 은은히 촛불을 비치
니 낭자는 이미 해산을 끝내고 목욕하기를 청했다. 부득은
부끄러움과 두려움이 마음속에 얽혔으나 불쌍히 여기는 마
음에 더 깊어 목욕통을 준비하여 낭자를 통 안에 앉히고 물
을 데워 목욕을 시키니 이미 통 속 물에서 향기가 강하게
풍기면서 금액金掖으로 변했다. 부득이 크게 놀라자 낭자가
말하기를,
"스승께서도 이 물에 목욕하는 것이 좋겠습니다."
했다.

부득은 마지못해 그 말을 좇았는데, 갑자기 정신이 맑아지면서 살결이 금빛으로 그 옆을 보니 졸지에 연대蓮臺 하나가 생겼다. 낭자가 부득에게 앉기를 권하면서,

"나는 관음보살觀音菩薩인데 이곳에서 대사를 도와 대보리大菩提를 이루도록 한 것이오."

이내 보이지 않았다.

한편 박박朴朴은 '부득은 오늘밤에 반드시 계戒를 더럽혔을 것이니 비웃어 주리라.' 하고 가서 보니 부득은 연화대蓮花臺에 앉아 미륵존상彌勒尊像이 되어 광명을 내뿜고 있는데 그 몸은 금빛으로 변해 있었다. 박박은 자신도 모르게 머리를 조아려 절하면서,

"어떻게 해서 이렇게 되었습니까?"

하고 물었다. 부득이 그 까닭을 말하자 박박은 탄식하기를,

"나는 마음속에 가린 것이 있어 부처님을 만났으나 대우하지 못했으니 큰 덕이 있고 지극히 어진 그대가 나보다 먼저 이루었소. 부디 옛날의 교분을 잊지 말고 함께 하길 바랍니다."

했다.

그러자 부득은,

"통 속에 아직 금액이 남았으니 목욕함이 좋겠습니다."

했다.

박박도 목욕을 하여 부득과 함께 무량수無量壽를 이루니

두 부처가 서로 엄연히 대해 있었다. 산 아래 마을 사람들
은 이 말을 듣고 다투어 와서 우러러보고 감탄하기를,

"참으로 드문 일이구나. 참으로 드문 일이야."

했다. 두 부처는 그들에게 불법의 요지를 설명하고는 구름
을 타고 가버렸다.

천보天寶 14년 을미乙未에 신라 경덕왕景德王이 즉위하여
이 말을 듣고 정유丁酉년에 사자를 보내 큰 절을 세우고 이
름을 백월산 남사白月山 南寺라 했다. 광덕光德 2년 갑진甲辰
7월 15일에 절이 완성되자 다시 미륵존상彌勒尊像을 만들어
금당金堂에 모시고 액자額字를 '현신성도미륵지전現身成道彌
勒之殿'이라 했다. 또 아미타불상阿彌陀佛像을 만들어 강당講
堂에 모셨는데, 남은 금액이 부족해 몸에 전부 바르지 못해
아미타불상에는 역시 얼룩진 흔적이 있다. 그 액자는 '현신
성도무량수전現身成道無量壽殿'이라 했다.(중략)

찬하여 말한다.

푸른빛 떨어지는 바위 앞에 문 두드리는 소리,
어떤 사람이 해 저문데 구름 속 길을 찾는가.
남암南庵이 가까운데 그리로 갈 것이지,
푸른 이끼 밟고서 내 뜰을 더럽히지 마오.

위는 우북암右北庵을 찬하는 글이다.

골짜기에 해가 저물어 어디로 갈고,
남창南窓에 자리 있으니 머물다 가오.
밤 깊어 백팔 염주念珠 세고 있으니,
이 소리 시끄러워 길손들의 잠 깰까 두려워라.

위는 남암南庵을 찬하는 글이다.

십 리里 솔 그림자에 한 길을 헤매다가,
밤 초제招提로 중을 찾아 시험했네.
세 통에서 목욕 끝나니 날도 장차 새는데,
두 아이 낳아 던져두고 서쪽으로 갔네.

위는 성랑聖娘을 찬하는 글이다.

분황사芬皇寺의 천수대비千手大悲와 눈을 뜬 맹아盲兒得眼

경덕왕景德王 때 한기리漢岐里에 사는 희명希明이라는 여자아이가 태어난 지 5년 만에 갑자기 눈이 멀었다. 어느날 어머니는 이 아이를 안고 분황사芬皇寺 좌전左殿 북쪽 벽에 그려진 천수관음千手觀音 앞에가서 아이에게 노래를 시켜 빌게 했는데, 멀었던 눈이 떠졌다. 그 노래는 이러하다

두 손바닥을 모아 천수관음 앞에 빌어 사뢰옵니다.
천 손에 천 눈 하나를 내어 하나를 덜기를,
둘 다 없는 이내 몸이니, 하나만 이라도 고쳐주시옵소서,
아, 내게 주신다면 그 자비가 얼마나 클 것인가?

찬하여 말한다.
죽마竹馬와 총생의 벗, 거리에서 놀더니,
하루아침에 두 눈 먼 사람이 되었네.
대사大士가 자비로운 눈을 돌리지 않았다면,
몇 사춘社春이나 버들 꽃 못 보고 지냈을까?

낙산이대성洛山二大聖 관음觀音, 정취正趣와 조신調信

의상법사義相法師가 처음 당나라에서 돌아와 관음보살觀音菩薩의 진신이 이 해변 어느 굴에 산다는 말을 듣고. 이곳을 낙산洛山이라고 했는데, 대체로 서역西域에 보타락가산寶陀洛伽山이 있기 때문이다. 또 소백화小白華라고도 했는데, 백의대사白衣大士의 진신이 머물어 있는 곳이어서 이것을 빌려다 이름 지은 것이다.

이곳에서 의상은 재계한 후 7일 만에 좌구座具를 새벽 물 위에 띄우자, 용천팔부龍天八部의 시종들이 굴속으로 안내해 들어가므로 공중을 향해 참례參禮하니 수정水精으로 만든 염주 한 꾸러미를 주었다. 의상이 받아서 물러나오니, 동해의 용이 또한 여의보주如意寶珠 한 알을 바치므로, 의상이 받들고 나와서 또다시 7일 동안 재계하고 나서 관음觀音의 참 모습을 보았다. 관음이 말했다.

"좌상座上의 산마루에 한 쌍의 대나무가 솟아날 것이니, 그곳에 불전을 지음이 마땅하다."

했다.

법사가 이 말을 듣고 굴에서 나왔는데, 과연 대나무가 땅에서 솟아나왔다. 이곳에 금당金堂을 짓고 관음상觀音像을 만들어 모시니, 그 둥근 얼굴과 고운 바탕이 마치 천연적으로 생긴 것 같았다. 대나무도 곧 없어지므로 그제야 비로소 관음의 진신이 살고 있는 곳임을 알았다. 이에 절 이름을 낙산사洛山寺라 하고, 법사는 자기가 받은 두 구슬을 성전에 봉안하고 그곳을 떠났다.

의상법사의 뒤를 이어 원효법사元曉法師가 뒤를 이어 와 이곳에서 예를 올리려고 했다. 처음 남쪽 교외에 도착했을 때, 논 가운데서 흰 옷을 입은 여인이 벼를 베고 있었다. 법사法師가 농담으로 가 벼를 달라고 하자, 여인은 벼가 잘 영글지 않았다고 했다. 또 가다가 다리 밑에 이르러, 한 여인이 월수백月水帛을 빨고 있었다. 법사法師가 물을 달라고 청하자 여인은 그 더러운 물을 떠서 바쳤다. 법사는 그 물을 버리고 냇물을 떠서 마셨다. 이때 들 가운데 있는 소나무 위에서 파랑새 한마리가 그를 불러 말하기를,

"제호스님은 쉬십시오."

했는데, 그리고는 갑자기 숨고 보이지 않았다. 그런데 그 소나무 밑에는 신 한 짝이 벗겨져 있었다. 법사가 절에 이르자 관음보살상觀音菩薩像의 자리 밑에 또 전에 보았던 신 한 짝이 벗겨져 있으므로 그제야 전에 만난 성녀가 관음의 진신임을 알았다. 이에 당시 사람들은 그 소나무를 관음송觀音松이라 하였다. 법사는 성굴聖窟로 들어가 다시 관음의 진용眞容을 보려고 했지만, 풍랑이 크게 일어 포들어가지 못하고 그대로 떠났다.

그 뒤에 굴산조사 범일梵日이 태화太和 연간에 당나라로 들어가 명주明州 개국사開國寺에 이르니 어떤 중이 왼쪽 귀가 없어진 채 여러 중들 끝자리에 앉아 있다가 조사에게 말하기를,

"나 또한 같은 고향 사람인데, 내 집은 명주溟州의 경계인 익령현翼嶺縣 덕기방德耆坊에 있습니다. 조사께서 다음날 본국으로 돌아가시면 모름지기 내 집을 지어주셔야 합니다."

했다. 이윽고 조사는 총석叢席을 두루 돌아다니다가 염관鹽官에게 법을 얻고 회창會昌 7년 정묘丁卯에 본국으로 돌아와 굴산사를 세우고 불교를 전했다.

대중大中 12년 무인戊寅 2월 보름 밤 꿈에, 전에 보았던 중이 창문아래에 와서 말하기를,

"옛날 명주明州 개국사開國寺에서 조사와 함께 약속해 승낙을 얻었습니다. 그런데 어찌 이렇게 늦는 것입니까?"

했다.

조사는 놀자 꿈에서 깨어 사람 수십 명을 데리고 익령翼嶺 경계로 가 그가 사는 곳을 찾았다. 한 여인이 낙산洛山 아랫마을에 살고 있었는데, 그 이름을 묻자 덕기德耆라고 했다. 그 여인에게 아들 하나가 있는데, 나이가 겨우 8세로 항상 마을 남쪽 돌다리에서 놀았다. 그는 어머니에게 말하기를,

"나와 함께 노는 아이들 중에 금빛이 나는 아이가 있습니다."

하므로, 여인은 이 사실을 조사에게 말했다. 조사는 놀라고 기뻐서 함께 놀았다는 다리 밑으로 가서 찾아 보니 물속에 돌부처 하나가 있는데, 한쪽 귀가 없어진 것이 전에 보았던 중과 같았다. 이것은 정취보살正趣菩薩의 불상佛像이었다. 이에 간자簡子를 만들어 절을 지을 곳을 점쳤더니, 낙산洛山 위가 제일 좋다고 하므로 이곳에 불전 3간을 짓고 그 불상을 모셨다.(『고본古本』에는 범일梵日의 일이 앞에 있고, 의상義湘과 원효元曉의 일은 뒤에 있다. 그러나 상고해 보면 의상과 원효 두 법사의 일은 당나라 고종高宗 때 있었고, 범일梵日의 일은 회창會昌 후에 있었다. 그러니 연대가 서로 120여 년이나 차이가 난다. 그러므로 지금은 앞뒤를 바꾸어 책에 기록했다. 혹은 범일이 의상의 문인이라고 하는데, 이것은 잘못된 것이다.) (중략)

무오戊午년 11월에 이르러 본업의 늙은 중, 기림사祇林寺 주지 대선사大禪師 각유覺猷가 임금에게 아뢰기를,

"낙산사의 두 보주寶珠는 국가의 신보인데, 양주성襄州城이 함락될 때 절의 종 걸승乞升이 성안에 묻었다가 적병이 물러간 파내어 감창사監倉使에게 바쳐 명주영溟州營 창고 안에 보관해왔습니다. 지금 명주성溟州城도 지킬 수 없으니 마땅히 옮겨 모시는 것이 좋겠습니다."

했다.

임금은 이를 허락하고 야별초夜別抄 10명을 내어 걸승을 데리고 명주성에서 두보주를 가져다가 내부內府에 안치했다.

옛날 서라벌이 서울이었을 때 세규사世逵寺(지금의 흥교사興教寺)의 장원莊園이 명주 날리군捺李郡에 있었는데, 본 절에서 승려 조신調信에게 장원莊園을 맡아 관리토록 했다. (『지리지地理志』를 보면 명주溟州에는 날리군捺李郡이 없고 오로지 날성군捺城郡만 있다. 이것은 본래 날생군捺生郡으로 지금의 영월寧越이다. 또 우수주牛首州 영현領縣에 날령군捺靈郡이 있는데, 이것은 원래 날이군捺已郡으로 지금의 강주剛州이다. 우수주牛首州는 지금의 춘주春州로 여기서 말한 날리군捺李郡은 어느 곳인지 알 수가 없다.) 조신이 장원에 와서 태수 김흔공金昕公의 딸에게 반하여 여러 번 낙산사 관음보살觀音菩薩 앞에서 남몰래 그 여인과 함께 살게 해달라고 기원했다. 그 여인에게는 이미 배필이 생겼다. 그는 또 불당 앞에 가서 관음보살이 자신의 소원을 들어주지 않는다며 원망하다가 잠이 들었다. 꿈속에서 갑자기 김金씨의 딸이 기쁜 얼굴로 문으로 들어와 웃으면서 말하기를,

"저는 일찍부터 스님을 잠깐 뵙고 마음속으로 사랑해 잠시도 잊지 못했으나 부모의 명령 때문에 억지로 딴 사람에게 시집갔다가 지금 부부의 연을 맺기 위해 이렇게 왔습니다."

했다.

이에 조신은 기뻐하면서 그녀와 함께 고향으로 돌아갔다.

그녀와 40여 년간 살면서 자식 다섯을 두었지만, 집이 너무 가난해 식구들을 이끌고 사방으로 다니면서 구걸하며

지냈다. 이렇게 10년 동안 초야를 두루 돌아다닌 결과 옷은 찢어져 몸을 가릴 수가 없었다. 어느 날 명주 해현령蟹縣嶺을 지나가던 중 15살 되는 큰아이가 굶어 죽자, 통곡하면서 길가에 묻었다. 남은 네 식구와 함께 그들 내외는 지금의 우현羽縣인 우곡현羽曲縣에 이르러 모옥茅屋을 짓고 살았다.

이제 내외는 늙고 병들었다. 굶주려 일어나지도 못했으므로 10살 된 계집아이가 밥을 구걸하여 먹는데 다니다가 마을 개에게 물렸다. 아픔을 호소하면서 내외 앞에 누우니, 부모도 목이 메어 눈물만 흘렸다. 부인이 눈물을 닦아내면서 갑자기 말하기를,

"그대와 내가 어찌해 이런 지경에 이르렀는지 알 수가 없습니다. 나아가고 그치는 것은 인력으로 되는 것이 아니고, 헤어지고 만나는 것도 운수가 있는 것입니다. 그러니 원하건데 우리가 헤어지는 것이 좋겠습니다."

하였다. 조신이 이 말을 듣고 기뻐하면서 각각 아이 둘씩 데리고 장차 떠나려고 할 때, 여인이 말했다.

"나는 고향으로 갈 것이니 당신은 남쪽으로 가십시오."

했다.

서로 작별하고 길을 떠나려는 데 꿈에서 깨었다. 타다 남은 등잔불이 깜박거리고 아침이 밝았다. 수염과 머리털은 모두 희어졌고 망연히 세상일에 뜻이 없었다. 괴롭게 살아가는 것도 이미 싫어졌고 마치 한평생의 고생을 모두 겪고 난 것고 같아 재물에도 관심이 없어졌다. 관음보살상을 대

면하기가 부끄럽고, 잘못을 뉘우치는 마음을 참을 수가 없었다. 그는 돌아와 꿈속에서 해현蟹峴에 묻은 아이를 파보니, 그곳엔 석미륵石彌勒이 묻혀 있었다. 물에 깨끗하게 씻어 근처의 절에 모셔 놓고, 서울로 돌아와 장원 벼슬을 그만두었다. 또한 사재를 털어 정토사淨土寺를 세워 부지런히 선을 닦았다. 그 후에 그가 어디서 생을 마감했는지는 알 수가 없다.

어산魚山의 부처 그림자佛影

『고기古記』에 말했다.

"만어사萬魚山은 옛날 자성산慈成山 또는 아야사산阿耶斯山인데, 그 곁에 가라국이 있었다. 옛날 하늘에서 알이 바닷가로 내려와 사람이 되어 나라를 다스렸는데, 그가 바로 수로왕首露王이다. 이때 국경 안에는 옥지玉池가 있었고 못 속에는 독룡毒龍이 살고 있었다. 만어산萬魚山에 나찰녀羅刹女 다섯이 있어 모두 독룡과 왕래하면서 사귀었다. 이에 종종 번개가 치면서 비가 내려 4년 동안 오곡이 영글지 못했다. 그러자 왕은 주문을 읽어 이것을 막으려고 했지만, 그러지 못하고 머리를 숙여 부처를 청해 설법을 했는데, 그 후에 나찰녀가 오계五戒를 받아 재앙이 사라졌다. 이런 까닭에 동해의 물고기와 용이 마침내 화化하여 골짜기의 가득찬 돌이 되어 각각 쇠북과 경쇠 소리를 냈다."

또 상고해 보면,

대정大定 12년 경자庚子에는(고려 명종明宗 11년으로, 이때 만어사萬魚寺를 건설했다.) 동량棟梁 보림寶林이 임금에게 글을 올렸는데, 그 글에서 말했다.

"이 산 속의 기이한 자취가 북천축北天竺 가라국訶羅國 부처의 영상과 같은 것이 세가지가 있습니다. 첫째는 산 가까운 곳이 양주梁州 경계의 옥지玉池로 이곳에도 역시 독룡毒龍이 살고 있는 것이고, 둘째는 때때로 강가에서 구름 기운이 일어나 산마루까지 이르는데 구름 속에서 음악 소리가 나는 것이고, 셋째는 부처 영상 서북쪽에 반석이 있어 항상 물이 괴어 없어지지 않는데 이것은 부처가 가사袈裟를 빨던 곳이라고 한 것이 이것입니다.”

가자함可字函「관불삼매경」제7권에는 말했다. 부처님이 야건가라국耶乾訶羅國 고선산古仙山 담복화림 독룡毒龍 옆이요, 청련화천靑蓮花泉의 북쪽 나찰혈羅刹穴 가운데의 아나사산阿那斯山 남쪽에 이르렀다. 이때 구멍에 나찰 다섯이 있어 이것이 여룡女龍으로 변해 독룡과 교접하는데 독룡은 우박을 내리게 하고 나찰은 난폭한 행동을 해서 기근과 역질이 4년 동안 지속되었다. 이에 왕은 놀라고 두려워 신기神祇에게 빌고 제사지냈지만 별 도움이 없었다. 이때 총명하고 지혜가 많은 범지梵志라는 사람이 있어 왕께 아뢰기를,

“가비라국伽毗羅國 정반왕淨飯王의 왕자가 지금 도道를 이뤄 석가문釋迦文이라 불리고 있습니다.”

했다.

이 말을 들은 왕은 마음속으로 기뻐하며 부처를 향해 예를 올리고 말하기를, ‘지금 이미 불교가 일어났다고 하는데 어찌 이 나라에는 왜 오지 않으십니까?’ 라 했다. 그때 석가여래는 여러 비구比丘에게 명해 여섯가지 신통력을 갖춘 자를

부처 뒤를 따르게 하고, 나건가라왕邶乾訶羅王의 불파부제弗
婆浮提가 청하는 것을 받아주기로 했다. 그때 세존世尊의 이
마에서 광명이 나와 1만여 개의 대화불大化佛을 만들어 그
나라로 갔다. 이때 용왕과 나찰녀는 자신들의 몸뚱이를 땅
에 던져 부처에게 계戒를 받기를 청했다. 그러자 부처는 그
들을 위해 삼귀三歸 오계五戒를 설법說法하니 용왕은 이 설
법을 다 듣고 나서 꿇어앉자 합장하고 세존이 항상 이곳에
머물러 있기를 청하기를,

"부처님께서 만약 이곳에 계시지 않으면 저에게 악한 마
음이 생겨 아누보리가 될 수 없습니다."

했다. 이때 범천왕梵天王이 다시 와서 부처에게 예禮하고
청하기를,

"파가파婆伽婆께서는 앞으로 올 세상의 모든 중생들을 위
할 것이요. 이 작은 용을 위해 편파적으로 위하지 마시옵소
서."

했다. 이에 백천百千의 범왕梵王들도 역시 모두 이것을 청
했다.

이때 용왕은 칠보대七寶臺를 내어 여래에게 바치자 부처는
용왕에게 말하기를,

"이 대는 나에게 필요치 않으니 너는 지금 나찰이 있는 석
굴을 가져다가 나에게 시주토록 하라."

하자, 용왕은 기뻐했다 한다. 이때 여래가 용왕에게 위로
하여 말하기를,

【쉽게 풀어쓴 三國遺事】

"내가 너의 청을 받아들여 네 굴속에 앉아서 1,500년을 지내겠다."하였다.

말을 마친 부처가 몸을 솟구쳐 굴속으로 들어가자, 그 돌들은 이내 밝은 거울과 같아져서 사람들이 그 얼굴 모습을 볼 수가 있었다. 거기에는 모든 용들이 다 나타났다. 이때 세존世尊은 결가부좌結伽趺坐하고 석벽 속에 앉아 있었는데, 중생들이 볼 때 멀리서 바라보면 나타나고 가까이서 보면 나타나지 않았다. 제천諸天이 부처의 영상에 공양하면 부처의 영상도 역시 설법을 했다.

『고승전高僧傳』에는 또 말했다.

"혜원惠遠이 들으니 천축국天竺國에 부처님 영상이 있는데, 그것은 옛날 용을 위해 남겨 놓은 부처님 영상으로 북천축 월지국月支國 나갈가성那竭呵城의 남쪽 고선인古仙人의 석실 속에 있었다고 하더라."

하였다. (이하 생략)

쉽게 풀어쓴 三國遺事

325

대산臺山 오만진신五萬眞身

산중山中의 고전古傳에 상고해 보면 이렇다.

"이 산을 문수보살文殊菩薩이 살던 곳이라고 이름 지은 것은 자장법사慈藏法師로부터 시작되었다."

처음 법사가 중국 오대산五臺山에서 문수보살의 진신을 보기 위해 신라 선덕왕善德王때인 정관貞觀 10년 병신丙申에 당나라로 들어갔다.(『당승전唐僧傳』에는 12년이라고 했지만, 여기서는 『삼국본사三國本史』에 따랐다.) 처음 중국 태화지太和池 근처에 있는 돌부처 문수보살文殊菩薩이 있는 곳에 이르러 공손히 7일 동안 기도했는데, 꿈속에서 갑자기 부처가 네구句의 게偈를 주었다. 꿈에서 깨어도 그 네구의 글은 기억할 수가 있었으나 네구가 모두 범어梵語로 씌어 있어서 뜻을 알 수가 없었다. 이튿날 아침, 승려 한 사람이 붉은 비단에 금색 점이 찍힌 가사 한 벌과 부처의 바리때 하나와 부처 머리뼈 한 조각을 들고 법사에게 와서는 어찌하여 수심에 가득하냐고 물었다. 이에 법사는 대합하기를,

"꿈속에서 네구의 게를 받았는데, 모두 범어여서 뜻을 알지 못하기 때문입니다."

했다.

이야기를 들은 승려는 그것을 번역해 말했다.

"가라파좌낭은 일체의 법을 깨달았다는 말이고, 달예치구야는 본래의 성품은 가진 바 없다는 말이고, 낭가희가낭은 이와 같이 법성法性을 해석한다는 말이고, 달예노사나는 노사나불盧舍那佛을 곧 본다는 말입니다."

말을 마치자 자기가 가진 가사 등의 물건들을 법사에게 주면서 부탁하기를,

"이것은 본사本師 석가세존釋迦世尊이 사용하던 도구이니 그대가 잘 보관해 주십시오."

했다. 이어서,

"그대의 본국 동북방 명주경계에 오대산이 있는데, 1만의 문수보살이 그곳에 항상 머물러 있으니 그대는 가서 뵙도록 하시오."

하고는 곧 보이지 않았다.

법사는 두루 보살의 유적을 찾아 살펴 보고 본국으로 귀국하려는데, 태화지太和池의 용이 현신하여 재를 청하고 7일 동안 공양한 후에 법사에게 말하기를,

"전일에 게를 전하던 늙은 중이 바로 진짜 문수보살입니다."

했다. 이렇게 말하며 절을 짓고 탑을 세울 것을 간곡히 부탁한 일이 있었는데, 이 일은 『별전別傳』에 자세하게 기록되어 있다.

법사는 정관貞觀 17년에 강원도 오대산五臺山에 가서 문수

보살의 진신을 보려고 했으나 3일 동안 날이 어둡고 그늘져 보지 못하고 되돌아갔다가 다시 원령사元寧寺에 살면서 비로소 문수보살을 보았다고 했다. 그 후에 칡덩굴이 서려 있는 곳으로 갔는데, 지금의 정암사淨岩寺가 바로 이곳이다.

이것도 역시 별전別傳에 실려있다.

그 후 두타頭陀 신의信義는 범일대사梵日大師의 제자로서 이 산을 찾아 자장법사慈藏法師가 쉬던 곳에 암자를 짓고 살았다. 신의가 죽은 후 암자는 오랫동안 헐어져 있었는데, 수다사水多寺의 장로長老 유연有緣이 새로 암자를 짓고 살았으니 지금의 월정사月精寺이다.

자장법사가 신라로 돌아왔을 때 정신대왕淨神大王의 태자 보천寶川과 효명孝明 두 형제가 하서부河西府(지금 하서군河西郡)의 세헌각간世獻角干 집에서 하룻밤을 묵었다.(『국사國史』를 보면, 신라에는 정신淨神 · 보천寶川 · 효명孝明의 세 부자에 대한 명문이 없다. 하지만 이 기록의 하문에 신룡神龍 원년에 터를 닦고 절을 세웠다고 했으니 신룡神龍 원년은 성덕왕聖德王 즉위 4년 을사乙巳이다. 왕王가의 이름이 흥광興光이고, 본명이 융기隆基이니 신문왕神文王의 둘째 아들을 말한다. 성덕聖德의 형 효조孝照는 이름 이공理恭 또는 홍청洪川이다. 이 역시 신문왕神文王의 아들이다. 신문왕의 이름은 정명政明이고 자는 일조日照이니, 정신淨神은 아마도 정명政明 신문神文이 잘못 전해진 듯 싶다. 효명孝明은 효조孝照 혹은 소昭의 잘못인 듯하다. 이 기록에 효명孝明이 즉위한 것만 있고 신룡神龍 연간에 터를 닦고 절을 세웠다고 하는 것은 자세히 말하지 않았다. 그러나 신룡神龍 연간에 절을 세운 이는 바로 성덕聖德이다.)

다음 날 큰 고개를 지나 각각 무리 1,000명을 이끌고 성오평省烏坪에 이르러 여러 날을 유람하는데 갑자기 어느 날 밤에 두 형제가 속세를 벗어날 뜻을 몰래 약속하고 아무에게도 알리지 않고 도망쳐 오대산五臺山으로 들어가니, 시중들던 사람들은 그들의 행방을 알지 못해 서울로 돌아왔다. (『고기古記』에는 태화太和 원년 무신戊申 8월 초에 왕이 산속에 숨었다고 했지만, 아마 이것은 잘못인 듯하다. 상고해 보면 효조孝照를 효소孝昭라고도 했다. 천수天授 3년 임진壬辰에 즉위했는데, 이때 나이 16살이었고 장안長安 2년 임인壬寅에 죽었으니 이때가 26살이었다. 성덕왕聖德王이 같은 해에 즉위했는데 나이가 22살이었다. 만약 태화太和 원년이 무신戊申이라면 효조孝照가 즉위한 갑진년甲辰年보다 이미 45년이나 지났으니 곧 태종무열왕 때이다. 이로써 이 기록이 잘못된 것임을 알 수가 있다. 그래서 여기에서는 이것을 취하지 않는다.)

두 태자가 산 속에 도착하자 푸른 연꽃이 갑자기 땅 위로에 피므로 형 태자가 이곳에 암자를 짓고 살면서 이곳을 보천암寶川庵이라고 했다. 이곳에서 동북쪽으로 600여 보步를 가자, 북쪽 대臺 남쪽 기슭에 역시 푸른 연꽃이 피어 있었다. 아우 태자가 효명이 또 암자를 짓고 살면서 열심히 업業

을 닦았다. 어느 날 형제가 예를 올리기 위해 다섯 봉우리로 올라갔다. 그때 동쪽 대臺 만월산滿月山에서 1만 관음보살의 진신이 나타나 있고, 남쪽 대臺 기린산麒麟山에는 팔대보살八大菩薩을 우두머리로 한 1만의 지장보살이 나타나 있고, 서쪽 대臺 장령산長嶺山에는 무량수여래無量壽如來를 우두머리로 한 1만의 대세지보살大勢至菩薩이 나타나 있고, 북쪽 대臺 상왕산象王山에는 석가여래를 우두머리로 한 5백의 대아라한大阿羅漢이 나타나 있고, 중앙 대臺 풍로산風盧山 또는 지령산地靈山이라는 곳에 비로자나불毗盧遮那佛을 우두머리로 한 1만의 문수보살이 나타나 있었다.

그들은 이 5만 보살의 진신에게 일일이 예를 올렸다. 날마다 이른 아침이면 문수보살이 지금의 상원上院인 진여원眞如院에 이르러 서른여섯 가지의 모양으로 변하여 나타났다. 혹은 즉 부처의 얼굴모양으로, 어떤 때는 보주寶珠 모양으로, 혹은 부처의 눈 모양으로, 혹은 부처의 손 모양으로, 혹은 보탑寶塔 모양으로, 혹은 만불두萬佛頭 모양으로, 혹은 만등萬燈 모양으로, 혹은 금교金橋 모양으로, 혹은 금고金鼓 모양으로, 혹은 금종金鐘 모양으로, 혹은 신통神通 모양으로, 혹은 금루金樓 모양으로, 혹은 금륜金輪 모양으로, 혹은 금강저金剛杵 모양으로, 혹은 금옹金甕의 모양으로, 혹은 금비녀 모양으로, 혹은 오색광명五色光明 모양으로, 혹은 오색원광五色圓光 모양으로, 혹은 길상초吉祥草 모양으로, 혹은 푸른 연꽃 모양으로, 혹은 금전金田 모양으로, 혹은 은전銀田

모양으로, 혹은 부처의 발 모양으로, 혹은 뇌전雷電 모양으로, 혹은 여래가 솟아나오는 모양으로, 혹은 지신地神이 솟아나오는 모양으로, 혹은 금봉金鳳 모양으로, 혹은 금오金烏 모양으로, 혹은 말이 사자獅子를 낳는 모양으로, 혹은 닭이 봉鳳을 낳는 모양으로, 혹은 청룡靑龍의 모양으로, 혹은 백상白象의 모양으로, 혹은 작조鵲鳥의 모양으로, 혹은 우상사자牛産師子의 모양으로, 혹은 유저遊猪 모양으로, 혹은 청사靑蛇 모양으로 변해 보였다. 두 태자는 늘 골짜기의 물을 길어다가 차를 달여 공양하고 밤이 되면 각자 자기 암자에서 도를 닦았다.

이때 정신왕淨神王의 아우가 왕과 왕위를 다투었는데 나라 사람들은 이들을 폐하고, 네 사람의 장군을 보내 산에 와서 두 태자를 맞아오게 했다. 이들이 먼저 효명태자 암자에 도착해 만세를 부르자, 갑자기 오색구름이 7일 동안 그곳을 덮어 나라 사람이 그 모두 구름을 찾아가 모두 모여 노부鹵簿를 벌여놓고 두 태자를 맞아 가려 했다. 그러나 보천寶川이 울면서 이를 사양했으므로 때문에 효명만을 모시고 돌아가 왕위를 잇게 했다.(기記에는 왕위에 있은 지 20여 년이라고 했는데, 이것은 죽을 때의 나이가 26세라는 것을 잘못 기록한 것이다. 그가 왕위에 있었던 것은 10여 년뿐이다. 또 신문왕의 아우가 왕위를 다투었다고 했는데, 『국사國史』에는 그런 기록이 없으니 알 수 없는 일이다.) (중략)

보천寶川은 항상 그 영동靈洞의 물을 길어다가 마셨는데,

만년에는 육신이 공중으로 날아 유사강流沙江 밖 울진국蔚珍國 장천굴掌天窟에 이르러 쉬었다. 이곳에서 수구다라니경隨求陀羅尼經을 밤낮으로 외는 것을 과업으로 삼았다. 어느 날 장천굴 굴신窟神이 현신하여 그에게 말하기를,

"내가 이 굴의 신이 된 지가 이미 2,000년이나 되었는데, 오늘에서야 비로소 수구다라니경의 진리를 들었습니다."

보살계菩薩戒를 받기를 청했다. 이에 그가 계戒를 받고 나자 이튿날 굴도 또한 형체가 없어졌다.

보천寶川은 놀라고 이상하게 생각해 20일 동안이나 이곳에 머물다가 오대산 신성굴神聖窟로 돌아왔다. 이곳에서 50년 동안 마음을 닦았는데, 도리천 신이 삼시三時로 설법을 들었고, 정거천淨居天의 무리들이 차를 달여서 올렸다. 또 40명의 성인은 10척 높이 하늘에 날면서 그를 지켰고, 그가 가졌던 지팡이는 하루에 세 번씩 소리를 내면서 방을 세 바퀴씩 돌아다녀 이것을 쇠북과 경쇠로 삼아 수시로 수업했다. 문수보살은 보천寶川의 이마에 물을 붓고 성도기별成道記별을 주기도 하였다. (이하 생략)

명주溟州 오대산五臺山 보질도寶叱徒 태자太子 전기傳記 (명주溟州; 옛날의 해서부)

신라 정신태자淨神太子 보질도寶叱徒는 그 아우 효명태자孝明太子와 함께 하서부河西府의 세헌각간世獻角干의 집에서 하룻밤을 묵었다. 그 다음날 큰 고개를 넘어 각각 1,000명을 거느리고 성오평省烏坪으로 가서 여러 날을 놀다가, 태화太和 원년 8월 5일에 두 형제가 오대산五臺山으로 은거했다. 이때 같이 간 사람들은 두 태자를 찾지 못하고 서울로 되돌아갔다.

형 되는 태자는 오대산 중대中臺 남쪽 밑 진여원眞如院 아래에 푸른 연꽃이 핀 것을 발견하고, 그곳에 풀로써 암자를 지어 살고, 아우인 효명은 북대北臺 남쪽 산 끝에 푸른 연꽃이 핀 것을 발견하고 그곳에 풀로써 암자를 지어 살았다. 형제는 부처님에게 예불하고 행실을 닦았으며, 동·서·남·북·중앙의 다섯 대臺에 나가 공손히 예배를 올렸다. 푸른 빛 방위의 동쪽 대臺 만월형滿月形의 산에는 관음보살의 진신 1만이 항상 있었고, 붉은 빛 방위인 남쪽 대臺 기린산麒麟山에는 팔대보살八大菩薩을 우두머리로 한 1만 지장보살地藏菩薩이 항상 있고 흰 빛 방위인 서쪽 대臺 장령산長嶺山에는 무량수여래無量壽如來가 우두머리가 1만 대세지보살大勢至菩

薩이 항상 있고, 검은 빛 방위인 북쪽 대臺 상왕산相王山에는 석가여래를 우두머리로 한 500 대아라한大阿羅漢이 항상 있고, 누른 빛 방위인 중앙 대臺 풍로산風盧山 또는 지로산地爐山에는 비로자나毗盧遮那를 우두머리로 한 1만 문수보살文殊菩薩이 항상 있었다. 또 진여원眞如院에는 문수보살이 매일 이른 아침에 삼십륙형三十六形으로 화해서 나타냈다. 두 태자는 함께 예배하면서 날마다 이른 아침이면 골짜기 물을 길어다가 차를 달여 1만 진신의 문수보살에게 공양했다.

　이때 정신태자의 아우 부군副君이 신라에 있어 왕위를 다투다가 죽자, 나라 사람들이 장구 네 명을 보내 오대산에 이르러 효명태자 앞에서 만세를 불렀다. 이때 오색 구름이 일어나 오대산에서 부터 신라까지 뻗쳐 7일 동안 이나 빛을 발했다. 나라 사람들은 빛을 따라 오대산에 이르러 두 태자를 모시고 돌아가려고 했다. 그러나 정신태자 보질도寶叱徒가 울면서 돌아가지 않으려고 하니, 효명태자만 모시고 돌아가 왕위를 잇게 했다. 그가 왕위에 오른 지 20년인 신룡神龍 원년 3월 8일에 진여원眞如院을 처음 세웠다 한다.

　태자 보질도는 골짜기에서 신령스러운 물을 마셨는데, 육신이 공중을 날아 유사강流沙江에 이르러 울진대국蔚珍大國의 장천굴掌天窟로 들어가 도를 닦다가 다시 오대산 신성굴神聖窟로 되돌아와 50년 동안 도를 닦았다고 한다. 오대산은 백두산白頭山의 큰 줄기로 각 대臺에는 진신이 항상 있다고 한다.

대산월정사臺山月精寺 오류성중五類聖衆

절 안에 전해 오는 『고기古記』에 보면, 이러하다

자장법사慈藏法師가 오대산五臺山에 처음 도착해 진신을 보기 위해 산기슭에 모옥茅屋을 짓고 살았으나, 7일이 되어도 나타나지 않자, 묘범산妙梵山으로 가서 정암사淨巖寺를 지었다. 그 후에 신효거사信孝居士 라는 이가 있었는데, 혹은 유동보살幼童菩薩의 화신이라고도 하는데, 그의 집은 공주公州에 있었고 효성을 다해 어머니를 봉양했다. 어머니가 고기 외에는 먹지 않았기 때문에 그는 고기를 구하기 위해 산과 들을 돌아다녔다. 그러다가 길에서 학 다섯마리를 보고 활로 쏘았는데, 학 한 마리가 날개 깃 한 조각을 떨어뜨리고 날아갔다. 그는 깃털을 집어 눈을 가리고 사람을 보았는데, 사람들 모두가 짐승으로 보였다. 이에 고기는 얻지 못하고 자신의 넓적다리 살을 베어 어머니에게 올렸다. 그 후 그는 승려가 되어 자신의 집을 절을 만들었는데, 지금의 효가원孝家院이 바로 그곳이다. (이하 생략)

남월산南月山

이 절은 감산사甘山寺라고도 부르는데, 서울에서 동남쪽 20리가량 떨어진 곳에 있다. 『금당주미륵존상화광金堂主彌勒尊像火光』 후기에 말했다.

"개원開元 7년 을미乙未 2월 15일에 중아찬重阿湌 전망성全忘誠이 그의 죽은 아버지 인장仁章 일길간一吉干과 죽은 어머니 관초리觀肖里를 위해 감산사甘山寺와 석미륵石彌勒 하나를 만들었다. 이와 함께 개원愷元 이찬伊湌과 아우 간성懇誠 소사小舍·현도사玄度師, 누이 고파리古巴里, 전처 고로리古老里, 후처 아호리阿好里, 서형 급막及漠 일길찬, 일당一幢 살찬, 총민聰敏 대사大舍와 누이동생 수힐매 등을 위해 착한 일을 했다. 어머니 관초리가 고인이 되자 동해유우변산야東海攸友邊散也라고 했다."(고인성지古人成之 이하는 글이 무슨 뜻인지 알 수가 없다. 다만 옛 글자 그대로를 적어둘 뿐이다 이 아래도 마찬가지이다.)

『미타불화광彌陀佛火光』 후기에는 말했다.

"중아찬重阿湌 김지전金侍全은 상의尚衣로서 일찍이 임금을 모셨고, 또 집사시랑執事侍郎으로 있다가 67세에 벼슬을 놓고 집에서 한가로이 지냈다. 이때 국주國主 대왕大王과 이찬

伊湌 개원愷元, 죽은 아버지 인장仁章 일길간一吉干, 죽은 어머니, 죽은 동생, 소사小舍 양성梁誠, 사문沙門 현도玄度, 죽은 아내 고로리古老里, 죽은 누이동생 고파리古巴里, 아내 아호리阿好里 등을 위해 감산甘山의 장전莊田을 내놓아 절을 세웠다. 또 석미타石彌陀 하나를 만들어 죽은 아버지 인장 일길간을 위해 모셨는데, 그가 죽자 동해유우변산야東海攸友邊散也라고 했다."(제계帝系를 상고해 보면, 김개원金愷元은 태종 김춘추의 여섯째 아들 개원각간愷元角干이고, 문희가 낳은 아들이다. 성지전誠志全은 인장仁章 일길간一吉干의 아들이다. 동해유우東海攸友는 법민왕法敏王을 동해에 장사 지낸 것을 말한 듯 싶다.)

천룡사天龍寺

동도東都 남산南山 남쪽에 봉우리 하나가 우뚝 솟아 있는데, 이것을 세속에서는 고위산高位山이라고 한다. 산 남쪽에 절이 있는데 속칭俗稱 고사高寺 혹은 천룡사天龍寺라고 한다.

『토론삼한집討論三韓集』에서 말했다.

"계림鷄林에는 두 줄기의 객수客水와 한 줄기의 역수逆水가 있는데, 그 역수와 객수의 두 근원이 천재를 막지 못하면 천룡사天龍寺가 뒤집혀 무너지는 재앙이 나타난다."

속전俗傳에는 말했다.

"역수는 이 고을 남쪽 마등오촌馬等烏村의 남쪽을 흐르는 천이다. 이 물의 근원이 천룡사에서 시작되는데, 중국 사자 악붕귀樂鵬龜가 와서 보고 '이 절을 파괴하면 곧 나라가 망한다.'고 했다."

또 서로 전하는 말에는 이러하다.

"옛날 단월檀越에게 딸이 둘 있는데, 이름이 천녀天女와 용녀龍女였다. 부모가 두 딸을 위해 절을 세우고 딸들의 이름으로 절 이름을 지었다."

라고 했다.

이곳은 경지가 이상하고 불도를 돕는 곳이었는데, 신라 말년에 파괴되었다.

중생사衆生寺 관음보살觀音菩薩이 젖을 먹여 키운 최은함의 아들 승로承魯가 숙肅을 낳고 숙肅이 시중侍中 제안齊顔을 낳았는데, 제안齊顔이 이 절을 중수하고 일으켜 석가만일도량釋迦萬日道場을 설치하고, 신서信書와 원문願文까지 절에 두었다. 그가 죽어서 절을 지키는 신이 되었는데, 자못 신령스럽고 이상한 일들이 많았다. 그 신서信書의 내용은 대략 이러하다.

"단월 내사시랑동내사문하평장사주국內史侍郎同內史門下平章事柱國 최제안崔齊顔이 쓴다. 경주 고위산高位山 천룡사가 파괴된 지 여러 해가 되었다. 이에 제자 최제안은 특별히 성수聖壽가 무강하고 국가가 편안하며 태평하기를 원해 전당殿堂 · 낭각廊閣과 방사房舍 · 주고廚庫를 모두 갖춰 재건하고, 또 석조불石造佛과 이소불상泥塑佛像 몇 개를 만들어 석가만일도량을 열었다. 이미 국가를 위해 세웠으니 조정에서 주지를 정하는 것이 옳다. 희사한 토지로 사원을 충족하게 하는 것을 보면, 팔공산八公山 지장사地藏寺와 같은 절은 희사한 토지가 200결結이었고, 비슬산毗瑟山 도선사道仙寺는 20결이었고, 서경西京 사면의 산사山寺들도 각기 20결씩이었다. 이들은 모두 유무직有無職을 물론하고 모름지기 계戒를 갖추고, 재주가 높은 이를 뽑아 절의 중망衆望에 따라 여러 차례를 주지로 삼아 분향하고, 도 닦는 것을 상례常例

로 삼았다. 제자 제안齊顏은 이 풍습을 듣고 기뻐하여 천룡사에서는 역시 절의 많은 승려 가운데 재주와 덕이 뛰어난 고승으로 동량棟樑이 될 만한 사람을 뽑아 주지로 삼아서 분향수도하게 하고자 한다. 이에 갖추어 글로 기록해 강사剛司에게 맡겨 두는 것이니, 이때부터 비로소 주지를 둔 것이다. 유수관留守官은 공문을 받아 도량의 여러 중들에게 알려 각각 알도록 할 것이다. 중희重熙 9년 6월 일에 관직官職을 갖춰 위와 같이 서명署名한다.

  상고해보면, 중희重熙는 거란契丹 흥종興宗의 연호이고, 본조本朝 정종靖宗 7년 경신년庚辰年이다.

무장사無藏寺 미타전

서울 동북쪽 20리쯤 되는 암곡촌暗谷村 북쪽에 무장사가 있다. 이 절은 신라 제38대 원성대왕元聖大王의 아버지 대아간大阿干 효양孝讓, 즉 추봉된 명덕대왕明德大王의 숙부 파진찬波珍湌을 추모하기 위해 세웠다. 그윽한 골짜기는 험준해 마치 깎아 세운 듯하며, 절 위쪽에는 아미타阿彌陀 고전古殿이 있다.

소성대왕昭成大王 비妃인 계화왕후桂花王后가 대왕이 먼저 죽자, 슬픔이 극도에 달해 피눈물을 흘리고 괴로워했다. 이에 밝고 아름다운 일을 돕고 명복을 기원할 것을 생각했다. 이때 서방에 아미타阿彌陀라는 대성이 있어 지성으로 신앙에 귀의하면 구원해 준다는 말을 듣고 '이것이 사실이라면 어찌 나를 속이겠는가.' 하고는 육의六衣의 화려한 옷을 희사하고 구부九府의 재물을 내어 공인들을 불러 아미타불상阿彌陀佛像 하나를 만들게 하고 아울러 신중神衆도 만들어 모셨다. 보다 앞서 이 절에 늙은 중이 하나 있었는데, 어느 날 꿈속에서 진인이 석탑 동남쪽 언덕 위에 앉아 서쪽을 행하여 대중에게 설법하는 것을 보았다. 그는 맘속으로 '이곳은 불법이 머무를 곳이다.' 라고 생각하고 남에게 말하지 않았다. 그곳은 원래 바위가 험하고 시냇물이 급하게 흘러 공인工人들도 돌아보지 않았고 다른 모든 사람들도 좋지 못한 곳이라 하였다. 그러나 터를 닦자 집을 세우기에 좋았고, 완연히 신령스러운 터와 같으니 보는 이들이 놀라고 좋다고 하지 않는 이가 없었다. 그러나 근고近古에 와서 미타전彌陀殿이 허물어지고 절만 남아 있다.

　세상에 전하는 말에 의하면,

　"태종太宗이 삼국三國을 통일한 후에 병기와 투구를 이 골짜기만에 감추어서 그런 이름을 지었다."

　라고 했다.

백엄사伯嚴寺의 석탑사리石塔舍利

개운開運 3년 병오丙午 10월 29일 강주계康州界 임도대감주첩任道大監柱貼에 말하기를,

"선종禪宗 백엄사伯嚴寺는 지금의 초계草溪인 초팔현草八縣에 있고, 이 절의 승려 간유상좌侃遊上座는 나이가 39살이라 했다. 하지만 절을 처음 세운 시기는 알 수가 없다."

고 했다.

그러나 『고전古傳』에는 이렇게 말했다.

"전대인 신라 때 북택청北宅廳의 터를 희사해 이 절을 세웠는데, 중간에 오랫동안 폐지되었다가 지난 병인년丙寅年에 사목곡沙木谷 양부陽孚 스님이 고쳐지어 주지가 되었다가 정축년丁丑年에 죽었다. 을유년乙酉年에 희양산曦陽山 긍양兢讓 스님이 와서 10년 동안 살다가 을미년乙未年에 희양산으로 되돌아갔다. 그때 신탁神卓 스님이 남원南原 백암수에서 이 절로 와 전에 있던 법대로주지가 되었다. 또 함옹咸雍 원년 11월에 주지 득오미정대사得奧微定大師 석수립釋秀立이 절의 상규常規 10조條를 정했다. 그리고 새로 5층 석탑을 세워 진신 불사리佛舍利 42알을 가져와 모셨다. 또 사재를 털어서

보를 세워 '해마다 여기에 공양하는 일, 특히 이 절의 법을 지키던 경승敬僧인 엄흔嚴欣과 백흔伯欣의 두 명신明神과 근악近嶽 등 3위位 앞에 계를 모아 공양할 일(세속에서는 전하기를, 엄흔嚴欣·백흔伯欣 두 사람이 집을 희사해 절로 만들었기 때문에 절 이름을 백엄사伯嚴寺라고 했으며 호법신護法神으로 삼았다고 했다. 이하 조목은 기록하지 않았다.) 금당金堂 앞 나무 주발에 매달 초하룻날이면 공양미를 갈아 놓은 일 등을 정했다."

영취사靈鷲寺

절의 『고기古記』에 말했다.

"신라 진골眞骨 제31대 신문왕神文王때인 영순永淳 2년에 재상 충원공忠元公이 장산국 온천에서 목욕하고 성으로 돌아오다가 굴정역屈井驛 동지야桐旨野에서 쉬었다. 이곳에서 어떤 사람이 매를 놓아 꿩을 쫓고 있었는데, 꿩은 날아서 금악金嶽을 지나 어디로 갔는지 알 수가 없다. 방울소리를 따라 굴정현屈井縣 관청 북쪽 우물가로 가보니 매는 나무 위에 앉아 있고 꿩은 우물 속에 있는데, 물이 마치 핏빛과 같았다. 꿩은 두 날개를 크게 벌려 새끼 두 마리를 감싸고 있었는데 매도 역시 그것을 측은하게 여겼는지 꿩을 잡지 않고 있었다. 공이 이를보고 감동해 그 땅을 두고 점을 쳤는데, 가히 절을 세울만하다고 하였다. 서울로도돌아와 이 사실을 왕에게 아뢰어 그 현청縣廳을 다른 곳으로 옮기고, 그곳에 절을 세워 이름을 영취사靈鷲寺라고 했다."

유덕사有德寺

신라 대부각간大夫角干 최유덕崔有德이 자신의 사사捨私 집을 내놓아 절을 만들고 유덕사有德寺라고 했다. 그의 먼 자손인 삼한공신三韓功臣 최언위崔彦撝휘가 유덕有德의 진영을 모시고 비도 세웠다고 한다.

오대산五臺山 , 문수사文殊寺 석탑기 石塔記

뜰 가의 석탑은 대개 신라 사람들이 세운 것일 것이다. 제작함에 있어 비록 순박하고 교묘하지는 않지만, 영험이 있어 이루다 기록할 수가 없다. 그 중에서 여러 옛 노인에게서 들은 한가지 사실은 이러하다,

"옛날 연곡현連谷縣 사람이 배를 타고 바닷가에서 물고기를 잡고 있었다. 이때 갑자기 탑 하나가 배를 따라오는 것을 보았는데 그 그림자를 보자 물속 고기들이 모두 흩어져 달아났다. 이에 어부는 고기를 한 마리도 잡지 못해 분한 마음을 참지 못하여 그림자를 따라서 가보니 이 탑이었다. 이에 도끼로 탑을 깨부수고 갔는데, 지금 이 탑의 네 귀퉁이가 모두 떨어진 것은 그 때문이다."

나는 이 말을 듣고 놀라서 탄식해 가지 않았다. 하지만 탑의 위치가 약간 동쪽으로 당겨져서 중앙에 있지 않음을 이상하게 여겨 현판을 보았는데, 그곳엔 이렇게 쓰여 있었다.

"비구比丘 처현處玄이 일찍이 이 절에 있으면서 탑을 뜰 중앙으로 옮겼다. 그 후 20년 동안 잠잠히 아무런 영험이 나타나지 않았다. 일자日者가 터를 구하려고 이곳에 왔다가

탄식하기를, '뜰 중앙에는 탑을 세울 곳이 아닌데, 어찌하여 동쪽으로 옮기지 않는가?' 했다. 이에 여러 중들이 깨닫고 옛 자리로 옮겼는데, 지금 서 있는 바로 그곳이다."

　나는 괴이한 것을 좋아하지 않지만 부처의 위신威神이 그 자취를 나타내어 만물을 이롭게 하는 것이 바른 것을 보고 어찌 불자가 된 사람으로서 잠자코 말하지 않을 수 있으랴? 정풍正豊 원년 병자丙子 10월 일에백운자白雲子가 기록한다.

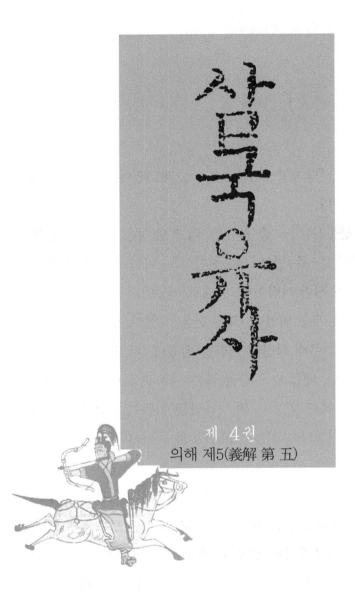

삼국유사

제 4권
의해 제5(義解 第 五)

원광圓光의 서학西學

『당속고승전唐續高僧傳』 제13권에 보면, 이러하다.

신라 황룡사皇隆寺 중 원광圓光의 속세 성은 박朴씨이다. 원래 삼한三韓, 즉 변한卞韓·진한辰韓·마한馬韓에서 살았기 때문에 곧 진한 사람이다. 대대로 해동에서 살아 조상의 풍습을 멀리 계승 되었다. 그는 현유玄儒를 두루 공부하고 자사子史도 연구해 삼한에 이름을 떨쳤다. 더 많은 공부를 위해 25살 때, 배를 타고 중국 금릉金陵으로 들어갔다. 당시는 진陳나라 때로 문명文明의 나라라는 이름이 있었다. 거기에서 전에 의심나던 일을 묻고 도道를 들어서 그 뜻을 깨달았다.

처음에는 장엄莊嚴 민공旻公의 제자의 강의를 들었다. 그에게 불교의 뜻을 듣고 보니 지금까지 읽었던 모든 것들이 마치 썩은 지푸라기와 같았다. 명교名敎를 헛되이 찾은 것이 생애에 있어 실로 두려운 일이었다. 이에 진陳나라 임금에게 글을 올려 도법道法에 돌아갈 것을 청하니, 칙령으로 허락했다. 그리하여 처음 중이 되어 계戒를 갖추어 받고 강의하는 곳을 두루 찾아다니며 좋은 도리를 모두 배우고 미묘

微妙한 말을 터득해 세월을 헛되이 보내지 않았다.

　그러한 까닭에 『성실成實』의 열반을 얻어 마음에 간직하고 삼장三藏과 석론釋論을 두루 연구해 찾았다. 끝으로 오吳나라 호구산虎丘山에 올라가 염정念定을 서로 따랐고, 각관覺觀을 잊지 않으니 중들이 구름처럼 임천林泉으로 모여들었다. 그리고 『사함四含』을 종합해 읽어 그 공효功效가 팔정八定에 흘러 명선明善까지 쉽게 익혔고, 더불어 통직筒直에도 어긋나지 않았다. 이에 그는 이곳에서 일생을 마치려고 밖의 사람들과 인연을 끊고 성인의 발자취를 따라 유람하면서 자신의 생각을 청소靑소에 두고 속세와 하직했다. 이때 한 신의가 있는 사람이 있어 살고 있었는데, 원광에게 나와 강의를 청하자 굳이 사양하고 허락하지 않았다. 그러나 끝내 맞아 가려 하므로 그 뜻을 따라 처음에는 『성실론成實論』을, 끝에는 『반야경般若經』을 강의했는데 해석이 뛰어나고 통철하여 가문을 전해 옮기며 여러가지 듣는 이가 매우 기뻐하여 마음에 흡족했다. 이로부터 예전의 법에 따라 남을 인도하고 교화하는 것을 임무로 삼으니 법륜이 한번 움직일 때마다 세상 사람들을 불법으로 기울어 지게 하였다.

　이는 비록 타국에서는 통전通傳이라고 하나 도에 젖어 싫어하고 꺼리는 것이 없으므로 명망이 널리 퍼져서 중국 남방 영표嶺表까지 전해졌다. 이때는 수隋나라 문제文帝가 천하를 다스린 시기로 그위엄이 남쪽 나라까지 미쳤다. 진陳나라의 운명이 다해 수나라 군사가 양도揚都까지 들어가자,

원광은 마침내 난병들에게 잡혀 장차 죽음을 당하게 되었다. 이때 수나라 대장은 절과 탑이 불타는 것을 보고 달려가 구하려고 했으나 불타는 모습은 이내 없어지고 다만 원광만 탑 앞에 결박되어 죽음을 기다리고 있었다. 대장은 이상한 것을 보고 기이하게 여겨 즉시 결박을 풀어 놓아 주었다. 그 위태로운 때를 당하여 영험을 나타냄이 이와 같았다.

원광은 학문이 오월吳越을 통달했으므로 중국 북쪽 지방인 주周나라와 진秦나라의 문화를 알기위해 개황開皇 9년에 수나라 서울에 유학했다. 이후 그는 문언을 받들어 간직해 미서微緖를 떨치고 또 혜해를 달려이름이 중국 서울에까지 퍼졌다. 공업이 이뤄지자 신라로 돌아가 전파하겠다는 맘을 먹었다.

본국 신라에서는 멀리 이 소식을 듣고 수나라 임금에게 아뢰어 돌려보내달라고 장주청했다. 수나라 임금은 칙명으로 그를 후하게 대접하여 신라로 돌려보냈다. 원광이여러 해만에 돌아오자 모든 사람들이 기뻐하고 신라 왕 김金씨는 그를 만나보고 공경하면서 성인처럼 우러렀다. (중략)

신라 건복建福 58년에 원광은 몸의 불편함을 느끼더니 7일이 지나 계誡를 남기고 황룡사皇隆寺에서 단정하게 앉아서 세상을 마치니 나이는 99세, 당나라 정관貞觀 4년이다.(중략)

그의 제자 원안圓安은 지혜롭고 매우 총명하였다. 천성이 유람을 좋아해 도道를 구하면서 스승을 사모했다. 그는 북쪽 구도九都로 갔고, 동쪽 불내不耐를 보고, 서쪽과 북쪽 중국인 연燕나라와 위魏나라로 갔고, 뒤에는 장안長安까지 갔다. 이렇게 각 지방의 풍속을 자세하게 통달하고 다양한 경론을 구해 중요한 줄거리를 널리 익히고 자세한 뜻도 밝게 알았다. 처음 장안의 절에 있을 때 도가 높다는 소문이 퍼지자 특진特進 소우蕭瑀가 임금에게 청해 남전藍田 땅에 지은 진량사津梁寺에 살게 했는데, 사사四事의 공급이 온종일 변함이 없었다.

원안이 일찍이 원광의 일을 기록했는데 이렇게 말했다.

"본국 임금께서 병이 들었는데, 의원이 치료해도 차도가 없었다. 이에 원광을 궁중으로 초청해 별성別省에 머물게 하면서 매일 밤 두시간씩 깊은 법을 말하여 참회의 계戒를 받으니 왕이 크게 신봉했다. 어느 날 초저녁에 왕이 원광의 머리를 보았는데, 금빛 찬란한 일륜日輪의 상이 그의 몸을 따라다녔다. 이때 왕후와 궁녀들도 모두 이것을 보았다. 이에 승심勝心을 내어 원광을 병실에 머물러 있게 하니 오래지 않아 병이 나았다. 원광은 진한과 마한에 정법正法을 널리 펴고 해마다 두번씩 강론해 후학을 양성했다. 또 보시로 받은 재물은 모두 절을 건설하는데 사용했는데, 그에게 남은 재산은 오직 가사袈裟와 바리때뿐이었다." (중략)

진평왕眞平王 22년 경신庚申에 법사는 중국에 왔던 조빙사朝聘使를 따라 본국으로 귀국했다.(『삼국사三國史』에는 다음

해 신유년辛酉年에 왔다고 되어 있다.) 법사는 신에게 감사

드리기 위해 전에 살던 삼기산三岐山의 절을 찾아갔다. 밤중

에 신이 역시 와서 법사의 이름을 부르면서,

"바다와 육지의 먼 길을 어떻게 왕복했소?"

하고 묻자 법사는,

"신의 큰 은혜로 편안하게 다녀왔습니다."

라고 했다. 그러자 신이,

"내가 또한 그대에게 계戒를 드리겠소."

하며 생생상제生生相濟의 약속을 맺었다.

이때 법사가 청하였다.

"신의 참 얼굴을 볼 수 있습니까?"

신이 말하기를,

"법사가 만약 내 모양을 보고자 한다며는, 내일 아침 동쪽

하늘가를 보시오."

했다.

법사가 이튿날 아침에 동쪽 하늘을 바라보니 큰 팔뚝이 구

름을 뚫고 하늘끝에 닿아 있었다. 그날 밤 신이 또 와서 말

하기를,

"법사는 내 팔뚝을 보았소?"

라고 물었다. 이에 법사가 대답하기를,

"보았지만 기이하고 이상했습니다."

하였다. (이로 말미암아 속칭 비장산臂長山이라 하였다.)

법사가 처음 중국에서 돌아와 임금과 신하들이 스승으로

삼으니 법사는 매일 대승경전大乘經典을 강의했다. 이때 고구려와 백제의 변방침범이 잦았다. 이에 왕은 수隋나라(마땅히 당나라라고 해야 맞다)에 군사를 청하고자 법사에게 걸병표乞兵表를 짓게 했다. 수나라 황제가 그 글을 보고 선뜻 30만 대군을 내어 친히 고구려를 공격했다. 이로써 법사가 유술儒術까지 두루 통달한 것을 세상사람들이 알았다. 알려졌다. 법사는 나이 84살에 세상을 떠나니 명활성明活城 서쪽에 장사를 지냈다.

또 『삼국사三國史』 열전에 이렇게 말했다. 어진 선비 귀산貴山은 사량부沙梁部 사람인데, 마을 사람 추항추項과 친구가 되어 서로 말하길,

"우리가 사군자士君子들과 사귀기 위해서는 먼저 마음을 바르게 하여 처신하지 않으면 반드시 욕을 당하는 것을 면치못 할 것이다. 그러니, 어진 사람을 찾아가 도를 묻지 않겠는다 ."

했다.

이때 원광법사가 수나라에서 돌아와 가슬갑嘉瑟岬에 살고 있다는 말을 듣고 두 사람은 그를 찾아가 말하기를,

"저희들 속사俗士는 어리석어 아는 것이 없습니다. 청컨대 한 말씀만 해주시면 평생 동안 따르겠습니다."

했다. 가슬갑은 가서加西 혹은 가서嘉栖라고 하는데, 모두 방언이다. 갑岬은 속언으로 고시古尸라고 하기 때문에 고시사古尸寺라고 하니 갑사岬寺라는 것과 같다. 지금 운문사雲門

寺 동쪽 9,000보쯤 떨어진 곳에 가서현加西峴이 있는데, 혹
은 가슬현嘉瑟峴으로도 부른다. 고개 북쪽 골짜기에 있는 절
터가 바로 이곳이다.)

원광이 말했다.

"불교에는 보살계菩薩戒가 있는데, 그 조항이 10항목이다.
너희는 이미 남의 신하와 자식 된 몸이기에 감당할 수 없을
어려움인 것이다. 지금 세속적인 오계가 있으니, 첫째는 임
금을 충성으로 섬기는 것이고, 둘째는 부모를 효도로 섬기
는 것이고, 셋째는 벗을 신의로 사귀는 것이고, 넷째 싸움
에 임해서는 물러서지 않는 것이고, 다섯째는 살아 있는 물
건을 죽일 때는 가려서 하는 것이다. 너희들은 이것을 실행
함에 소홀히 하지 말아라."

귀산 등이 말했다.

"다른 것은 모두 알겠는데, 말씀하신바 '살아있는 물건을
죽일 때는 가려서 한다'는 말은 아직 이해할 수 없습니다."

이에 원광이 말하길,

"6재일齋日과 봄여름에는 죽이지 않는 것이니, 이것은 시
것이다. 즉 말, 소, 개 등 가죽을 죽이지 않고, 고기가 한 점
도 되지 않는 세물細物 역시 죽이지 않는 것이니 이것은 사
물 선택을 가리는 것이다. 또한 죽일 수 있는 것도 쓸 만큼
만 하고 많이 죽이지 말라는 것이다. 이것이 바로 세속의
좋은 경계인 것이다."

했다.

이 말을 들은 귀산 등이 말했다.

"지금부터 이 말을 받들어 실천해 감히 어기지 않겠습니다."

그 후 두 사람은 전쟁에 나가 모두 큰 공을 세웠다. 또 건복建福 30년 계유癸酉 가을하니 수나라 사신 왕세의王世儀가 오자 황룡사黃龍寺에서 백좌도량百座道場을 열고 여러 고승들을 초청해 불경을 강의하니, 원광이 제일 윗자리에 있었다.(중략)

찬하여 말한다.

바다 건너 한漢나라 땅 처음으로 밟고,
몇 사람이나 오가면서 밝은 덕을 배웠던가?
옛날의 자취는 오직 푸른 산만이 남았건만,
금곡金谷과 가서嘉西의 일은 들을 수 있네.

보양이목寶壤梨木

『보양전寶壤傳』에는 승려 보양寶壤의 대한 향리와 씨족은 실려 있지 않으나 청도군청淸道郡廳의 문적을 상고해 보면 이렇다.

"천복天福 8년 계유癸酉 정월 일에 청도군 계리界里 심사審使 순영順英 대내말수문大乃末水文 등의 주첩柱貼 문공文公에 보면 운문산선원雲門山禪院 장생長生은 남쪽은 아니점阿尼岾이고, 동쪽은 가서현嘉西峴이라고 했다. 절의 삼강三剛 전주인典主人은 보양화상寶壤和尙이고, 원주院主는 현회장로玄會長老이고, 정좌貞座는 현량상좌玄兩上座이고, 직세直歲는 신원선사信元禪師이다."

또 개운開運 3년 병진丙辰 때의 운문산선원雲門山禪院 장생표탑長生標塔에 관계되는 공문 한 통에,

"장생長生은 11개로 아니점阿尼岾·가서현嘉西峴·무현畝峴·서북매현西北買峴·북저족문北豬足門 등이다."

라고 했다.

또 경인년庚寅年 진양부첩晉陽府貼을 보면

"오도안찰사五道按察使가 각 도의 선종禪宗과 교종敎宗의 사원이 처음 세워진 연월年月과 그 모양을 상세하게 조사해

장부로 만들 때, 차사원差使員 동경장서기東京掌書記 이선이
자세하게 조사해서 기록했다."

라고 했다.

정풍正豊 6년 신사辛巳 9월의 『군중고적비보기郡中古籍裨補
記』에 의하면, 청도군 전부호장前副戶長 어모부위禦侮副尉 이
칙정李則禎의 집에 보관된 옛 사람들의 소식과 우리말로 전
해오는 책에 치사致仕한 상호장上戶長 김양신金亮辛, 치사致
仕한 호장上戶 민육旻育, 호장동정戶長同正 윤응尹應, 전기인
前其人 진기珍奇 등과 당시 상호장 용성用成 등의 말이 적혀
있다. 그때 태수 이사로李思老와 호장 김양신은 89세였고,
나머지 사람들도 70세 이상이었다. 다만 용성만이 60세 이
상이었다. 신라 시대 이래로 청도군의 절과 작갑사鵲岬寺와
그밖에 크고 작은 사원인 삼한란망간三韓亂亡間 대작갑大鵲
岬·소작갑小鵲岬·소보갑所寶岬·천문갑天門岬·가서갑嘉西
岬 등 다섯 갑사岬寺 모두가 후삼한後三韓의 난리에 없어져
다섯 갑사의 기둥들을 모아 대작갑사大鵲岬寺에 모아 두었
다.

조사祖師 지식知識이 윗글에서 보양寶壤이라 했다 중국에
서 불법을 전해받아 돌아오던 중 서해에 이르렀는데 용이
나타나 그를 용궁으로 데려가 불경을 외게 하고는 금빛 비
단 가사 한 벌을 주고, 이와 함께 아들 이목璃目을 그에게
주면서 모시게 했다. 그러면서 용왕이 부탁하기를,

"지금 삼국三國이 시끄럽기 때문에 불법에 귀의하는 군주

가 없지만 만약 내 아들과 함께 본국으로 돌아가 작갑鵲岬에 절을 가히 짓고 살면 가히 적병을 피할 수 있을 것이오. 또 몇 해 지나지 않아 불법을 보호하는 임금이 나와서 삼국을 평정할 것이오."

하는 말을 마치고 서로 작별하고 돌아와 이 골짜기에 도착했을 때, 갑자기 늙은 중이 나타나 자칭 원광圓光이라 하면서 도장이 든 궤를 조사에게 주고 사라졌다.(중략)

이에 보양법사寶壤法師는 장차 허물어진 절을 일으키기 위해 북쪽 고개로 올라가 바라보니, 뜰에 5층의 누런 탑이 있었다. 그런데 내려가서 찾아보면 탑이 보이지 않으므로 다시 올라가 바라보니, 까치 한 마리가 땅을 쪼고 있었다. 법사는 언뜻 해룡海龍이 작갑鵲岬이라는 말이 생각나서 그곳을 찾아 파 보니 과연 옛날 벽돌이 수없이 있었다. 이것을 모아 탑을 쌓으니 남은 벽돌이 하나도 없으므로 이곳이 전대前代의 절터임을 알았다. 이곳에 절을 세우고 사면서, 절 이름을 작갑사鵲岬寺라고 했다. 얼마 후 고려 태조가 삼국을 통일하고, 보양법사가 이곳에 절을 짓고 기거한다는 말에 다섯 갑岬의 밭 500결結을 합하여 이 절에 바쳤다. 또 청태淸泰 4년 정유丁酉에 절 이름을 내려 운문선사雲門禪寺라 하였고, 가사袈裟의 신령스러운 음덕陰德을 받들게 했다. 이때 이목璃目은 항상 절 곁의 작은 못에 살면서 법화法化를 음으로 돕고 있었다.

그러던 어느 해, 모진 가뭄으로 밭의 채소가 모두 타고 마르므로, 이목을 시켜 비를 내리게 했다. 이에 천제가 그를 죽이려고 하자, 이목은 보양법사에게 위급함을 고하니 법사가 침상 밑에 숨겨 주었다. 이윽고 천사가 뜰로 내려와 이목을 내놓으라고 청하자 법사는 뜰 앞에 있는 배나무梨木를 가리켰다. 천사는 그곳에 벼락을 치고 하늘로 올라갔다. 배나무가 부러졌으므로 용이 쓰다듬으니 다시 살아났다. 그 나무는 근년에 와서 쓰러졌는데, 어떤 사람이 망치를 만들어 선법당善法堂과 식당에 안치하였다. 그 망치 자루에는 명銘이 있었다. (중략)

법사의 행장은 『고전古傳』에는 기록되어 있지 않고 다만 민간에서 이렇게 말한다.

"석굴사의 비허사備虛師와 형제가 되어 봉성奉聖·석굴·운문雲門 등과 서로 왕래했다."

후세 사람들은 『신라이전新羅異傳』을 고쳐 지으면서 작갑사鵲岬寺의 탑과 이목璃目의 사실을 원광圓光의 전기 속에 잘못 기록해 넣었다. 또 견성犬城의 사실을 비허사備虛師의 전기에 넣은 것도 잘못이고 더구나, 『해동승전海東僧傳』을 지은 자도 여기에 따라서 글을 윤색하고 보양寶壤의 전기가 없어 후세사람들에게 의심을 품게 하고 잘못 알게 하였으니 이 얼마나 무망誣妄한 짓인가.

양지사석良志使錫

승려 양지良志는 그 조상이나 고향에 대해서는 알지 못하고, 오직 신라 선덕왕宣德王 때의 자취만 있을 뿐이다. 석장錫杖 끝에 포대布帶를 걸어두면 그 지팡이가 저절로 날아 시주施主의 집에 가서 흔들면서 소리를 낸다. 그 집에서 이를 알고 재齋에 쓸 비용을 포대에 넣어준다. 포대가 가득 차면 날아서 돌아오는데, 이것 때문에 석장사錫杖寺라고 불렀다. 양지의 신기하고 기이하여 남이 헤아릴 수 없는 것이 모두 이와 같았다. 또, 여러가지 기계에도 통달하여 신묘함이 비길 데가 없었다. 또 필찰筆札에도 능해 영묘사靈廟寺 장육삼존상丈六三尊像, 천왕상天王像, 전탑殿塔 기와, 천왕사天王寺 탑 밑 팔부신장八部神將, 법림사法林寺 주불삼존, 좌우 금강신金剛神 등은 모두 그가 만든 것이다. 영묘사靈廟寺와 법림사法林寺의 현판을 썼고 또 일찍이 벽돌을 새겨서 작은 탑 하나를 만들고, 아울러 삼천불三千佛을 만들어 그 탑을 절 안에 모셔 놓고 공경했다. 그가 영묘사 장육상丈六像을 만들 때는 입정入定해서 정수正受의 태도로 주물러 만들었는데, 성안의 모든 남녀들이 다투어 진흙을 운반했다. 그때 사람들이 부른 풍요風謠는 이렇다.

왔도다, 왔도다, 왔도다.
왔도다. 인생은 서러워라.
서러워라 우리들은,
공덕을 닦으러 왔다네.

　지금도 시골 사람들이 방아를 찧을 때나 다른 일을 할 때
이 노래를 부르는데, 대체로 이때 시작된 것이다. 장육상丈
六像을 처음 만들 때 쓰인 비용은 곡식 2만 3,700석이었다.
혹은 이 비용이 금빛을 칠할 때 쓰인 것이라고도 한다.

　찬하여 말한다.

　재齋가 파하여 법당 앞 석장錫杖은 한가한데,
　향로에 손질하고 혼자서 단향檀香 피우네.
　남은 불경 다 읽자 더는 할 일 없으니,
　소상塑像 만들어 합장하고 쳐다보네.

귀축제사歸竺諸師

광함廣函의 『구법고승전求法高僧傳』에 보면,

승려 아리나阿離那는 신라 사람이다.(아리나의 나那는 야耶로 쓰고, 발마跋摩의 마摩는 낭郎으로도 쓴다.) 처음 정교正敎를 구하기 위해 중국으로 갔는데, 성인의 발자취를 두루 찾아볼 마음이 간절했다. 이에 정관貞觀 연간에 당나라 서울인 장안長安을 떠나 오천五天으로 갔다. 나란타사那蘭陀寺에 머물면서 율장律藏과 논장論藏을 다독하고 패협貝莢에 베껴 썼다. 고국으로 돌아오고 싶은 마음이 있었지만, 뜻을 이루지 못하고 홀연히 그 절에서 세상을 떠나니 그의 나이 70여 세였다.

그의 뒤를 이어 혜업惠業 · 현태玄泰 · 구본求本 · 현각玄恪 · 혜륜惠輪 · 현유玄遊를 비롯해 이름을 알지 못하는 두 법사가 있었는데, 모두 자기 자신을 잊고 불법을 따라 관화觀化를 보기 위해 중천축中天竺에 갔었다. 그러나 혹은 중도에서 일찍 혹은 살아남아 그곳 절에 있는 이도 있으나 결국 계귀와 당나라에 돌아오지 못했다. 오직 현태 스님만 당나라에 돌아왔으나 역시 어디서 죽었는지 알 수가 없다.

천축국天竺國 사람들이 해동海東을 불러 이르기를,

"구구타예설라!"

하고 하는데, 구구타란 닭을 말하는 것이고, 예설라는 귀貴를 말한 것이다. 그곳에서 이렇게 서로 전하여 말했다.

"그 나라에서는 계신鷄神을 받들어 존경해 그 깃을 꽂아 장식한다."

찬하여 말한다.

천축天竺은 길이 멀어 만첩산萬疊山이라,
가련하구나, 힘써 올라가는 유사遊士들이여!
몇 번이나 저 달은 외로운 배를 떠나 보냈는가,
한 사람도 구름 따라 돌아오는 것 보지 못했네.

이혜동진二惠同塵

승려 혜숙惠宿이 화랑 호세랑好世郎의 무리에서 종적을 감추자, 호세랑은 황권黃卷에서 그의 이름을 지우니, 혜숙은 적선촌赤善村에서 은둔한 세월이 20여 년이 되었다. 그때 국선 구참공이 일찍이 적선촌 들에 가서 하루 동안 사냥을 하자 혜숙이 나타나 말고삐를 잡고 청하기를,

"용승庸僧이 따라가길 원하는데, 가능하겠습니까?"

하니, 공이 허락했다. 이에 그는 이리저리 뛰고 달려서 옷을 벗어부치고 서로 앞다누니 공이 기뻐했다.

앉아 쉬면서 피로를 풀고 고기를 굽고 삶아 서로 먹기를 권하는데 혜숙도 같이 먹으면서 조금도 미워하는 기색이 없었다. 이윽고 혜숙이 공 앞으로 나아가 말하기를,

"지금 맛있고 싱싱한 고기가 여기 있는데, 좀 더 드시는 것이 어떠합니까?"

하자 공이 좋다고 했다. 혜숙이 주위 사람들을 물리고 자신의 다리 살을 베어 소반엥 올려 바치니, 옷에 붉은 피가 뚝뚝 흘렀다. 공이 깜짝 놀라 말하기를,

"어찌하여 이런 짓을 하느냐?"

하니, 혜숙이 말했다.

"처음 생각건대, 공이 어진 사람이므로 능히 자기 몸을 미루어 물건에까지 미치라라 여겨 따라왔던 것입니다. 그런데 지금 공이 좋아하는 것을 살펴보니, 오로지 죽이는 것만 즐겨서 짐승을 죽여 자신의 몸만 위할 뿐이니 어찌 어진 사람이나 군자가 할 일이 일이겠습니까. 이는 우리의 무리가 아닙니다."

그리고는 마침내 옷을 부리치고 가버렸다. 공이 매우 부끄러워 하며 그가 먹던 것을 보았는데, 소반 위의 고기가 하나도 없어지지 않았다.

공이 심히 이상히 여겨 돌아와 조정에 아뢰니, 진평왕眞平王이 듣고 사자를 보내 그를 맞아오게 했다. 중사中使는 혜숙이 여자의 침상에 누워 자는 모습을 보고, 더럽다고 여겨 그대로 7~8리쯤 돌아갔다. 그런데 도중에 혜숙을 만났다. 사자가 그에게 오냐고 묻자, 혜숙이,

"성 안에 있는 시주 집에서 7일재七日齋를 마치고 오는 길이오."

라고 했다. 중사가 이 말을 왕에게 아뢰자 왕은 또 사람을 보내 그 시주 집을 조사해 보니 과연 사실이었다. 얼마 후 혜숙이 갑자기 죽어 마을 사람들이 이현耳峴 동쪽에 장사 지냈다. 그때 마을 사람으로서 이현 서쪽에서 오는 이가 있었다. 그는 도중에 혜숙을 만나 어디로 가느냐고 물으니 대답하기를,

"이곳에 오래 살았으니 다른 지방으로 유람하려 한다."

하여 서로 이별하였는데 반 리半里쯤 가다가 구름을 타고 가버렸다. 그가 고개 동쪽에 이르러 장사 지내던 사람들이 아직 흩어지지 않고 있는 것을 보고 그 까닭을 이야기하고 무덤을 파 보니, 그곳엔 오직 짚신 한 짝만 있을 뿐이다. 지금 안강현安康縣 북쪽에 혜숙사惠宿寺라는 절이 있으니 곧 그가 살던 곳이며 부도浮圖도 있다.

승려 혜공惠空은 천진공天眞公 집에서 품팔이하던 노파의 아들로, 어릴 때 이름은 우조憂助였다. 천진공이 종기를 앓아 거의 죽게 되었을 때, 문병하는 사람이 거리를 메웠다. 이랬다. 이때 7살 된 우조가 어머니에게 말하기를,

"집에 무슨 일이 있어, 손님들이 이렇게 많습니까?"

하니 그의 어머니가,

"가공家公이 나쁜 병이 들어 장차 죽게 되었는데, 너는 어째서 알지 못하느냐?"

하고 하자, 우조가 말했다.

"그렇다면 제가 그 병을 고치겠습니다."

어머니가 그 말을 이상히 여겨 공에게 알리자, 공이 우조를 불렀다. 우조는 침상 밑으로 들어가 앉아서 한마디 말도 없었는데, 얼마 후 공의 종기가 터졌다. 공은 이것이 우연한 일이라며 별로 신경을 쓰지 않았다.

그가 성장하자 공을 위해 매를 길렀는데, 이 일은 공의 마음을 흡족케 하였다. 처음 공의 아우로서 벼슬을 얻어 지방

으로 부임하는 이가 있었는데, 공이 골라준 좋은 매를 얻어 가지고 임지로 떠났다. 어느 날 밤, 공이 갑자기 그 매가 생각나 다음 날 새벽에 우조를 시켜 그 매를 가져오게 하려 했다. 우조는 이것을 미리 알고 매를 가져와 새벽녘에 바쳤다. 공이 크게 놀라 깨닫고, 그제야 전일에 종기를 고친 일이 모두 측량하기 어려운 일임을 알고 일러 말하기를

"나는 지극한 성인이 내 집에 있는 것도 알지 못하고 미친 말과 예의에 벗어난 행동으로 욕을 보였으니 그 죄를 어찌 씻을 수 있겠습니까? 이제부터는 부디 도사가 되어 나를 인도해 주십시오."

하고 내려가 절을 했다. 우조는 이미 신령스럽고 이상한 것이 나타났기 때문에 마침내 승려가 되어 이름을 바꾸어 혜공惠空이라 했다.

그는 항상 작은 절에 살면서 매양 미친듯이 크게 술에 취해 삼태기를 지고 미친 듯이 거리를 쏘다니면서 노래하고 춤을 추니 사람들은 그를 부궤화상이라고 했으며, 또 그가 있는 절을 부개사夫蓋寺라고 했는데 이말은 우리말로 삼태기이다. 매양 절 우물에 들어가면 몇 달씩 나오지 않으므로 그의 이름을 따서 우물 이름을 지었다. 우물에서 나올때면 항상 푸른 옷을 입은 신동神童이 먼저 솟아 나오므로 절의 승려들은 이것으로 그가 나온다는 것을 알았고 우물에서 나와도 옷이 젖지 않았다, 만년에는 항사사에가서 머물렀다. 원효元曉가 다양한 불경 소疏를 찬술하고 있었는데, 항

상 혜공에게 가서 물었다고 한다.(항사사는 현재 영일현迎
日縣에 있는 오어사吾魚寺인데, 세상 사람들은 항하사恒河沙
처럼 많은 사람이 출세했다 하여 항사동恒沙洞이라 한다고
했다. 어느 날 혜공과 원효가 시내를 따라 가며 물고기와
새우를 잡아먹고 돌 위에 대변을 보았다. 혜공이 원효를 가
리키면서 희롱하기를,

"그대의 똥은 내가 잡은 물고기일 게요."

했다. 이 일로 이 절 이름을 오어사吾魚寺라 했다. 어떤 사
람은 이것을 원효가 한 말이라고 하지만 이것은 잘못이다.
세상에서는 그 시내를 모의천芼矣川이라고 하는데 이 또한
잘못이다.

구참공이 어느 날 산에 놀러 갔다가 산길에 쓰러져 숨진
혜공을 보았다. 그 시체가 썩어 구더기가 생긴 것을 보고
보고 오래 탄식하고는 말고삐를 돌려 성으로 돌아왔는데
혜공은 술에 몹시 취해 시장에서 노래하고 춤추고 있는 것
을 보았다. 또 하루는 혜공이 풀로 새끼를 꼬아 영묘사靈廟
寺에 들어가 금당金堂과 좌우의 경루經樓와 남문南門의 낭무
를 묶어 놓고 강사에게 말하기를,

"이 새끼를 3일 후에 풀어라."

고 했다. 강사가 그의 말에 따랐는데, 라면 3일 만에 선덕
왕宣德王이 행차하여 절에 왔는데, 지귀志鬼의 심화心火가 나
와서는 그 탑이 불태웠지만, 오직 새끼로 맨 곳만은 화재를
면할 수 있었다.

또 신인神印의 조사祖師 명랑明朗이 새로 금강사金剛寺를 세우고 낙성회落成會를 열었는데 고승들이 모두 참석했지만 오직 혜공만은 오지 않았다. 이에 명랑이 향을 피우고 정성껏 기원하자 잠시 후에 혜공이 왔다. 이때 큰 비가 내리고 있었는데 공의 옷은 젖지 않았으며 발에 진흙도 묻지 않았다. 혜공이 명랑에게 말했다.

"그대가 은근히 초청했기에 왔소."

이와 같이 그에게는 신령스런 자취가 자못 많았다. 죽을 때는 공중에 떠서 죽었는데, 사리는 그 수를 셀 수 없을 정도로 많았다. 그는 일찍이 『조론肇論』을 보고 말하기를,

"이것은 내가 옛날에 지은 글이다."

하였으니 이로써 혜공이 승조僧肇의 후신後身임을 알겠다.

찬하여 말한다.

풀밭에서 사냥하고, 침상 위에 누웠으며,
술집에서 미친 노래 우물 속에서 잠잤네.
척리雙履와 부공浮空은 어디로 갔는가?
한 쌍의 보배로운 화중련火中蓮이로세.

자장정률慈藏定律

대덕大德 자장慈藏의 성은 김金씨로 원래 진한辰韓의 진골眞骨 소판蘇判 무림茂林의 아들이다. 그의 아버지는 요직을 지냈으나 뒤를 이을 아들이 없어서 천부관음千部觀音에게 아들을 하나 낳기를 바라고 빌기를,

"만약 아들을 낳으면 그 아이를 내놓아 법해法海의 진량津梁으로 삼겠습니다."

했다. 갑자기 그의 어머니의 꿈에 별 하나가 품 안으로 떨어져 들어오더니 그로부터 태기가 있어 아들을 낳았는데, 석존釋尊과 같은 날이었기 때문에 선종랑善宗郎으로 이름을 지었다. 그는 정신과 뜻이 맑고 슬기로웠고 문사가 날로 풍부해지고 속세의 취미에 물들지 않았다. 어릴 때 부모를 여의고 속세의 시끄러움을 싫어해 처자식을 버리고 자신의 전원을 내어 원녕사元寧寺로 삼았다. 혼자 그윽하고 험한 곳에 기거하면서 이리나 범도 피하지 않았다.

고골관枯骨觀을 닦는데 피곤하면 작은 집을 지어 가시덤불로 둘러막고, 그 속에 발가벗고 앉아 조금만 움직여도 몸이 가시에 찔리도록 했고, 머리는 들보에 매달아 어두운 정신을 없앴다.

때마침 조정의 재상 자리가 비어 자장이 문벌 때문에 물망에 올라 여러 번 불렀으나 나가지 않으니, 왕이 칙명을 내렸다.

"만약 나오지 않으면 참수하겠다."

자장이 듣고 말했다.

"내가 하루 동안 계율戒律을 지키다가 죽을지언정, 100년 동안 계율을 어기며 사는 것을 원치 않는다"

이 말을 들은 왕은 그가 중이 되는 것을 승낙했다. 자장이 바위 사이에 깊이 숨어 기거하니, 양식 한 알 돌봐주는 사람이 없었다. 이때 이상한 새가 과일을 물어다 바치므로 이것을 손으로 받아서 먹었더니 이윽고 꿈에 천인이 나타나 오계五戒를 주었다. 자장이 골짜기에서 나오니, 향과 읍의 남녀들이 앞다투어 계戒를 받았다.

자장은 변방 나라에 태어난 것을 탄식하고 중국으로 들어가 대화大化를 구했다. 인평仁平 3년 병신丙申에 왕명으로 제자 실實 등 승려 10여 명과 함께 서쪽 당나라로 들어가 청량산淸涼山에서 성인을 뵈었다.

이 산에는 만수대성曼殊大聖의 소상塑像이 있는데, 그 나라 사람들이 서로 전하여 말했다.

"제석천帝釋天이 공인을 데려와서 조각한 것이다."

자장은 소상 앞에서 기도하고 명상하니 꿈애 소상이 나타나 그의 이마를 만지면서 범어로 된 게偈를 주었다. 꿈에서 깨어 생각하니 알 수가 없었는데 이튿날 아침 이상한 중이

와서 이것을 해석해 주고 또 이르기를,

"비록 만 가지 가르침을 배운다 해도 이보다 더 나은 것은 없다."

하고 가사袈裟와 사리舍利 등을 주고 사라졌다.

자장은 자기가 이미 성별을 받았음을 알고 북대北臺에서 내려와 태화지太和池를 거쳐 당나라 서울로 들어가니 태종太宗이 칙사를 보내 그를 위무하고 승광별원勝光別院에 기거하도록 했다. 태종의 은총과 하사품이 많았지만, 자장은 번거로움이 싫어 표문表文을 올리고 종남산終南山 운제사雲際寺 동쪽 절벽 바위 위에 나무를 걸쳐 방을 만들고, 3년 동안 기거하면서 사람과 신들의 계를 받아 날로 영험해졌다. 이윽고 다시 서울로 들어오자 황제가 또 칙사를 보내 비단 200필을 내려 의복 비용으로 사용하게 했다.

정관貞觀 17년 계유癸酉에 신라 선덕왕宣德王이 표문을 올려 자장을 돌려보내주기를 청하니 태종은 허락하면서 그를 궁중으로 불러 비단 1령領과 잡채雜綵 500필을 내려주고 많은 예물도 주었다. 이와 함께 동궁 역시 비단 200필을 하사했다. 자장은 본국에 아직 불경과 불상이 없었기 때문에 대장경大藏經 1부部와 번당幡幢과 화개花蓋 등 복리가 될 만한 것을 청하여 모두 싣고 왔다.

그가 본국으로 돌아오자 온 나라가 그를 환영했고, 왕은 그를 분황사芬皇寺에 머물게 했는데, 물건과 시위侍衛는 조밀하고 넉넉했다. 어느 해 여름, 왕의 요청으로 궁궐에서

『대승론大乘論』을 강의하게 하고, 황룡사黃龍寺에서 보살계본菩薩戒本을 7일 밤낮 동안 강연하게 하니 하늘에서 단비가 내리고 구름과 안개가 자욱하게 끼어 강달을 덮었다. 이에 모든 사람들이 그의 신기함에 감복했다. 이에 조정에서 의논하기를,

"불교가 동방으로 전파된 지 오랜 세월이 지났지만, 주지를 수봉修奉하는 규범이 없으니 이것을 통괄해 다스리지 않으면 바로잡을 수가 없다."

하고 자장을 대국통大國統으로 삼아 승려에 관한 모든 규범을 승통僧統에게 위임하여 주장하게 했다. (중략)

그는 우리나라의 복장服章이 제하諸夏와 같지 않다며 조정에 건의하자 허락되었다.

이에 진덕왕眞德王 3년 기유己酉부터 처음 중국의관을 입게 했고, 이듬해인 경술庚戌에는 정삭正朔을 받들어 비로소 영휘永徽 연호를 사용했다. 그 뒤부터 중국에 조근朝覲할 때마다 상번上蕃에 있었으니, 자장의 공이다.

만년晚年에는 서울을 떠나 지금의 명주溟州인 강릉군江陵郡에 수다사水多寺를 지어 그곳에서 살았다. 북대北臺에서 본 승려가 다시 꿈에 나타나 말하기를,

"내일 대송정大松汀에서 그대를 만날 것이다."

했다. 이에 자장이 놀라 일어나 일찍 송정松汀으로 갔는데, 과연 문수보살文殊菩薩이 감응해 와 있었다. 그에게 법요法要를 물으니 대답하기를,

"태백산太伯山 갈반지葛蟠地에서 다시 만나자."

하고 자취를 감췄다.

자장이 태백산으로 가서 찾아가 큰 구렁이가 나무 밑에 서리고 있는 것을 보고 시자에게 말하기를,

"이곳이 바로 이른바 갈반지이다."

했다. 그러고는 석남원石南院(지금의 정암사淨岩寺)을 세우고 대성을 기다렸다. 이때 남루한 도포의 늙은 거사居士 하나가 칡으로 만든 삼태기에 죽은 강아지를 담아 메고 와서 시자에게 말했다.

"자장을 보려왔다."

문인門人이 말했다.

"내가 건추를 받든 이래 우리 스승님의 이름을 함부로 부르는 사람을 보지 못했다. 너는 누구이기에 이처럼 미친 말을 하는 것이냐?"

거사가 말했다.

"너는 오직 네 스승에게 아뢰기만 하면 된다."

이에 시자가 들어가 고하자, 자장도 깨닫지 못하고 "분명 미친 사람일 것이다." 했다. 문인이 나가 말했다. 그를 꾸짖으면서 쫓으니 거사가 다시

"돌아가리라, 돌아가리라! 아상我相을 가진 자가 어찌 나를 볼 수 있겠느냐?"

말을 끝내고 삼태기를 거꾸로 들고 터니 강아지가 변하여 사자보좌獅子寶座로 되고, 그 위에 올라앉아 빛을 발고는 사

라졌다. 이 말을 듣고 자장이 그제서야 위의를 갖추고 빛을
쫓아 남쪽고개에 올라갔으나 이미 아득하여 따르지 못하고
드디어 몸을 던져 죽으니 화장하여 유골을 석혈石穴 안에
안치했다. (중략)

찬하여 말한다.

일찍이 청량산에 가서 꿈을 깨고 돌아오니,
칠편삼취七篇三聚가 한꺼번에 열렸네.
치소緇素의 옷을 부끄럽게 여기어
우리나라 의관을 중국과 같이 만들었네.

원효불기元曉不羈

성사聖師 원효元曉의 족성俗姓은 설薛씨이고, 아버지는 담날내말談捺乃末이다. 조부는 잉피공仍皮公 또는 적대공赤大公이라고도 한는데, 지금 적대연赤大淵 옆에 잉피공의 사당이 있다. 원효는 처음 압량군押梁郡 남쪽 지금의 장산군章山郡인 불지촌佛地村 북쪽 율곡栗谷의 사라수娑羅樹에서 태어났다. 그 마을 이름을 불지佛地 혹은 발지촌發智村이라고도 한다.(발지촌은 속언에 불등을촌이라 한다.) 사라수라는 것은 속언에 이렇게 말한다.

"스님의 집이 원래 이 골짜기 서남쪽에 있었다. 그 어머니가 만삭으로 마침내 골짜기의 밤나무 밑을 지나다가 나이를 낳았으므로 몹시 급하여 집에 돌아가지 못하고 남편의 옷을 나무에 걸고 그 속에서 지냈다하여 사라수라고 했다."

그 나무의 열매가 또한 이상하여 열매를 지금까지 사라율娑羅栗이라고 부른다.(중략)

그가 중이 되자 자신의 집을 희사해 절로 삼고 이름을 초개사初開寺라 했다. 또 사라수 곁에 절을 세워 사라사娑羅寺라고 했다. 스님의 행장에 이르기를 서울 사람이라고 했지만, 이것은 조부가 살던 곳을 말한 것으로, 『당승전唐僧傳』

에는 본래 하상주下湘州 사람이라고 했다.

상고하건대, 인덕麟德 2년 사이에 문무왕文武王은 상주上州와 하주下州의 땅을 나눠서 삽량주를 두었다. 하주는 지금의 창령군昌寧郡이고, 압량군押梁郡은 원래 하주의 속현屬縣이다. 상주는 지금의 상주尚州이며 상주湘州라고도 한다. 불지촌은 지금의 자인현慈仁縣에 속해 있으니 곧 압량군에서 나눠진 곳이다. 스님의 아명은 서당誓幢이고, 또 다른 이름은 신당新幢이다.

처음 어머니 꿈에 유성이 품속으로 들어오더니 이내 태기가 있었고, 장차 해산하려 할 때 오색 구름이 땅을 덮었으니, 진평왕眞平王 39년 대업大業 13년 정축丁丑의 일이었다. 그의 유방遊方의 시말始末과 불교를 널리 편 업적들은 『당승전唐僧傳』과 그의 행장에 자세하게 실려 있으므로 여기에 모두 싣지 않고 향전에 있는 한두 가지 이상한 일만을 기록한다. 그러나 향전鄕傳에는 한두 가지 이상한 일만 기록되어 있다. 어느 날 스님이 풍전風顚을 하여 거리에서 다음과 같이 노래를 불렀다.

그 누가 자루 없는 도끼를 나에게 빌리겠는가?
나는 하늘 떠받칠 기둥을 찍으리.

사람들이 이 노래의 뜻을 알지 못했는데, 이때 태종太宗이 이것을 듣고 말했다.

"이 스님은 필경 귀부인을 얻어 귀한 아들을 낳고자 하는구나 나라에 큰 현인이 있으면 이보다 더 좋은 일이 없을 것이다."

이때 지금의 학원學院인 요석궁瑤石宮에 과부 공주가 있었는데, 왕이 궁리宮吏에게 명해 원효를 데려가라 했다. 궁리가 명을 받들어 원효를 찾으니 그는 이미 그가 남산南山에서 내려와 문천교蚊川橋를 지나다가 그를 만났다. 그는 일부러 물에 빠져 옷을 적셨다. 궁리가 원효를 궁으로 데려가 옷을 말리고 그곳에 쉬게 했다. 공주에게 과연 태기가 있어 설총薛聰을 낳았다. (중략) 원효는 이미 파계해 총을 낳은 후로는 속인俗人이 되어 스스로 소성거사小姓居士라고 했다. (중략)

원효가 일찍이 분황사에 살면서 『화엄경소華嚴經疏』를 지었는데, 제4권 십회향품十迴向品에 이르러 마침내 붓을 멈췄다. (중략) 또한 바다 용의 권유로 노상에서 조서를 받아 『삼매경소三昧經疏』를 지었는데, 붓과 벼루를 소의 두 뿔 위에 놓았으므로 각승角乘이라고 했다. (중략) 그가 세상을 떠나며 아들 총이 유해를 부수어 소상塑像으로 진용을 만들어 분황사에 모시고, 종천終天의 뜻을 표했다. 설총이 그때 곁에서 예배하자 소상이 갑자기 돌아다보았는데, 지금까지 돌아다본 그 모습이다. 원효가 일찌기 살던 혈사穴寺 옆에 설총이 살던 집터가 있다고 한다.

찬하여 말한다.

각승角乘은 처음 『삼매경三昧境』의 축軸을 열었고,

무호舞壺는 마침내 만 거리 바람에 걸었네.

달 밝은 요석궁瑤石宮에 봄잠 깊더니,

문 닫힌 분황사에는 돌아다보는 소상만 쓸쓸하네.

의상전교義湘傳敎

　　법사 의상義湘의 아버지는 한신韓信이고 성姓은 김金씨인데, 29세에 서울 황복사皇福寺에서 승려가 되었다. 얼마 후 부처의 교화를 보려 원효와 함께 중국 요동遼東변방으로 갔는데. 이곳에서 변방 순라군에게 간첩으로 몰렸다가 수십 일 만에 겨우 풀려나 되돌아왔다.(이 사실은 최치원崔致遠이 지은 『의상본전義湘本傳』과 『원효대사元曉大師』의 행장行狀에 기록되어 있다.) 영휘永徽 초년에 당나라 사신이 배를 타고 본국으로 돌아가는 자가 있어 그와 함께 중국으로 들어갔다. 처음 양주揚州에 머물렀는데 주장州將 유지인劉至仁이 의상을 청해 관청에 머무르게 하면서 성대하게 대접했다. 그 후 종남산終南山 지상사至相寺로 가서 지엄智儼을 뵈었는데. 지엄은 그 전날 밤 꿈에, 큰 나무 하나가 해동에서 났는데, 가지와 잎이 널리 퍼져 중국에까지 와서 덮었고, 가지 위에는 봉황새의 집이 있는데, 올라가보니 마니보주摩尼寶珠 하나가 있어 그 광명이 먼 곳에까지 비쳤다. 꿈에서 깨어나 놀랍고 이상해 집을 깨끗하게 청소하고 기다렸는데, 때마침 의상이 오므로 특별한 예로 이고 조용히 의상에게 말했다.

"어젯밤 꿈은 그대가 내게 올 징조였습니다."(중략)

의봉儀鳳 원년에 의상은 태백산太伯山으로 돌아가 조정의 뜻을 받들어 부석사浮石寺를 세우고 대승大乘을 펴니 영험이 많이 나타났다. 종남문인終南門人 현수賢首가 『수현소搜玄疏』를 지어 부본副本을 의상에게 보내고 아울러 은근한 뜻이 담긴 편지를 올렸다. (중략)

의상은 이에 영을 내려 절 열 곳에서 불교를 전하니, 태백산 부석사, 원주原州 비마라사毗摩羅寺, 가야산伽倻山 해인사海印寺, 비슬산毗瑟山 옥천사玉泉寺, 금정산金井山 범어사梵魚寺, 남악南嶽 화엄사華嚴寺 등이 이것이다. 또 『법계도서인法界圖書印』과 『약소略疏』를 지어 일승一乘의 요점을 모두 기록해 천년의 본보기가 되게 했다. 『법계도法界圖』는 총장總章 원년 무진戊辰에 완성되었고 이해에 지엄智儼이 세상을 떠났으니, 이것은 마치 공자가 '기린을 잡았다'는 구절에서 붓을 끊은 것과 같이. 세상에서 전하는 말에 의상을 금산보개金山寶蓋의 화신化身이라고 하는데, 그의 제자에는 오진悟眞·지통智通·표훈表勳·진정眞定·진장眞藏·도융道融·양원良圓·상원相源·능인能仁·의적義寂 등 10명의 고승들이 영수領首가 되었다. 그들은 모두 아성亞聖들이며 각각 전기傳記가 있다

오진은 일찍이 하가산下柯山 골암사에 살면서 밤마다 팔을 뻗쳐 부석사 석등에 불을 켰다. 지통은 『추동기錐洞記』를 지었는데, 그는 친히 의상의 가르침을 받았으므로 묘한 말이

많다. 표훈은 일찍이 불국사佛國寺에 살았는데, 항상 천궁을 왕래했다. 의상이 황복사皇福寺에 있을 때, 여러 무리들과 함께 탑돌이를 했는데, 항상 층계를 밟지 않고 허공을 밟고 올라갔기 때문에 그 탑에는 사리를 넣지 않았다. 그 무리들 역시 층계에서 3척이나 떠서 허공을 밟고 돌았기 때문에 그 무리들에게, "세상 사람들이 이것을 보면 필히 괴이하다고 할 것이다. 그러니 그들에게는 가르치지 못한다."라고 했다. 이 나머지는 최치원崔致遠이 지은 『본전本傳』과 같다.

찬하여 말한다.

덤불을 헤치고 바다를 건너 연기와 티끌 무릅쓰니,
지상사至相寺 문이 열려 귀한 손님 접대했네.
화엄華嚴을 캐다가 고국에 심었으니,
종남산終南山과 태백산太伯山이 함께 봄을 맞네.

사복불언蛇福不言

서울 만선북리萬善北里에 살고 있는 과부가 남편 도 없이 잉태해 아이를 낳았다. 아이는 12세가 되어도 말을 못하고 일어나지도 못해 사동蛇童이라 불렸다. (사동은 아래에는 사복蛇卜이라고 하고, 사파蛇巴·사복蛇伏으로도 불렀지만 모두 사동蛇童을 말한다.) 어느 날 그의 어머니가 죽었는데 그때, 원효는 고선사高仙寺에 기거하고 있었다. 원효가 그를 보고 맞아 예를 했지만, 사복蛇福은 답례하지 않고 말하기를,

"그대와 내가 옛날에 경을 싣고 다니던 이제 죽었으니 나와 함께 장사 지내는 것이 어떠한가."

하자 원효가,

"좋다."

하고 함께 사복의 집으로 갔다. 여기서 사복은 원효에게 포살布薩시켜 계戒를 주게하니, 원효는 그 시체 앞에서 빌었다.

"세상에 나지 말 것이니, 그 죽는 것이 괴로우니라. 죽지 말 것이니 세상에 사는 것이 괴로우니라."

사복이 그 말이 번거롭다고 하니 원효가 고쳐 말했다.

"죽는 것도 사는 것도 모두 괴로우니라."

이에 두 사람은 상여를 메고 활리산活里山 동쪽 기슭으로 갔다. 원효가 말했다.

"지혜 있는 범을 지혜의 숲 속에 장사 지내는 것이 또한 마땅하지 않은가."

사복은 이에 게偈를 지어 말했다.

"옛날 석가모니부처님께서는 사라수娑羅樹 사이에서 열반涅槃하셨네. 지금 또한 그와 같은 이가 있어, 연화장蓮花藏 세계로 들어가려 하네."

말을 마치고 띠풀 줄기를 뽑으니, 그 밑에 명랑하고 청허淸虛한 세계가 있는데, 칠보七寶로 장식된 난간에 누각이 장엄하여 인간 세계가 아닌 듯 했다. 사복이 시체를 업고 그 속으로 들어가니 그 땅이 합쳐졌다. 후세 사람들은 그를 위해 금강산金剛山 동남쪽에 도양사道楊寺라는 절을 세우고 매년 3월 14일이면 점찰회占察會를 행하는 것을 상례常例로 삼았다. 사복이 세상에 영험을 나타낸 것은 오직 이것뿐이다. 그런데 민간에서는 황당한 얘기를 덧붙였으니 가소로운 일이다.

찬하여 말한다.

못 속에서 자는 용이 어찌 등한하리오,

세상 떠나면서 읊은 한 곡조 간단하구나.
고통스런 생사가 본디 고통이 아니니,
연화장에 떠도는 세계 넓기도 하여라.

진표전간眞表傳簡

승려 진표眞表는 지금의 전주목全州牧인 완산주 完山州 만경현萬頃縣 사람이다. 아버지는 진내말眞 乃末이고, 어머니는 길보랑吉寶娘이며, 성姓은 정井씨다. 12 세 때 금산사金山寺의 숭제법사崇濟法師 강석講席에 가서 중 이 되어 배우기를 청했다. 그 스승은 일찍이 말했다.

"나는 일찍 당나라로 들어가 선도삼장善道三藏에게 배운 후에 오대산五臺山으로 들어가 문수보살文殊菩薩의 현신에 게서 오계五戒를 받았다."

진표가 물었다.

"부지런히 수행하면 얼마나 되어야 계戒를 얻겠습니까?"

숭제崇濟가 말했다.

"정성이 지극하다면 1년을 넘지 않을 것이다."

이에 진표는 스승의 말을 듣고 명산을 두루 다니다가 중 선계산仙溪山 불사의암不思議庵에 기거하면서 삼업三業을 닦 아 망신참법亡身懺法으로 계戒를 얻었다. 처음에 7일 밤을 기약하고 오륜五輪을 돌에 두들겨 무릎과 팔뚝이 부서지고 바위 언덕에 까지 피가 흘렀다. 그래도 아무런 감응이 없어 서 몸을 버리기로 결심하고 또다시 7일을 더 기약해 14일이 되었을 때 마침내 지장보살地藏菩薩을 뵙고 정계淨戒를 받았으니, 이때가 개원開元 28년 경진庚辰 3월 15일 진시辰時로 그의 나이는 불과 23세였다. 그러나 그의 뜻이 자慈씨에게 있었기 때문에 감히 중단하지 않고 영산사靈山寺로 옮겨 또 처음처럼 부지런히 수행했다. 그러자 과연 미륵보살彌勒菩薩이 감흥해 나타나 『점찰경占察經』 2권과 증과證果의 간자簡子 189개를 주면서 일렀다.

"이 가운데 제8간자는 새로 얻은 묘계妙戒를 비유했고, 제9간자는 구족具足의 계戒를 얻은 것에 비유했다. 이 두 간자는 모두 내 손가락 뼈이고, 나머지는 모두 침향과 단향나무로 만든 것으로 번뇌에 비유한 것이다. 너는 이것으로써 세상에 법을 전해 남을 구제하는 뗏목으로 삼으라."

진표는 미륵보살의 기별을 받자 금산사金山寺에 가서 살면서 매년 단석壇席을 열어 법시法施를 널리 베풀었다.

풍교風敎의 법화法化가 두루 미치자 여러 곳을 다니던 중 아슬라주阿瑟羅州에 이르러 섬 사이의 물고기와 자라들이 다리를 놓고 물속으로 맞아들이므로 진표가 불법을 강의하니 물고기와 자라들이 계戒를 받았다. 그때가 천보天寶 11년 임진壬辰 2월 15일이었다. 어떤 책에는 원화元和 6년이라했는데 잘못이다. 원화元和는 헌덕왕憲德王 때이다.(이것은 성덕왕聖德王 때부터 거의 70년이 된다.) 경덕왕景德王은 이 말을 듣고 그를 궁중으로 초대해 보살계菩薩戒를 받고 곡식 7만 7,000석을 하사했다. 초정椒庭과 열악列岳들도 모두 계품戒品을 받고 비단 500필과 황금 50냥을 주었다. 그는 이 것을 모두 받아 여러 절에 나누어 주어 널리 불사佛事를 일으켰다. 그의 사리는 지금의 발연사鉢淵寺에 있는데, 이곳은 바닷고기들에게 계戒를 주었던 곳이다.

그의 제자 중에 불법을 얻은 영수領袖로는 영심永深·보종寶宗·신방信芳·체진體珍·진해珍海·진선眞善·석충釋忠이 있는데 모두 산문山門의 개조開祖가 되었다. 영심은 진표가 간자簡子를 전했기 때문에 속리산俗離山에 살았는데, 이가 진표의 법통을 계승한 제자이다. (중략)

『사리불문경舍利佛問經』에 의하면, 부처가 장자長者의 아들 빈야다라에게 말했다.

"네가 7일 7야 동안에 너의 모든 죄를 뉘우쳐 모두 씻어라."

이에 다라多羅가 가르침을 받들어 밤낮으로 정성껏 수행하니 5일째 되던 저녁 방 안에 수건, 복두, 총채, 칼, 송곳, 도끼 등 여러가지 물건이 비 오듯이 떨어졌다. 이에 다라가 기뻐하며 부처에게 물으니, 부처가 답하기를,

"이것은 네가 물욕을 벗어날 징조이니, 모두 베고 터는 물건이다."

했다. 이것으로 진표공眞表公이 참회하여 간자簡子를 얻고 불법을 듣고 부처를 본 것이 허망된 일이 아님을 알 수가 있다. 하물며 이 경을 거짓되고 망령된 것이라고 한다면, 미륵보살彌勒菩薩이 어찌하여 진표스님에게 친히 전수했겠

는가? 또 이 경을 금한다면 『사리불문경舍利佛問經』도 또한 금할 것인가! 언종彦琮의 무리들이야말로 금을 훔칠 때 사람을 보지 못했으니, 글을 읽는 자들은 이것을 자세히 알아야 할 것이다.

찬하여 말한다.

요계에 현신現身해 용룡을 깨우치니,
영악靈嶽과 선계仙溪에서 감응感應하여 통했네.
정성을 다하여 탑참搭懺 전했다고 말하지 하라,
동해에 다리를 놓아준 어룡魚龍도 감화되었네.

광동풍악關東楓岳 발연수석기鉢淵藪石記

이 기록은 사주寺主 영잠瑩岑이 지은 것으로 승안承安 4년 기미己未에 돌을 세웠다.

이 기록은 사주寺主 영잠瑩岑이 지은 것으로 승안承安 4년 기미己未에 돌에 새긴 것이다. 진표율사眞表律師는 전주全州 벽골군碧骨郡 도나산촌都那山村 대정리大井里 사람으로 12살 때 금산수金山藪 순제법사順濟法師를 찾아가 중이 되었다. 순제順濟가 『사미계법沙彌戒法』과 『전교공양차제비법傳敎供養次第秘法』 1권과 『점찰선악업보경占察善惡業報經』 2권을 주면서 말했다.

"너는 이 계법戒法을 가지고 미륵彌勒과 지장地藏 두 보살 앞으로 가서 간절히 법을 구하고, 참회해 친히 계법戒法을 받아 세상에 널리 전하도록 하라."

이에 율사가 가르침을 받들고 물러나와 명산을 두루 유람했는데, 이미 27세가 되었다. 상원上元 원년 경자庚子에 쌀 20말을 쪄서 말려 양식으로 만들어 보안현保安縣으로 가서 변산邊山에 있는 불사의방不思議房에 들어갔다. 하루 양식이 쌀 5홉으로 하루 양식을 삼았는데, 그 가운데 한 홉을 덜어 쥐에게 주어 길렀다.

율사는 미륵상彌勒像 앞에서 부지런히 계법戒法을 구했지만, 3년이 되어도 수기授記를 얻지 못했다. 이에 발분하여 바위 아래로 몸을 던지니, 갑자기 청의동자靑衣童子가 손으로 받아서 돌 위에 올려 놓았다. 율사는 다시 21일을 기약하고 밤낮으로 수도해 돌로 몸을 두드리면서 참회하자, 3일 만에 손과 팔뚝이 부러져 땅에 떨어졌다. 7일째 되던 날 밤에 지장보살地藏菩薩이 손에 금장金杖을 흔들며 와서 도와주니 손과 팔뚝이 전과 같이 되었다.

보살은 그에게 가사袈裟와 바리때를 주니, 율사는 그 영응에 감동해 더욱더 정진했다. 21일이 다 차니 곧 천안天眼을 얻어 도솔천중兜率天衆들이 오는 모양을 볼 수 있었다. 이에 자장보살과 미륵보살이 앞에 나타나니, 미륵보살이 율사의 이마를 만지면서,

"잘하는도나, 대장부여! 이처럼 계戒를 구해 몸과 목숨을 아끼지 않고 가절히 참회하는구나."

했다.

지장이 『계본戒本』을 주고, 미륵彌勒이 또 목간자木簡子 두 개를 주었는데, 하나에는 아홉째 간자, 또 하나에는 여덟째 간자라고 쓰여 있었다. 미륵보살이 율사에게 말하기를,

"이 두 간자는 내 손가락뼈이니 이것은 곧 시始와 본本의 두 각覺을 말하는 것이다. 또 아홉 번째 간자는 법法이고, 여덟 번째 간자는 신훈성불종자新熏成佛種子이니 이것으로 과보果報를 알 수가 있을 것이다. 너는 현세의 육신을 버리고 대국왕大國王의 몸을 받아 후에는 도솔천兜率天에서 태어날 것이다."

하고 두 보살은 곧 사라졌다. 이때가 임인壬寅년 4월 27일이었다.

율사가 교법教法을 받고 금산사金山寺를 세우기 위해 하산하여 대연진大淵津에 이르니 갑자기 용왕龍王이 나타나 옥가사玉袈裟를 바치고 팔만권속八萬眷屬을 거느리고 그를 호위해 금산수金山藪로 가니 사방에서 사람들이 몰려들어 며칠 안에 절이 완성되었다. 또 미륵보살이 감동해 도솔천에서 구름을 타고 내려와 율사에게 계법戒法을 주니 이에 율사는 시주를 권해 미륵장육상彌勒丈六像을 만들고, 또 미륵보살이 내려와 계법을 주는 모습을 금당金堂남쪽 벽에 그렸다. 상像은 갑진甲辰년 6월 9일에 완성되어 병오丙午년 5월 1일에 금당으로 모셨다. 이해가 대력大曆 원년이었다.

율사가 금산사에서 속리산으로 가던 중 우차牛車를 탄 사람을 만났는데, 그 소들이 율사 앞에 와서 무릎을 꿇고 울자, 수레에 탄 사람이 수레에서 내려와 물었다.

"어찌하여 이 소들이 스님을 보고 우는 것입니까? 그리고 스님은 어디서 오시는 분입니까?"

율사가 말하기를,

"나는 금산수金山藪의 승려 진표眞表입니다. 변산邊山의 불사의방不思議房에 들어가 미륵과 지장보살에게 친히 계법과 진생을 받아 절을 세워 길이 수도할 곳을 찾아 오는 중입니다. 이 소들은 겉으로 어리석게 보이지만 속은 매우 현명합니다. 내가 계법을 받는 것을 알고 불법을 소중히 여겨 이렇게 무릎을 꿇고 우는 것입니다."

이에 그는 그 사람은 말을 다 듣고 말했다.

"짐승도 이러한 믿음이 있는데, 하물며 나는 사람으로서 어찌 무심하겠습니까?"

그는 즉시 손으로 낫鎌을 쥐고 자신의 머리를 잘랐다. 율사는 자비한 마음으로 그의 머리를 다시 깎아주고 계를 주었다. 이들은 속리산 골짜기에 이르러 길상초吉祥草가 난 것을 보고 표시해 두었다. 그들이 명주溟州 해변으로 돌아와 천천히 가는데 물고기와 자라 등이 바다에서 나와 율사 앞으로 와서 몸을 맞대어 육지처럼 길을 만들어주므로 율사는 그것을 밟고 바다로 들어가 계법을 외워주고 다시 나와서 고성군高城郡에 도착했다. 이곳에서 금강산金剛山으로 들어가 비로소 7년 동안 발연수鉢淵藪를 세우고 점찰법회占察法會를 열었다. 여기에서 7년동안 살았는데 명주 지방에 흉년이 들어 사람들이 굶주리므로 율사가 계법을 설하니 갑자기 고성高城 바닷가에 수많은 물고기들이 죽어서 나왔다. 사람들은 이것을 팔아서 먹을 것을 장만해 굶주림을 면했다. (중략)

율사는 세상을 떠날 때 절 동쪽 큰 바위 위에 올라가서 죽었는데, 제자들이 그 시체를 옮기지 않고 그대로 공양하다가 뼈가 흩어져 떨어지자 흙으로 덮어 무덤을 만들었다. 그 무덤에 푸른 소나무가 바로 돋아났는데, 세월이 오래되면서 말라 죽었다. 다시 나무가 하나가 났는데, 지금은 나무가 쌍으로 서 있다.

　대체로 그를 공경하는 자가 있어 소나무 밑에서 뼈를 찾았는데, 얻기도 하고 혹은 얻지 못하기도 했다. 나는 율사의 뼈가 아주 없어질까 두려워 정사년丁巳年 9월에 소나무 밑으로 가서 뼈를 주워 통에 담았는데, 3홉 가량이나 되었다. 이에 큰 바위 위에 서있는 쌍으로 난 나무 밑에 돌을 세워 뼈를 모셨다. 이 기록에 실린 진표의 사적은 발연석기鉢淵石記와는 서로 다르다. 그래서 영잠瑩岑이 기록한 것만 추려서 싣는다. 후세에 어진 이들은 마땅히 상고할 것이다.

승전촉루 勝詮촉루

승려 승전勝詮에 대한 내력은 자세하게 알 수가 없다. 그는 일찍이 배를 타고 중국으로 들어가 현수국사賢首國師의 강석講席에 나가 현언玄言을 받아 정미한 것을 연구하고 생각을 쌓고 보는 것이 슬기롭고 뛰어나 깊은 것과 숨은 것을 찾아 그 묘함이 심오함을 다하였다. 이에 그는 인연이 있는 곳으로 가고자 하여 고국으로 돌아올 마음을 가졌다. 처음에 현수는 의상과 함께 배워지엄화상의 가르침을 받았다. 현수는 스승의 말에 글 뜻과 과목을 연술演述해 승전법사勝詮法師가 고향으로 돌아갈 때 보내니, 의상도 역시 글을 보냈다고 한다.

별폭別幅에 말했다.

"『탐현기探玄記』 20권 중 두 권은 아직 완성되지 못했고, 『교분기敎分記』 3권, 『현의장등잡의玄義章等雜義』 1권, 『화엄범어華嚴梵語』 1권, 『기신소起信疏』 2권, 『십이문소十二門疏』 1권, 『법계무차별론소法界無差別論疏』 1권 등을 옮겨 베꼈는데, 승전법사 비록 편으로 보내드립니다. 지난번 신라의 승려 효충孝忠이 금 9푼을 갖다 주면서 상인上人이 보낸 것이

라고 했는데, 편지는 보지 못했지만 고맙습니다. 지금 인도
의 군지조관 하나를 보내 적은 정성을 표하니 받아 주시기
바랍니다."

승전법사가 돌아오자 현수의 글을 의상에게 전했다. 의상
은 법장法藏의 이 글을 보자, 마치 지엄智儼의 가르침을 직
접 듣는 것과 같았다. 수십 일 동안 탐색하고 연구해 제자
들에게 주면서 이 글을 널리 연술演述시켰으니, 이 말은 의
상전기에 실려 있다.

승전은 상주尚州 영내領內 개령군開寧郡 경계에 절을 새로
짓고 돌들을 관속官屬으로 삼아 『화엄경華嚴經』을 개강했다.
그 뒤 신라 승려 가귀可歸가 자못 전등傳燈을 계속해 이에
『심원장心源章』을 편찬하였으며, 대략 이러하다.

"승전법사가 돌의 무리들을 데리고 불경을 논의하고 강연
했다고 하는데, 그곳은 지금의 갈항사葛項寺이다. 그 돌 80
여 개는 지금까지 강사綱司가 전하고 있는데, 자못 신령스
럽고 이상하다."

그 밖의 사적들은 모두 비문에 자세하게 실려 있고, 『대각
국사실록大覺國師實錄』에 기록된 것과 같다.

심지계조心地繼祖

승려 심지心地는 진한辰韓 제41대 헌덕대왕憲德大王 김金씨의 아들인데, 태어나면서 효성과 우애가 깊고 천성이 맑고 지혜가 있었다. 학문에 뜻을 두는 나이에 스승을 따라 불도에 부지런했다. 지금의 공산公山인 중악中岳에 살고 있는데, 때마침 속리산谷離山의 심공深公이 진표율사眞表律師의 불골간자佛骨簡子를 전해 받아 과정법회果訂法會를 연다는 말을 듣고, 뜻을 품고 찾아갔지만 이미 날짜가 지나 참여하지 못했다. 이에 땅에 앉아 마당을 치면서 신도信徒들을 따라 예배하고 참회했다.

7일이 지나자 큰 눈이 내렸는데, 심지가 서 있는 사방 10척가량은 눈이 내리지 않았다. 여러 사람이 그 신기하고 이상함을 보고 당堂에 들어오기를 허락했지만, 심지가 사양하면서 거짓 병을 핑계로 방안에 물러 앉아 당을 향해 예배했다. 그의 팔꿈치와 이마에서 피가 흘러내려 마치 진표공眞表公이 선계산仙溪山에서 피를 흘리던 일과 같았다. 그러자 지장보살地藏菩薩이 매일 찾아와 위문했다. 법회가 끝나고 산으로 돌아가던 중 옷깃 사이에 간자簡子 두 개가 끼여 있

는 것을 발견하고, 그것을 가지고 심공深公에게 아뢰자, 영심永深이 말하기를,

"간자는 함 속에 들어 있는데 그럴 리가 있는가."

하면서 봉해진 대로 있는 함을 열자 간자만 없었다. 심공이 이상히 여기면서 다시 간자를 겹겹이 싸서 간직했다. 심지가 또 길을 가는데 간자가 먼저처럼 옷깃 사이에 또다시 끼어 있었다. 그는 다시 돌아와 아뢰니, 심공이 말하기를,

"부처님의 뜻이 그대에게 있으니, 그대로 받들어 행하라."

하면서 간자를 주었다.

심지가 그것을 머리에 이고 중악으로 돌아오자 중악의 신이 선자仙子 하나를 데리고 산꼭대기에서 심지를 맞아 바위 위에 앉히고는, 바위 밑으로 돌아가 엎드려 공손하게 정계正戒를 받았다. 심지가 말했다.

"이제 땅을 가려 부처님과 간자를 모시려고 하는데, 이것은 우리들이 결정할 일이 못된다. 그대들 셋과 함께 높은 곳으로 올라가 간지를 던져 자리를 정치도록 하자."

이에 산들과 함께 산마루에 올라 서쪽으로 간자를 던지자, 간자는 바람에 날아갔다. 이때 신이 노래를 지어 불렀다.

막혔던 바위 멀리 물러가니 숫돌처럼 평평하고,
낙엽이 날아서 흩어지니 앞길이 훤해졌네.
불골佛骨 간자簡子를 찾아 얻어,
깨끗한 곳 찾아 정성 들이려네.

노래를 마치고 간자를 숲속 샘에서 찾아 곧 그 자리에 당을 짓고 간자를 모셨으니, 지금의 동화사桐華寺 첨당籤堂북쪽에 있는 작은 우물이다.

본조本朝 예종睿宗이 일찍이 부처의 간자를 맞아 대궐 안에서 예배했는데, 갑자기 아홉 번째 간자 하나를 잃어버려 아간牙簡으로 대신해 본사本寺에 돌려보냈는데 지금은 이것이 변해서 같은 빛이 되어 새것과 옛것을 구분하기가 어려워졌다. 또 그 바탕은 상아도 옥도 아니었다. (중략)

상고해 보면, 본조本朝의 문사文士 김관의金寬毅가 지은 『왕대종록王代宗錄』 2권에,

"신라 말년 고승高僧 석충釋冲이 고려 태조에게 진표율사眞表律師의 가사 한 벌과 계간자戒簡子 189개를 바쳤다"

고 했다. 이것이 지금 동화사桐華寺에 전해오는 간자와 같은 것인지 다른 것인지는 알 수가 없다.

찬하여 말한다.

금규金閨 속에서 자랐거만 일찍 속박을 벗어났고,
부지런함과 총명함 하늘이 주었네.
뜰에 가득 쌓인 눈 속에서 간자를 뽑아,
동화산 높은 봉우리 찾아와 놓았네.

대현의 유가와 법해의 화엄

현유가賢瑜枷, 해화엄海華嚴

유가종瑜伽宗의 조사祖師 고승高僧 대현大賢은 남
산南山 용장사茸長寺에 살았다. 그 절에는 미륵보
살彌勒菩薩의 돌로 만든 장육상丈六像이 있었는데, 대현이 이
장육상을 돌면 장육상 역시 대현을 따라 얼굴을 돌렸다.

대현은 슬기롭고 분명학고 정인하여 판단하여 분별하는
것이 명백했다. 대체로 법상종法相宗의 전량銓量은 그 뜻과
이치가 깊어 해석하기가 매우 어려워 중국의 백거이白居易
도 이것을 연구했지만 알지 못했다. 그런데 대현은 홀로 그
그릇된 것을 바로 잡고 잠시 동안에 그윽하고 깊은 뜻을 터
득해 여유롭게 이치를 분석했다. 이에 동국東國의 후진들은
모두 그의 가르침에 따랐고, 중국의 학사들도 이것을 얻어
안목으로 삼았다.

경덕왕景德王 천보天寶 12년 계사癸巳 여름에 가뭄이 심해
지자, 대현을 대궐로 불러 『금광경金光經』을 강講하여 단비
를 빌게 하였다. 어느 날 재를 올리는데 바라를 열어놓고
한참을 있었는데, 공양하는 자가 정수淨水를 늦게 올리므로
감리가 꾸짖었다. 그러자 공양하는 사람이 말했다.

"대궐 안 우물이 말라 먼 곳에서 떠오느라 늦었습니다."

이에 대현이 말했다.

"왜 진작부터 그 말을 하지 않았는가?"

낮에 강론할 때 대현은 향로를 받들고 잠자코 있으니 잠깐 사이에 우물물이 솟아나와서 그 높이가 일곱 길이나 되어 찰당刹幢의 높이와 같게 되니 궁중 사람들이 모두 놀라 그 우물을 금광정金光井이라고 불렀다. 대현은 일찍이 스스로 청구사문靑丘沙門이라고 일컬었다.

찬하여 말한다.

남산南山의 불상을 도니 불상도 따라 얼굴 돌려,
청구靑丘의 불교가 다시 중천中天에 떠올랐네.
궁중의 우물에서 맑은 우물물 솟구치게 함은
한 줄기 향로의 연기에서 비롯될 줄 누가 알았으리.

이듬해 갑오년甲午年 여름에 왕은 또 고승 법해法海를 황룡사黃龍寺로 청하여 『화엄경華嚴經』을 강론하게 하고, 친히 가서 향을 피우고 조용히 말하기를,

"지난해 여름 대현법사大賢法師가 『금광경金光經』을 강론해 우물물을 일곱 길이나 솟구치게 하였소. 그대의 법도法道는 어떠하오?"

하자. 법해가 대답하기를,

"그것은 특히 작은 일이라 칭찬할 것이 못됩니다. 지금 창

해滄海를 기울여 동악東岳을 잠기게 하고 서울을 물에 떠내려가게 하는 것도 또한 어렵지 않습니다."

했다. 왕은 그 말을 믿지 않고 받아들였다. 오시午時에 강론는데 향로를 안고 고요히 있노라니 잠깐 동안에 궁중에서 울음소리가 났다. 궁리가 달려와 보고 하기를,

"동쪽 연못이 넘쳐 내전 50여 칸이 떠내려갔습니다."

했다. 왕이 망연자실하니 법해가 웃으면서 말하기를,

"동해가 기울고자 수맥을 먼저 불린 것뿐입니다."

했다. 왕은 자신도 모르게 일어나 절을 했다. 그 이튿날 감은사感恩寺에서 아뢰었다.

"어제 오시午時에 바닷물이 넘쳐 불전의 뜰 앞까지 밀려왔다가 저녁때에 물러갔습니다.".

찬하여 말한다.

법해法海가 움직인 물결, 법계法界는 넓기도 해라.
사해四海를 늘이고 줄이는 것에 어려움이 없네.
높디높은 수미산을 크다고 말하지 말아라.
모두 우리 스님의 한 손가락 끝에 있으니.
(이것은 석해石海가 말한 것임)

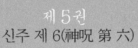

제 5권
신주 제 6(神呪 第 六)

밀본최사密本催邪

선덕왕善德王 덕만德曼의 병이 장기간 치유되지 않자, 흥륜사興輪寺 승려 법척이 임금의 부름을 받아 병을 치료했지만 효력이 없었다. 이때 덕행이 알려진 밀본법사密本法師를 좌우 신하들이 천거했다. 이에 왕은 그를 궁중으로 불러들이니 밀본은 신장宸仗 밖에서 약사경藥師經을 읽었다. 경을 다 읽자 가졌던 육환장六環杖이 침실 안으로 저절로 날아가 늙은 여우 한 마리와 승려 법척을 찔러 뜰 아래로 내던지자 왕의 병이 이내 나았다.

이때 밀본의 이마 위에는 오색의 신비한 빛이 비쳐 보는 사람이 모두 놀랐다.

또 승상丞相 김양도金良圖가 어릴 때 갑자기 입이 붙고 몸이 굳어졌다. 항상 보면, 큰 귀신이 작은 귀신을 데려와 집 안의 음식을 모두 맛보는 것이있다. 혹여 무당이 제사를 지내면 귀신들의 무리가 서로 다투며 욕했다.

양도가 귀신들에게 물러가라고 명하고 싶었지만 입이 붙어 말을 할 수가 없었다. 아버지가 이름이 전하지 않은 법류사法流寺 승려를 청해서 불경을 외게 했는데 큰 귀신이 작은 귀신에게 명해 쇠망치로 승려의 머리를 때려 쓰러뜨려

피를 토하고 죽었다. 며칠 후 사람을 시켜 밀본을 맞아 오
게 하니 사자가 돌아와 말하기를,

"밀본법사가 청을 받들어 장차 오신다고 했습니다."

했다. 여러 귀신들이 이 말을 듣고 낯빛이 변하니 작은 귀
신이 말하기를,

"법사가 오면 이롭지 못하니 피하는 것이 좋겠습니다."

했다. 그런데 큰 귀신은 거만을 부리면서 태연스럽게

"무슨 해로운 일이 있겠느냐?"

라고 했다. 이윽고 사방에서 온몸에 쇠 갑옷을 입고 창을
든 대력신大力神이 나타나 모든 귀신들을 잡아 묶어 끌고갔
다. 다음에 많은 천신들이 둘러서서 기다렸다.

잠시 후세 밀본이 도착해 경문을 펴기도 전에 양도의 병이
나아 말도 하고 몸도 움직였다. 양도는 이 일로 불교를 믿
었고 흥륜사興輪寺 오당吳堂의 주불主佛인 미타존상彌勒尊像
과 좌우 보살菩薩을 소상塑像으로 만들고 또 담에, 금으로
벽화를 그렸다.

밀본이 일찍이 금곡사金谷寺에서 살았었다. 또, 김유신金庾
信이 일찍이 늙은 거사居士 한 명과 친하게 지냈는데 그가
누구인지 알지 못했다. 그때 유신공庾信公의 친척 수천秀天
이 오랫동안 나쁜병에 걸렸으므로, 공이 거사에게 보내 진
찰하도록 했다.

이때 마침 수천의 친구 인혜사因惠師가 중악中岳에서 찾아
왔다가 거사를 보고 업신여기면서 말하기를,

"그대의 형상과 태도를 보니 간사하고 아첨하는 사람인데, 어찌 남의 병을 고칠 수 있겠는가?"

라 하자, 거사가 말했다.

"나는 김공金公의 명으로 마지못해 온 것이오."

그러자 인혜因惠가 말했다.

"그대는 내 신통력을 보아라."

면서 향로에 향을 피우고는 주문을 외웠다. 이윽고 오색구름이 이미 위를 두르고 천화天花가 흩어지면서 떨어졌다. 이를 본 거사가

"스님의 신통력은 불가사의한 일입니다. 저에게도 역시 변변치 못한 기술이 있는데, 시험해 보고 싶으니 청컨대, 스님께서 잠시만 제 앞에 서 계십시오."

하니, 인혜가 들어주었다.

거사가 손가락을 한 번 튕기자 인혜는 공중으로 거꾸로 올라갔는데, 높이가 한 길이나 되었다.

한참 후에 천천히 거꾸로 내려와 머리가 땅에 박힌 채 말뚝 모양이 되어 우뚝 섰다. 옆에 있던 사람들이 그를 밀고 잡아당겨도 꼼짝도 하지 않았다.

거사가 자리를 뜨자, 인혜는 거꾸로 박힌 채에서 밤을 새웠다. 이튿날 수천이 사람을 시켜 이 사실을 김공金公에게 알리자, 김공은 거사에게 가서 인혜를 풀어주게 했다. 인혜는 다시는 재주를 부리는 체하지 않았다.

찬하여 말한다.

붉은빛 자줏빛이 분분해 몇 번이나 주색朱色을 어지럽히
니,
슬프도다! 어목漁目도 어리석은 사람을 속였구나.
거사가 손가락 가볍게 튕기지 않았더라면,
건상巾箱 속에 무부珷玞를 얼마나 담았을까.

해통항룡 惠通降龍

　　승려 혜통惠通은 그 씨족氏族은 자세하게 알 수 없지만, 백의白衣였을 때 그의 집은 남산 서쪽 기슭인 은천동銀川洞(지금의 남간사南澗寺 동리東里) 어귀에 있었다. 어느 날 집 동쪽 시내에서 놀다가 수달 한 마리를 잡아 죽이 그 뼈를 동산에 버렸다. 그런데 이튿날 새벽에 뼈가 없어져 핏자국을 따라가보니, 뼈는 전에 살던 굴로 되돌아가 새끼 5마리를 안고 있었다. 혜통이 바라보고 놀라고 이상히 여겨 감탄하고 망설이다가, 드디어 속세를 버리고 중이 되니, 이름을 혜통이라 하였다. 그 후 당나라에 들어가 무외삼장無畏三藏을 만나 배우기를 청하자, 삼장이 말하기를,

"우이의 사람이 어떻게 법기法器가 될 수 있겠는가?"

하고, 받아주지 않았다. 하지만 혜통은 가볍게 물러가지 않고 3년 동안을 섬겼지만, 무외無畏는 허락하지 않았다. 혜통은 이에 분하고 해가 타서 뜰에서 불 동이를 머리에 이고 있었다. 얼마 후 정수리가 터지는 소리가 천둥처럼 들렸다. 삼장三藏이 소리를 듣고 와서 보더니 불 동이를 치우고 손가락으로 터진 곳을 만지면서 신주神呪를 외우자 상처가 없어졌다. 하지만 흉터가 생겨 왕王자와 같으므로 왕화상王

和尙하였고 그 인품을 인정하여 인결印訣을 전했다.

이때 당나라 황실에서는 공주가 병이 들어 고종高宗은 삼장에게 치료를 청하였는데 삼장은 혜통을 천거했다. 혜통이 가르침을 받고 딴 곳에 거처하면서 흰 콩 한 말을 은그릇 속에 넣고 주문을 외니 그 콩이 흰 갑옷을 입은 신병新兵으로 변해 병마病魔들을 쫓았지만 이기지 못했다. 이에 다시 검은 콩 한 말을 금 그릇에 넣고 주문을 외우자, 콩은 검은 갑옷 입을 신병新兵으로 변했다. 두 빛의 신병이 함께 병마를 쫓아내자 갑자기 교룡蛟龍이 나와 달아나면서 공주의 병이 치료되었다. 교룡은 나았다. 용은 혜통이 자기를 쫓은 것을 원망해 본국 신라 문잉림文仍林으로 와서 인명을 몹시 해쳤다.

당시 정공鄭恭이 당나라 사신으로 갔다가 혜통을 보고 이르기를,

"스님이 쫓아낸 독룡毒龍이 본국으로 와서 해가 심하니 빨리가서 제거해주십시오."

했다. 혜통은 이에 정공과 함께 인덕麟德 2년 을축乙丑에 본국으로 돌아와 독룡을 쫓아버렸다. 용은 또 정공을 원망하여 이번에는 버드나무로 변해 정씨의 집 문밖에 우뚝섰다. 하지만 정공은 이것을 알지 못하고 오직 무성한 것만 좋아했다. 신문왕神文王이 죽고 효소왕孝昭王이 즉위하면서 산릉山陵을 닦고 장사 지내는 길을 만드는데, 정씨 집 버드나무가 길을 가로막고 있어 유사가 베려고 하자, 정공이 노하여 말하기를,

"차라리 내 머리를 벨지언정 이 나무는 베지 못한다."

했다.

유사가 이 말을 왕에게 아뢰자, 왕은 몹시 노하여 법관法官에게 명하기를,

"정공이 왕화상의 신술神術만 믿고, 장차 불손한 일을 도모하기 위해 왕명을 업신여기고 거역하면서, 차라리 제 머리를 베라고 하니 마땅히 제가 좋아하는 것대로 할 것이다."

라며 그를 죽였다. 그런 다음 그의 집을 흙으로 묻고 조정에서

"왕화상이 정공과 친하니 반드시 연루되었을 것입니다. 그 역시 잡아서 죽여야 합니다."

라고 했다. 이에 갑옷 입은 병사를 시켜 그를 잡아오게 했다. 혜통이 왕망사王望寺에 있다가 병사들이 오는 것을 보고 지붕으로 올라가 사기 병과 붉은 먹을 찍은 붓을 들고 그들에게 소리쳤다.

"내가 하는 것을 잘 보아라!"

병의 목에다 한 획을 그으면서 말하기를,

"너희는 모두 너희의 목을 보아라."

하니 병사들의 목에 모두 붉은 획이 그어져 있으므로 서로 보고 놀랐다. 혜통은 또다시 소리쳤다.

"내가 만약 이 병의 목을 자르면 너희의 목도 잘릴 것이다. 어찌 하겠느냐?"

병사들은 왕에게 달려와 붉은 획이 그어진 목을 보이니,

왕은,

"화상의 신통력을 어찌 사람의 힘으로 막을 수 있겠는가."

하고 내버려 두었다.

왕녀가 갑자기 병이 들자 왕은 혜통을 불러 치료하게 하니 병이 니이 왕이 크게 기뻐했다. 이에 혜통은 말했다.

"정공은 독룡의 해를 입어 죄 없이 국가의 형벌을 받았습니다."

왕은 이 말을 듣고 마음속으로 후회했다. 이에 정공의 처자에게는 죄를 면하게 하고 혜통을 국사로 삼았다. 용은 이미 정공에게 원수를 갚자 기장산機張山으로 가서 웅신熊神이 되어 해독을 끼치는 것이 더욱 심하여 백성이 몹시 괴로웠다. 혜통이 산속으로 들어가 용을 달래어 불살계不殺戒를 주자 그제야 해악을 멈췄다.

처음에 신문왕이 등창이 생겨 혜통에게 치료를 청했는데, 혜통이 와서 주문을 외자 그 자리에서 병이 나았다. 이 혜통이,

"폐하께서 전생에 재상의 몸이었을 때, 장인臧人 신충信忠을 잘못 판결해 종으로 삼으셨으므로 신충이 원한을 품고 윤회환생輪廻還生할 때마다 보복하는 것입니다. 지금 이 등창도 역시 신충의 탈이오니 마땅히 절을 세워 명복을 빌어 원한을 풀게 하십시오."

라고 했다.

왕이 이를 옳게 여겨 절을 세워 이름을 신충봉성사信忠奉聖

寺라 하였다. 절이 완공되자 공중에서 노랫소리가 났는데
이르기를,

"왕께서 절을 지어 주셨기 때문에 괴로움을 벗어나 하늘
에서 태어나니 모든 원한이 이미 풀렸습니다."

했다.(어떤 책에는 이 사실이 진표眞表의 전기傳記에 실려
있는데, 이것은 잘못이다.) 또 노래를 부른 곳에 절원당折怨
堂을 지었는데, 그 당과 절이 지금까지 남아 있다.

이보다 앞서 밀본법사密本法師 뒤에 고승高僧 명랑明郎이
있었다. 용궁龍宮에 들어가 신인神人을 얻어서 신유림神遊林
을 처음 세우고, 여러 번 이웃 나라가 침입한 것을 기도로
물리쳤다. (중략) 어떤 사람은 혜통의 세속 이름을 존승각
간尊勝角干이라고 했는데, 각간은 신라의 재상 같은 높은 벼
슬이니 하지만 혜통이 벼슬을 지냈다는 말은 듣지 못했다.
또 어떤 사람은

"시랑豺狼을 쏘아 잡았다."

고 하지만, 모두 자세히 알 수 없다.

찬하여 말한다.

산 복숭아와 계곡의 살구, 울타리에 비쳤는데,
일경一經에 봄이 깊어 두 언덕에 꽃이 피었네.
혜통이 한가로이 수달을 잡아,
마귀와 외도外道를 모두 서울에서 멀리했네.

명랑신인明朗神印

『금광사金光寺 본기本記』를 상고해 보면 이러하다.

"법사 명랑明朗이 신라에서 태어나 당나라로 건너가서 도를 배우고 돌아오던 중 바다의 용이 청해서 용궁으로 들어가 비법을 전해 주고, 황금 1,000냥(혹은 1,000근 라고도함)을 보시로 받아 땅 밑을 잠행하여 자신의 집 우물 밑에서 솟아 나왔다. 이에 자신의 집을 절로 만들어 용왕이 보시한 황금으로 탑과 불상을 장식하니 유난히 광채가 빛났다. 이런 까닭에 절 이름을 금광사金光寺라고 했다."

법사의 이름은 명랑이고, 자는 국육國育이며, 신라 사간沙干 재량才良의 아들이다. 어머니는 남간부인南澗夫人으로 혹 법승랑法乘娘이라고도 하는데, 소판蘇判 무림茂林의 딸 김金씨로서 자장慈藏의 누이동생이기도 하다. 재량才良에게는 세 아들이 있는데, 맏이는 국교대덕國敎大德, 다음은 의안대덕義安大德, 법사는 막내다. 처음에 그 어머니가 꿈에 푸른 빛이 나는 구슬을 입에 삼기고 태기가 있었다.

신라 선덕왕善德王 원년에 당나라로 들어갔다가 정관貞觀

9년 을미乙未에 돌아왔다. 총장總章 원년 무신戊辰에 당나라 장수 이적李勣이 대병을 거느리고 신라 군사와 합세해 고구려를 멸망시키고 그 나머지 군사를 백제百濟에 주둔시켜 장차 신라를 쳐서 멸망시키려고 했다. 신라 사람들은 미리 이런 사실을 알고 군사를 동원해서 막았다. 이에 당나라 고종高宗이 크게 노해 설방薛邦에게 명하여 장차 신라를 치려고 했다. 문무왕文武王이 이것을 듣고 두려워 법사를 청해 비법으로 그들을 물리치게 했다.(이 사실은 문무왕전文武王傳에 기록되어 있다.) 이것으로 그는 신인종神印宗의 시조가 되었다.

우리 태조가 나라를 세울 때 또한 해적이 침범했는데, 이때 안혜安惠·낭융朗融의 후예인 광학廣學과 대연大緣 두 고승을 청해 해적을 물리치게 했으니 모두 명랑의 계통이었다. 그렇기 때문에 법사를 합하여 위로는 용수龍樹에 이르기까지 구조九祖로 삼았다. 또 태조가 이들을 위해 현성사現聖寺를 세워 한 종파宗派의 근본으로 삼았다.

또 신라 서울 동남쪽 20여 리 되는 곳에 원원사遠原寺가 있는데, 세상에는 이렇게 전한다.

"이 절은 안혜 등 네대덕大德이 김유신金庾信·김의원金義元·김술종金述宗 등과 함께 발원하여 세운 곳이며, 네대덕의 유골이 모두 절 동쪽 봉우리에 묻혀 있다고 하여 사령산四靈山 조사암祖師岩이라고 한다."

돌백사 주첩주각柱貼注脚의 기록에 의하면 경주慶州 호장戶

長 거천巨川 어머니는 이 하지녀河之女이고, 하지녀의 어머니는 명주녀明珠女이다. 명주녀의 어머니의 적리녀積利女의 아들이 광학대덕廣學大德과 대연삼중大緣三重이다. 이들 형제는 신인종神印宗에 귀의했는데, 장흥長興 2년 신묘辛卯에 태조를 따라 서울로 올라와 임금의 행차를 따라다니며 분향하고 수도했다. 이에 대한 상으로 두 사람의 부모의 기일보른日寶로 전답 몇 결結을 돌백사에 주었다고 한다. 이렇게 보면 광학과 대연은 성조를 따라 서울로 들어왔고, 안사安師 등은 김유신과 함께 원원사遠源寺를 세웠다 하겠다. 광학과 대연의 뼈가 또 이곳에 안치安置되었고, 네고승 모두 원원사를 세웠다는 것은 아니며, 또 성조를 따라온 것도 아니다. 이는 좀 더 자세히 알아야 할 일이다.

선도성모仙桃聖母 수희불사隨喜佛事

진평왕眞平王 때 지혜智惠라는 비구니 어진 일을 많이 했다. 안흥사女興寺에 살았는데, 새로 불전을 수리하려고 했지만 힘이 부족했다. 어느 날 꿈에 모습이 아름답고 구슬로 머리를 장식한 선녀가 와서 위로의 말을 했다.

"나는 선도산仙桃山 신모神母인데 네게 불전을 수리하려는 것을 기쁘게 생각해 금 10근을 주어 돕고자 한다. 내가 있는 자리 밑에서 금을 꺼내어 주존主尊 삼상三像을 장식하고, 벽 위에는 오십삼불과 육류성중六類聖衆을 비롯해 모든 천신과 오악五岳의 신군을 그리고 매년 봄가을 10일에 남녀 신도들을 모아 점찰법회占擦法會를 베푸는 것으로 일정한 규정을 삼아라."(본조 굴암지屈弗池의 용이 황제의 꿈에 나타나 영취산靈鷲山에 낙사도장樂師道場을 영구히 열어 바닷길이 편안하도록 청한 일이 있는데, 그 일도 역시 이와 같다.)

지혜가 놀라 꿈에서 깨어 무리와 함께 신사神祀 자리 밑에서 황금 160냥을 꺼내 불전 수리를 끝냈는데, 모두 신모의 주문에 따랐다. 그러나 그 사적은 지금까지 남아 있지만 법사法事는 폐지되었다. 신모는 본래 중국 제실帝室의 딸로 이름이 사소娑蘇였다. 일찍이 신선의 술법을 배워 해동海東에 와서 오랫동안 돌아가지 않았다. 이에 부황이 소리개 발에 매달아 그에게 보낸 편지에 말하기를,

"소리개가 머무는 곳에 집을 지으라."

했다. 사소는 편지를 보고 소리개를 놓아 보냈는데, 선도 산仙桃山으로 날아와 멈추므로 그곳에서 살아 지선地仙이 되었다. 그래서 산 이름을 서연산西鳶山이라고 했다. (중략)

제54대 경명왕景明王이 매사냥을 좋아해 일찍이 이곳으로 올라와 매를 놓았다가 잃어버리자 신모에게 기도했다.

"만약 매를 찾게 되면 마땅히 성모께 작爵으로 봉하겠습니다." 이윽고 매가 날아와 책상 위에 앉으니 성모를 대왕에 봉작했다. 그가 처음 신한辰韓으로 와서 성자를 낳아 동국東國의 첫 임금이 되었으니 필경 혁거세赫居世와 알영閼英의 두 성군聖君을 말하는 것이다. 때문에 계룡鷄龍 · 계림鷄林 · 백마白馬 등으로 일컬으니 닭이 서쪽에 속해져 있기 때문이다. 성모는 일찍이 제천諸天의 선녀에게 비단을 짜게 해 붉은빛으로 물들여 조복朝服을 만들어 남편에게 주었으니 나라 사람들은 이 때문에 비로서 신비스런 영험을 알게 되었다.

또 『국사國史』에서 사신이 말했다.

김부식金富軾이 정화政和 연간에 사신으로 송나라로 들어가 우신관佑神館에 나갔는데 한 당堂에 여선의 상이 모셔져 있었다. 관반학사館伴學士 왕보가 말하기를,

'이것은 귀국의 신인데 공은 알고 계십니까?' 했다. 그리고 이어 말하기를, '옛날에 중국 제실帝室의 딸이 바다를 건너 진한辰韓으로 가서 아들을 낳았는데, 그가 해동의 시조가 되었고, 그 여인은 지선地仙이 되어 길이 선도산仙桃山에 있는데, 이것이 바로 여인의 상입니다.' 했다"

또 송나라 사신 왕양王襄이 우리 조정에 와서 동신성모東神聖母를 제사 지낼 때, 그 제문에,

"어진 사람을 낳아 비로소 나라를 세웠다."

라는 글귀가 있었다. 성모가 이에 황금을 주어 부처를 받들게 하고, 중생을 위해 향화법회香火法會를 열어 진량津梁을 만들었으니 어찌 다만 오래 사는 술법만 배워 저 다득한 속에만 사로잡힐 것인가.

찬하여 말한다.

서연산西鳶山에 와서 몇십 년이 지났던고,
천제의 여인 불러 예상霓裳을 짰었네.
길이 사는 법도 이상한 일 없지 않았지만,
금선金仙을 뵙고 옥황玉皇이 되었네.

욱면비郁面婢 염불念佛 서승西昇

경덕왕景德王 때 강주康州의 남자 신도들 수십 명이 뜻을 서방에 구해서 고을 경계에 미타사彌陀寺를 세워 만약을 기약하여 계契를 만들었다. 이때 아간阿干 귀진貴珍의 집에 계집종이 하나 있었는데, 이름이 욱면郁面이었다. 욱면은 그 주인을 따라 절에 가서 마당에 서서 승려를 따라 염불을 외웠다. 그 주인은 그녀가 직분에 맞지 않는 짓을 하는 것은 미워하여 매일 곡식 두 섬을 주어 하룻밤 동안에 모두 찧게 했다. 이에 계집종은 초저녁에 모두 찧어 놓고 절에 가서 염불하기를 게을리 하지 않았다. 그녀는 뜰 좌우에 긴 말뚝을 세우고 두 손바닥을 뚫어 노끈으로 꿰어 말뚝 위에 매고는, 합장하면서 좌우로 흔들어 자기를 격려했다. 그때 하늘에서 부르는데,

"욱면은 당으로 올라가서 염불하라"

하였다. 절의 중들이 듣고 계집종을 권해서 당으로 데려가 정진하게 했다. 얼마 안되어 하늘 서쪽에서 음악소리가 들려오더니 욱면의 몸이 저절로 솟구쳐 대들보를 뚫고 위로 올라갔다. 몸이 서쪽 교외로 가더니 해골骸骨을 버리고, 부

처의 몸으로 변하여 연화대蓮化臺에 앉아 광명을 발하면서 서서히 사라졌다. 음악 소리가 한동안 하늘에서 멈추지 않았다. 그 당에는 지금도 구멍이 뚫어진 곳이 있다고 한다. (중략)

대사大師 회경懷鏡이 승선承宣 유석劉碩, 소경小卿 이원장李元長과 함께 절을 중건했는데, 회경이 친히 토목일을 맡았다. 처음 재목을 운반할 때 노부가 삼으로 삼은 신과 칡으로 만든 신발 한 켤레씩 주었다. 또 옛 신사神社가서 불교의 이치를 개유開諭했기 때문에 신사 옆의 재목을 베어 다 5년 만에 공사를 끝냈다. 사람들은 회경을 귀진貴珍의 후신이라고 말했다. 논하여 말한다. 고을 안의 고전古傳을 살펴 보면, 욱면은 바로 경덕왕景德王 때의 일이다. 징徵의 본전本傳에 따르면, 이는 원화元和 3년 무자戊子 애장왕哀莊王 때의 일이라고 했다. 경덕왕 이후 혜공왕惠恭王, 선덕왕宣德王, 원성왕元聖王, 소성왕昭聖王, 애장왕哀莊王 등 5대까지 모두 60여 년이 된다. 귀징貴徵이 먼저이고 욱면이 뒤이므로 그 선후가 향전鄕傳과 어긋난다. 여기에 이 두가지를 모두 실어 의심이 없게 한다.

찬하여 말한다.
서쪽 이웃 옛 절에 불등佛燈이 있는데,
방아 찧고 절에 오니 이경二更이네.
한마디 염불마다 부처가 되고자,
손바닥 뚫어 노끈 꿰니 그 몸도 잊었네.

광덕廣德과 엄장嚴莊

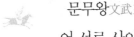　　　문무왕文武王 때 승려 광덕廣德과 엄장嚴莊이 있
어 서로 사이가 좋아 밤낮으로 약속했다.

"먼저 안양安養으로 돌아가는 자는 모름지기 서로 알리
자."

광덕은 분황芬皇 서리西里에 숨어 살면서 신 삼는 일을 업
으로 삼고 처자와 함께 살았다. 엄장은 남악南岳에 암자를
짓고 살면서 농사를 지었다.

어느 날 해 그림자 붉은 빛을 띠고 소나무 그늘이 고요히
저물었는데 창밖에서 소리가 들려왔다. 알리러 이르기를,

"나는 이미 서쪽으로 가니 잘 살다가 속히 나를 따라오
라."

하니, 엄장이 문을 열고 나가보니 구름 밖에서 천악天樂소
리가 들리고 밝은 빛이 땅으로 내려왔다. 이튿날 광덕이 사
는 곳을 찾아가니, 그는 이미 죽어 있었다. 이에 그의 아내
와 함께 유해를 거두어 함께 장사 지내고, 그 처에게 묻기
를,

"남편이 죽었으니, 나와 함께 있는 것이 어떻겠습니까?"

하니 그 부인이 허락하고, 드디어 그 집에 머물렀다. 밤에
자는데 관계를 하려고 하자 부인이 거절하고 이르기를,

"스님께서 서방정토西方淨土를 구하는 것은 마치 나무에서
물고기를 구하는 것과 같습니다."

하니, 이에 엄장이 놀라고 괴이하게 여겨 물었다.

"광덕도 이미 그랬는데, 나 또한 어찌 안 되겠는가?"

그러자 부인은 말했다.

"남편은 나와 함께 십여 년을 살았지만 하룻밤도 잠자리
를 함께 하지 않았거늘 하물며 어찌 몸을 더럽힐 수가 있겠
습니까? 밤마다 단정히 앉아 한결같은 목소리로 아미타불
阿彌陀佛 불렀습니다. 또한 십육관十六觀을 만들어 달관하여
밝은 달이 창에 비치면 종종 그 빛에 올라 가부좌했습니다.
정성이 이와 같으니 비록 서방정토西方淨土로 가지 않으려
고 한들 어디로 가 있겠습니까? 대개 천릿길을 가는 사람은
그 첫걸음부터 알 수 있는 것이니 지금 스님의 일은 동방으
로 가는 것이지 서방으로 가는 것이 아닙니다."

엄장은 그 말에 부끄러워 물러나 그 길로 원효법사元曉法師
의 처소로 가서 진요津要를 간곡하게 구했다. 원효는 생관
법을 만들어 그를 지도했다. 엄장은 이에 몸을 깨끗히 하고
잘못을 뉘우쳐 스스로 꾸짖고, 도를 닦아 역시 서방정토로
가게 되었다. 생관법은 원효법사의 본전本傳과 『해동고승전
海東高僧傳』 속에 기록되어 있다. 그 부인은 바로 분황사의
계집종이니 대개 관음보살 십구응신十九應身의 하나였다.

광덕에게는 일찍이 노래가 있었다.

달이시어! 이제 서방정토까지 가려는가.

무량수불전에 일러다가 사뢰소서.

[우리말로 보언報言을 말함]

다짐 깊은 부처님께 두 손 모아 원왕생願往生 그리워 하는

사람 있다고 사뢰소서.

아아! 이 몸을 버려두고 마흔 여덟 가지 소원이 이루실까.

성인을 만난 경흥憬興遇聖

신문왕神文王 때의 고승高僧 경흥景興의 성은 수水씨로 웅천주熊川州 사람이다. 18세에 출가해 삼장三藏에 통달했다. 개요開耀 원년, 문무왕文武王이 유언으로 신문왕에게 부탁하기를,

"경흥법사憬興法師는 국사가 필만하니 내 명을 잊지 말라."

했다. 신문왕이 즉위하면서 국사로 책봉해 삼낭사三郎寺에 살게 했는데, 갑자기 병이 들어 한 달이 지났다. 이때 여승 하나가 와서 문안하고 『화엄경華嚴經』 속의 '착한 벗이 병을 고쳐 준다' 는 말을 하고 이르기를,

"스님의 병은 근심으로 생긴 것으로 기쁘게 웃으면 나을 것입니다."

했다. 이렇게 말하고 열한 가지 모습을 지어 각각 우스운 춤을 추게 하니, 그 모습이 너무 우스워 모두 턱이 빠질 지경이었다. 이에 법사의 병은 어느새 씻은 듯이 나았다. 여승은 드디어 문을 나가 남항사南巷寺에 들어가 숨었고, 그가 가졌던 지팡이는 새로 꾸민 불화 십일면원통상十一面圓通像 앞에 있었다.

어느 날 경흥이 대궐로 들어가려하자 시종들이 동문 밖에

서 먼저 채비를 차렸는데, 말과 안장이 화려하고 신과 갓고 갖추었으므로 길을 가던 사람들이 길을 비켰다. 그때 모습이 엉성한 거사하나가 지팡이를 짚고 마른 물고기가 들어 있는 광주리를 등에 지고 하마대下馬臺 위에서 쉬고 있었다. 시종이 그를 꾸짖었다.

"너는 승려의 옷을 입고 어찌 깨끗하지 못한 물건을 가지고 있느냐?"

슬려가 말했다.

"산 고기馬를 두 다리 사이에 끼고 있는 것보다 삼시三市의 마른 고기를 지고 있는 것이 무엇이 나쁘단 말이냐?"

말을 마치고 일어나 가버렸다. 경흥이 문을 나오다가 이 말을 듣고 사람을 시켜 그를 쫓게 했지만, 남산南山 문수사文殊寺 문밖에 이르르자 광주리를 버리고 숨었는데 짚었던 지팡이는 문수보살상文殊菩薩像 앞에 있고, 마른 고기는 소나무껍질이었다. 사자가 이 사실을 와서 고하자 경흥은 탄식하기를, '문수보살文殊菩薩이 내가 말을 타고 다니는 것을 경계한 것이구나.' 하였다. 그 뒤로 경흥은 종신토록 말을 타지 않았다.

경흥이 뿌린 덕의 향기와 남긴 맛은 승려 현본玄本이 엮은 삼랑사 비문에 적혀 있다. 일찍이 보현장경普賢章經을 보니 미륵보살이 말했다.

"나는 내세에는 염부제閻浮提로 태어나 먼저 석가의 말법末法 제자들을 제도濟度할 것이다. 그런데 다만 말을 탄 비

구승比丘僧은 제외시켜 그들에게는 부처를 보지 못하게 할
것이다."
했으니, 가히 경계하지 않겠는가.

찬하여 말한다.

옛날 어진 사람의 모범에는 뜻한 바가 많았는데,
어찌하여 자손들은 절차切磋하지 않는가.
마른고기 등에 전 것은 오히려 옳은 일이나,
다음날 용화龍華 저버릴 일 어찌 견딜까.

진신수공眞身受供

　　　　　장수長壽 원년 임진王辰에 효소왕孝昭王이 즉위
　　　　해 처음으로 망덕사望德寺를 세워 당나라 제실帝
室의 복을 받들려 했다. 그 후 경덕왕景德王 14년에 망덕사
탑이 흔들리면서 이해에 안사安史의 난亂이 일어났다. 신라
사람들은 말했다.

"당나라 왕실을 위해 이 절을 세웠으니 마땅히 영험이 있
을 것이다."

8년 정유丁酉에 낙성회落成會를 열고 효소왕이 친히 가서
공양하는데, 어떤 비구比丘가 있어 매우 허술한 모습으로
몸을 움츠리고 뜰에 서서 청하기를,

"빈도頻度도 또한 이 재齋에 참석하기를 바랍니다."

했다. 왕은 이를 허락하고 말석에서 참여하게 했는데, 재
가 끝나자 왕은 그에게 희롱하여 말하기를, "그대는 어디에
사는가?"하니 승려가 대답하기를,

"비파암에 있습니다."

했다. 그러자 왕은,

"이제 가거든 다른 사람들에게 국왕이 직접 불공하는 재

에 참석했다고 말하지 말라."

고 했다. 중이 웃으면서 말하기를,

"폐하께서도 역시 다른 사람에게 진신 석가釋迦를 공양했다고 말하지 마십시오."

하고 몸을 솟구쳐 하늘로 올라가 남쪽으로 행하여 갔다. 왕은 놀랍고 부끄러워 동쪽 언덕에 달려 올라가 그가 간 곳을 향해 절하고 사람을 시켜 찾았는데, 남산南山 삼성곡參星谷 혹은 대적천원이라 하는 돌 위에 지팡이와 바리때를 놓고 숨어 버렸다. 사자가 돌아와 고하자 왕은 석가사釋迦寺를 비파암 밑에 세우고, 그가 사라진 곳에 불무사佛無寺를 세워 지팡이와 바리때를 두 곳으로 나누어 두었다. 두 절은 지금까지 남아 있지만, 지팡이와 바리때는 없어졌다.

『지론智論』 제4에 보면, 옛날에 계빈 삼장법사三藏法師가 있었는데, 아란야법阿蘭若法을 행해 일왕사一王寺에 이르니 절에서는 큰 모임을 열리고 있었다. 문지기는 그의 옷이 추솔한 것을 보고 들여보내지 않았다. 이렇게 여러 번 들어가려 했지만 옷이 낡아 번번이 들어가지 못했다. 이에 방편方便을 써서 좋은 옷을 입고 가자 문지기가 보고 막지 않았다. 이렇게 하여 자리에 나아가 여러 가지 좋은 음식을 얻어 옷에게 먼저 주니 여러 사람들이 물었다.

"어째서 그렇게 하는 것이오?"

그가 대답하기를,

"내가 여러 번 왔지만 매번 들어올 수가 없었는데, 이번에

옷 때문에 이 자리에서 오게 되어 여러 가지 음식을 얻게
되었으니 마땅히 이 옷에게 주어야 할 것이오."
  했다.

  찬하여 말한다.

  향을 사르고 부처님을 가려 새 그림을 보았고,
  음식 만들어 승려를 대접하고 옛 친구을 불렀네.
  이제부터 비파암 위의 달은
  때때로 구름에 가려 못에 더디게 비치리.

월명사月明師의 도솔가兜率歌

경덕왕景德王 19년 경자庚子 4월 초하루에 해가 둘로 나란히 나타나 열흘 동안 없어지지 않자 일관日官이 아뢰었다.

"인연이 있는 승려를 청해 산화공덕散花功德을 지으면 재앙을 물리칠 수 있을 것입니다."

이에 조원전朝元殿에 단을 정결히 하고 임금이 청양루靑陽樓에 거둥해 인연이 있는 승려를 기다렸다. 이때 월명사月明師가 있어 긴 밭두둑 길을 가고 있었는데, 왕이 사람을 시켜 그를 불러 단을 열고 기도하는 글을 짓게 하니, 월명사는,

"저는 다만 국선의 무리에 속해 있어서 겨우 향가鄕歌만 알 뿐이고 성범聲梵에는 서툽니다."

라고 했다. 왕이 말하기를,

"이미 인연이 있는 승려로 뽑혔으니, 향가라도 괜찮다."

했다. 이에 월명이 도솔가兜率歌를 지어 바쳤는데 가사는 이렇다.

오늘 여기에 산화가散花歌를 불러,
뿌린 꽃아 너는 곧은 마음의 명령을 부림이니,

미륵좌주彌勒座主를 모시게 하라.

이것을 풀이하면 이렇다.

용루龍樓에서 오늘 산화가散花歌를 불러, 청운靑雲에 한 송이 꽃을 뿌려서 보내네.
은근하고 정중한 곧은 마음이 시키는 것이니, 멀리 도솔대선兜率大僊을 맞으라.

지금 민간에서는 이것은 산화가散花歌라고 하는데, 이것은 잘못이다. 도솔가兜率歌라고 해야할 것이다. 산화가散花歌는 별도로 있는데, 그 글이 많아 실을 수가 없다. 그런 후에 변괴가 사라졌다. 왕이 이를 가상히 여겨 품다品茶 한 봉과 수정염주水晶念珠 108개를 내렸다. 이때 모습이 곱고 깨끗한 동자가 갑자기 나타나서 다茶와 염주念珠를 받들고 대궐 서쪽 작은 문으로 사라졌다. 월명月明은 그 동자를 내궁의 사자로 알고, 왕은 스님의 종자로 알았다. 그러나 자세히 알고 보니 모두 틀린 추측이었다. 왕이 이상하게 여겨 사람을 시켜 쫓게 했는데, 동자는 내원 탑 속으로 사라지고 다와 염주는 남쪽 벽화壁畵 미륵상彌勒像 앞에 있었다. 이 일을 조정이나 민간에서 모르는 사람이 없었다. 월명은 또 일찍 죽은 누이동생을 위해 재를 올렸는데, 향가를 지어 제사 지냈다. 갑자기 회오리바람이 일어나 지전紙錢을 서쪽으로 날려

보냈는데, 향가는 이렇다

죽고 사는 길이여기 있으니 머뭇거리고,
나는 간다는 말도 못다 이르고 어찌 갑니까.
어느 가을 이른 바람에 이에 저에 떨어질 잎처럼
한 가지에 나고 가는 곳 모르누나,
아! 미타찰에서 너를 만나볼 나는, 도를 닦아 기다리련다.

월명은 항상 사천왕사四天王寺에 기거하면서 피리를 불었
다. 어느 달밤에 피리를 불면서 문 앞 큰길을 지나가는데,
달이 그를 위해 멈추고 움직이지 않았다. 때문에 그곳을 월
명리月明里라고 했다. 월명사는 능준대사能俊大師의 제자이
며, 신라 사람들도 향가를 숭상한 사람이 많았는데, 이것은
대체로 시詩·송頌과 같은 것이다.

찬하여 말한다.

바람은 지전을 날려 죽은 누이동생의 노자를 삼게 하고,
피리는 밝은 달을 흔들어 항아가 그 자리에 멈추었네.
도솔천兜率天이 하늘처럼 멀다고 말하지 말라.
만덕화萬德花 그 한곡조로 즐겨 맞았네.

선율환생善律還生

망덕사望德寺 승려 선율善律은 시주받은 돈으로
『육백반야경六百般若經』을 이루려고 하다가 하지
만 공업이 끝나기도 전에 갑자기 음부陰府의 사자에게 쫓겨
명부冥府로 갔다. 명사冥司가 묻기를,

"너는 인간 세계에 있을 때 무슨 일을 했느냐?"

하니, 선율이,

"저는 만년에 『대품반야경大品般若經』을 만들려고 하다가
공업을 마치지 못하고 왔습니다."

했다. 명사가,

"너의 기록을 보면 네 수는 이미 끝났지만, 가장 좋은 소
원을 끝내지 못했다고 하니 다시 인간 세상으로 돌아가서
보전寶典을 끝내어 이루도록 하라."

하고 놓아 보냈다.

돌아오는 도중에 여자 하나가 나타나 울면서 그의 앞에와
절을 하며 말하기를,

"나도 역시 남염주南閻州의 신라 사람인데, 부모가 금강사
金剛寺의 논 1무畝를 몰래 빼앗은 일에 연루되어 명부冥府로

잡혀와 오랫동안 몹시 괴로움을 받고 있습니다. 이제 법사께서 고향으로 돌아가시거든 이 일을 알려 속히 그 논을 돌려주도록 해 주십시오. 또 제가 세상에 있을 때 참기름을 상 밑에 묻어 두었고, 아울러 곱게 짠 베도 이불 틈에 감춰 두었습니다. 법사께서 부디 그 기름으로 불등佛燈에 불을 켜고, 베는 팔아 경폭經幅으로 사용해 주십시오. 그렇게 하면 황천에서도 또 은혜를 입어 저의 고뇌를 벗어날 수 있을 것입니다."

했다. 선율이 말했다.

"그대의 집은 어디에 있는가?"

"사량부沙梁部 구원사久遠寺 서남쪽 마을입니다."

선율이 이 말을 듣고 곧 떠나 도로 살아났다.

그때 선율이 죽은 지 이미 열흘이 되어 남산 동쪽 기슭에 장사 지냈는데, 무덤 속에서 사흘 동안이나 외치니 지나가던 목동이 그의 외침을 듣고 절에 알렸다. 절의 중이 무덤을 파고 그를 꺼내자, 선율은 그동안의 일을 자세하게 말하고, 또 그 여자의 집을 찾아갔는데, 여자는 죽은 지 15년이나 되었으나 참기름과 베는 그대로 있었다. 선율이 여자의 말대로 명복을 빌어 주자, 여자의 영혼이 찾아와,

"법사의 은혜로 저는 이미 고뇌에서 벗어났습니다."

했다. 그리하여 『반야경般若經』을 서로 도와 완성시켰다. 그 책은 지금 동도東都 승사서고僧史書庫에 있는데, 매년 봄과 가을에 그것을 펴서 전독轉讀하여 재앙을 물리쳤다.

찬하여 말한다.

부럽도다, 우리 스님 좋은 인연 따라
영혼이 돌아와 옛 고향에서 노니시네.
부모님이 나의 안부 물으시거든
나 위해서 빨리 그 논을 돌려주라고 하소서.

김현감호金現感虎

신라 풍속에 매년 2월이면 초파일初八日에서 15
일까지 서울의 남녀가 다투어 흥륜사興輪寺 전탑
殿塔을 돌면서 복회福會를 했다. 원성왕元聖王 때 낭군郞君
김현金現은 밤이 깊도록 쉬지 않고 혼자서 탑을 돌았다. 그
때 어떤 처녀가 염불을 하면서 따라 돌다가 서로 눈이 맞아
돌기를 멈추고 으슥한 곳으로 이끌어 정을 통했다. 처녀가
돌아가려고 하자 김현이 따라가니 처녀는 사양하고 거절했
지만 김현은 억지로 따라갔다.

따라가다가 서산西山 기슭의 한 초가집으로 들어가니 늙은
할머니가 처녀에게 묻기를,

"함께 온 사람은 누구냐?"

처녀가 사실대로 말했다. 그러자 할머니가,

"아무리 좋은 일이라도 없는 것보다 못하다. 하지만 이미
엎질러진 일이라 나무랄 수도 없으니 그를 은밀한 곳에 숨
겨라. 너의 형제들이 나쁜 짓을 할까 두렵구나."

하니 김현을 이끌어 구석진 곳에 숨겼다. 조금 뒤에 호랑
이 세 마리가 들어와 사람의 말로 말하길,

"집에서 비린내가 나는구나. 요깃거리가 있어서 다행이구

나."

하자, 할머니와 처녀가 꾸짖었다.

"너희 코가 좋기도 하구나. 무슨 미친 소리냐?"

이때 하늘에서 외치는 소리가 들렸다.

"너희가 즐겨 많은 생명을 해쳤으니, 마땅히 한 놈을 죽여 악을 징계하겠다."

세 짐승이 하이 소리를 듣고 근심하는 기색을 보이니 처녀가 이르기를,

"세 분 오빠들이 멀리 피해 스스로 징계한다면 내가 그 벌을 대신 받겠소."

하자, 모두 기뻐하면서 꼬리 치며 달아났다. 처녀가 들어와 김현에게 말했다.

"처음 낭군께서 우리 집에 오시는 것이 부끄러워 짐짓 사양했습니다. 그러나 이제는 숨김없이 모두 말씀드리겠습니다. 저와 낭군은 비록 종족은 다르지만, 하루저녁의 즐거움을 얻어 부부의 인연을 맺었습니다. 세 오빠의 악함은 하늘이 이미 미워하시니 한 집안의 재앙을 제가 당하려 하오니, 보통 사람에게 죽는 것이 어찌 낭군의 칼에 죽어서 은덕을 갚는 것만 하겠습니까. 내가 내일 저자에 들어가 사람들을 해치면 임금께서 높은 벼슬을 내걸고 저를 잡게 할 것입니다. 그때 낭군은 겁내지 말고 저를 쫓아 성 북쪽 숲속까지 오시면 제가 기다릴 것입니다."

김현이 말했다.

"사람이 사람과 사귐은 인륜의 도리지만 다른 종과 사귐은 대체로 떳떳한 것이 아니오. 그러나 이미 하늘이 내려준 다행인데 어찌 차마 배필의 죽음을 팔아 벼슬을 하겠소."

처녀가 말했다.

"낭군께서는 그렇게 말하지 마세요. 내가 일찍 죽는 것은 모두 하늘의 뜻이며 또한 저의 소원이요, 낭군의 경사이고, 우리 일족에겐 복이며, 나라 사람들의 기쁨입니다. 한 번 죽어 다섯 가지를 이로움이 있는데 어찌 그것을 마다하겠습니까. 다만 저를 위해 절을 짓고 불경을 강론해 좋은 과보를 얻는데 도움을 주신다면 낭군의 은혜 이보다 더 큼이 없겠습니다."

마침내 서로 울면서 작별했다.

다음날 과연 호랑이가 성안으로 들어와 사나움이 심해 감히 당해낼 수가 없었다. 원성왕元聖王은 영을 내려 이르기를,

"호랑이를 잡는 사람에게 2급의 벼슬을 주겠다."

라고 했다. 이에 김현이 대궐로 나아가 아뢰었다.

"소신이 잡겠습니다."

왕은 먼저 벼슬을 주고 격려했다. 김현이 칼을 들고 숲속으로 들어가자, 범은 낭자娘子로 변해 반갑게 웃으며 맞으면서 말하기를,

"어젯밤 낭군과 마음속 깊이 맺은 정을 잊지 마십시오. 오늘 내 발톱에 상처를 입은 사람들은 모두 흥륜사의 간장을

바르고 그 절의 나발螺鉢 소리를 들으면 나을 것입니다.”

했다. 그리고는 김현의 칼을 뽑아 스스로 목을 찔러 쓰러지 호랑이로 돌아왔다. 김현이 숲속에서 나와 이르기를,

“호랑이를 잡았다!”

라고 했다. 그리고 그 까닭은 숨기고, 다만 호랑이에게 입은 상처를 그 호랑이가 시키는 대로 치료했다. 지금도 민가에서 호랑이에게 입은 상처에 역시 그 방법을 쓴다.

김현이 벼슬에 올라 서천西川에 절을 세워 호원사虎願寺라 하고, 항상 범망경梵網經을 강론해 호랑이의 저승길을 인도함과 동시에 제 몸을 죽여 자기를 성공시킨 은혜에 보답했다. 김현은 죽을 때 이 일을 적어 전하며 세상이 비로소 알게 되었으므로 그의 이름을 논호림論虎林이라 했는데, 지금까지도 그렇게 불리고 있다. (중략)

찬하여 말한다.

산가山家의 세 오라비 죄악이 많아,
고운 입에 어찌 한 번 승낙 어떻게 할까?
의리의 중함 여러가지 이나 죽음은 가벼워,
숲속에서 맡긴 몸 낙화落花처럼 져 갔구나.

융천사融天師의 혜성가彗星歌, 진평왕대眞平王代

제5 거열랑居烈郎, 제6 설처랑實處郎, 제7 보동랑寶同郎 등제 화랑의 무리가 풍악風岳으로 놀러가려 했는데, 때마침 혜성彗星이 심대성心大星을 침범했다. 그러자 낭도들이 이를 의아하게 생각해 여행을 중지하려고 했는데 이때 융천사融天師가 노래를 지어 부르자 별의 괴변이 즉시 사라졌다. 또 일본日本 군사도 자기 나라로 되돌아가니 도리어 행복과 경사가 되었다. 임금이 기뻐하면서 낭도郎徒들을 보내 풍악으로 가서 놀게 하였으니, 그 노래는 이렇다.

옛날 동해 물가에서 건달파乾達婆가 놀던 성을 바라보고,
왜군이 왔다고 봉화를 든 변방이있어라.
세 화랑이 산 구경 오심을 듣고,
달도 부지런히 등불을 켜는데
길 쓸 별을 바라보고 혜성이여! 사뢴 사람이 있구나.
후구後句
아아, 달은 저 아래로 떠 갔더라. 보라, 무슨 혜성이 있으랴.

정수사正秀師 구빙녀救氷女

제40대 애장왕哀莊王 때, 승려 정수正秀가 황룡사에 머물고 있었다. 겨울에 눈은 많이 쌓였고 날은 이미 저물었는데, 삼랑사三郎寺에서 돌아오던 중 천엄사天嚴寺 문밖을 지나가게 되었다. 그때 한 여자 거지가 아이를 낳고 누워 얼어 죽게 되어, 스님이 보고 불쌍하게 여겨 그녀를 안아주었는데 한참 만에 깨어났다. 이에 옷을 벗어 덮어주고 벌거숭이가 된 채 본 절로 달려와 거적 풀로 몸을 덮고 밤을 새웠다. 한밤중에 하늘에서 궁정 뜰을 행해 외치는 소리가 들렸는데,

"황룡사 중 정수正秀를 임금의 스승에 봉하겠노라."

하였다. 급히 사람을 시켜 조사해 왕에게 알리자, 왕은 위의를 갖추고 그를 대궐로 맞아 국사로 삼았다.

낭지승운朗智乘雲 보현수普賢樹

삽량주 아곡현阿曲縣의 영취산靈鷲山(지금의 양
주梁州)에 괴이한 승려가 있었다. 수십 년을 암자
에서 살았지만, 고을에서 모두 그를 알지 못하였고, 스님도
또하나 성명을 말하지 않았다. 항상 「법화경法華經」을 강론
했는데, 신통력이 있었다.

용삭龍朔 초년에 승려 지통智通이 있어, 그는 원래 이량공
伊亮公 집의 종이었다. 7세에 출가했는데, 그때 까마귀가 와
서 울면서 말하기를,

"영취산靈鷲山으로 들어가 낭지朗智의 제자가 되어라."

했다. 이 말에 산을 찾아가 골짜기 안 나무 밑에서 쉬고 있
는데, 이상한 사람이 나오고 있었다. 그 사람이 말하기를,

"나는 보현보살普賢菩薩인데 너에게 계품戒品을 주려고 왔
다."

하고 계를 베풀고 사라졌다. 이때 지통은 정신이 활달해지
고 지증智證이 문득 두루 통해졌다.

그는 다시 길을 가다가 한 승려를 만났다. 그에게 낭지스
님의 행방을 묻자, 승려가,

"어째서 낭지를 묻느냐?"

했다. 지통이 신기한 까마귀의 일을 말하자 그가 웃으면서,

"내가 바로 낭지다. 지금 내 집에 까마귀가 와서 알리기를, 거룩한 아이가 장차 올 것이니 마땅히 나가 영접하라 하여 마중하는 것이다."

하고 손을 잡고 감탄하여 말하기를,

"신령한 까마귀가 너를 깨우쳐 나에게 오게 하고, 내게 알려 너를 맞게 하니 이 무슨 상저로운 일인가? 아마 산신령의 도움인 듯싶다. 전하는 말에 산의 주인인 변제천녀辯才天女라고 한다."

했다. 이에 지통이 울면서 감사하고 스님에게 귀의하고, 계를 주려고 하니 지통이 말하기를,

"저는 이미 동구나무 밑에서 보현보살에게 정계正戒를 받았습니다."

했다. 낭지는 감탄하여,

"네가 이미 친히 보살의 만분지계滿分之戒를 받았으니, 내가 너에게 아득히 미치지 못하는구나."

하고 도리어 지통에게 예를 올렸다. 이런 일이 있어 그 나무를 보현수普賢樹라 했다. 지통이

"법사께서 이곳에 기거하신 지가 오래된 듯합니다."

하자 낭지가,

"법흥왕法興王 정미년丁未年에 처음 이곳으로 왔는데, 지금 얼마가 되었는지 모르겠다."

라고 했다. 지통이 이 산에 온 것이 문무왕文武王 즉위 원년이니 계산해 보면 135년이 된다.

지통은 후에 의상의 처소에가서 고명하고 오묘한 이치를 깨달아 불교의 교화에 이바지 하였고, 또 『추동기錐洞記』를 지었다.

원효元曉가 반고사磻高寺에 있을 때 항상 낭지를 찾아가 만났는데, 낭지는 원효에게 『초장관문初章觀文』과 『안신사심론安身事心論』을 저술하게 했다. 원효가 책을 완성한 후 은사隱士 문선文善을 시켜 책을 받들어 보내면서 편미篇尾에 게구偈句를 적었으니 그 내용은 이러하다.

서쪽 골짜기 중이 머리 조아려, 동쪽 봉우리 상덕上德 고암高巖 앞에 예하노라.(반고사磻高寺는 영취산靈鷲山의 서북쪽에 있기 때문에 서쪽 골짜기 승려는 바로 자신을 말하는 것이다.) 가는 티끌 불어 보내 영취산靈鷲山에 보태고, 잔 물방울 날려 용연龍淵에 던지누나.

산의 동쪽에 대화강大和江이 있는데, 이는 중국 대화지大和池의 용의 복을 기원하기 위해 만들었다하여 용연龍淵이라 한 것이다. 지통과 원효는 모두 큰 성인인데, 이들이 스승으로 섬긴 낭지스님의 도가 얼마나 높은지 알 수가 있다. 일찍이 스님은 구름을 타고 중국 청량산淸凉山으로 가서 강의를 듣고 돌아오곤 했다. 그곳 중들은 그를 이웃에 사는 사람으로 여겼지만 사는 곳을 전혀 알지 못했다.

어느 날 여러 중들에게 명하기를,

"항상 이 절에 사는 자를 제외하고 다른 절에서 온 중은 제각기 살고 있는 곳의 이름난 꽃과 기이한 식물을 가져와 도량道場에 바쳐라."

했다. 낭지는 그 이튿날 산중에서 기이한 나뭇가지를 꺾어 돌아와 바쳤다. 그곳의 중이 그것을 보고

"이 나무는 범명梵名으로 달리가라 하고 이곳에서는 혁赫이라고 한다. 이것은 서천축西天竺과 해동海東의 두 영취산靈鷲山에만 있는데, 이 두 산은 모두 제10 법운지法雲地로서 보살이 사는 곳이니, 이 사람은 반드시 성인일 것이다."

했다. 마침내 행색을 살펴 낭지가 해동 영취산에 살고 있음을 알게 되었고, 이로 인해 이름이 안팎에 드러났다. 나라 사람들은 그의 암자를 혁목암赫木庵이라고 불렀는데, 지금 혁목사赫木寺 북쪽 산등성이에 옛 절터가 있으니, 그 절이 있던 자리이다.

『영취사기靈鷲寺記』에 이르기를,

"낭지가 일찍이 말하기를, '이곳 암자 자리는 가섭불迦葉佛 때의 절터로 땅을 파서 등항燈缸 두 개를 얻었다'고 했다. 원성왕元聖王 때 고승高僧 연회緣會가 이 산속에 와서 낭지스님의 전기傳記를 지었다. 이것이 세상에 유명했다."

했다.

「화엄경華嚴經」을 살펴 보면 제10 법운지法雲池라고 했다.

지금 스님이 구름을 탄 것은 대체로 부처 삼지三指로 꼽고, 원효가 100몸으로 분신되는 따위인 것이다.

찬하여 말한다.

생각하건대, 산속에서 수도한 지 100년 동안,
고매한 이름 일찍이 세상에 드러나지 않고,
산새의 한가로운 지저귐 막을 길이 없어,
구름 타고 오가는 것 속절없이 누설되었네.

연회도명緣會逃名과 문수점文殊帖

고승高僧 연회緣會는 일찍이 영취산靈鷲山에 은둔하면서 항상 「연경蓮經」을 읽어 보현보살普賢菩薩의 관행법觀行法을 수행했다. 정원의 연못에 연꽃 두세 떨기가 있었는데, 사시에도 시들지 않았다.(지금의 영취사靈鷲寺 용장전龍藏殿이 바로 연회緣會의 옛 거처이다.)

원성왕元聖王이 그 상서롭고 기이함을 듣고 그를 불러 국사로 삼으려고 하니 스님이 그 소식을 듣고 암자를 버리고 도망했다. 연회가 서쪽 고개 바위를 넘는데, 한 노인이 밭을 갈고 있다가 어디로 가느냐고 물었다. 그러자 스님은,

"내가 들으니 나라에서 나를 잘못 알고 벼슬로서 얽매려고 하여 피해가는 길입니다."

라고 했다. 이 말을 들은 노인은,

"여기서도 가히 팔수가 있을 것인데 어찌 수고로이 멀리서 팔려고 합니까? 스님께서는 이름 팔기를 싫어하지 않는다 하겠습니다."

라고 했다. 연회는 그가 자신을 업업신여긴다 생각하고 듣지 않고 마침내 몇 리를 더 갔다. 시냇가에 이르러 한 노파

를 만났는데, 또 나타나 어디로 가느냐고 물어 연회는 전과 같이 대답하니, 노파가 말했다.

"앞에서 사람을 만났습니까?"

연회가 말했다.

"한 노인을 만났는데, 나를 업신여기는 것이 심하여 불쾌하여 또 오는 것입니다."

노파는 말했다.

"그분이 문수보살이신데, 그분의 말을 듣지 않았으니 이제 어찌 하겠습니까?

라고 했다. 연회는 깜짝 놀라고 부끄러워 급히 노인에게 달려가 머리를 숙여 사죄했다.

"성인의 말씀을 감히 듣지 않겠습니까. 이제 다시 돌아왔습니다. 그런데 그 시냇가의 노파는 누구십니까?"

노인이 말했다.

"그는 변재천녀辯才天女이시다."

라며 사라졌다. 연회는 암자로 돌아와 임금의 명을 받들어 국사가 되었다.(『승전僧傳』에는 헌안왕憲安王이 이조왕사二朝王師로 삼아 희熙로 이름을 정하고 감통感通 4년에 죽었다고 했으니, 원성왕元聖王의 연대年代와 서로 다르므로 어느 것이 옳은지 알 수 없다.)

연회가 노인에게 감명 받은 곳을 문수점文殊岾이라 하고, 여인을 만난 곳을 아니점阿尼岾이라 했다.

찬하여 말한다.

도시에선 어진 이가 오래 숨지 못하는 것,
주머니 속 송곳 끝을 감추기 어렵네.
뜰아래 푸른 연꽃으로 세상에 나갔지,
운산雲山이 깊지 않은 탓은 아니네.

혜현구정惠現求靜

승려 혜현惠現은 백제 사람으로, 어려서 중이 되어 『법화경法華經』을 외는 것으로 업을 삼았는데 부처께 기도하여 복을 청해 영험한 감응이 많았다. 또 삼론三論을 배우고 도를 닦아 신명神明에 능통했다. 처음 북부 수덕사修德寺에 기거했는데, 신도가 있으면 불경을 강론하고 없으면 불경을 외우니 사방 먼 곳에서도 그 품격을 흠모하여 문밖에 신이 가득했다. 차츰 번거로움이 싫어 강남江南 달라산達拏山에 들어가 살았는데, 산이 몹시 험해 내왕이 힘들고 드물었다. 혜현은 고요히 앉아 생각을 잊고 산속에서 생을 마치니, 동학들이 그 시체를 운반해 석실 속에 모셨다. 그랬더니 호랑이가 유해를 다 먹고 해골과 혀만 남겨두었다. 추위와 더위가 세 번 돌아와도 혀는 오히려 붉고 연해졌다. 그 후부터 점점 변해 자줏빛으로 되고 돌처럼 단단해졌다. 중과 속인들은 그를 공경해 이것을 석탑 속 간직했다. 이때 나이 58세였으니, 정관貞觀 초년이었다. 혜연은 중국으로 건너가 배운 적이 없고, 조용히 물러나 일생을 마쳤다. 하지만 이름이 중국까지 알려지고 전기가 쓰이게 되면서 당나라에서도 그 명성이 더 높았다. 또 고구려 승려

파약波若은 중국 천태산天太山으로 들어가 지자智者의 교관
教觀을 받았는데 신이神異한 사람으로 알려졌다가 죽었다.
『당승전唐僧傳』에도 실려 있는데 자못 영험한 가르침이 많
다.

  찬하여 말한다.

  녹미鹿尾로 설법함도 한바탕 수고를 느껴,
  지난해 외던 불경 구름 속에 숨었어라.
  세간世間의 청사靑史에 길이 이름을 남겨,
  사후에는 연꽃처럼 혀가 꽃다웠어라.

신충괘관信忠掛冠

효성왕曉成王이 잠저潛邸에서 있을 때 어진 선비 신충信忠과 궁정宮庭의 잣나무 밑에서 바둑을 두면서 일찍이 일러 말하기를,

"훗날 만약 그대를 잊는다면 저 잣나무가 증거가 될 것이다."라고 하니, 신충이 일어나 절을 했다. 몇 달 뒤 효성왕이 왕위에 올라 공신들에게 상을 주면서 신충을 잊고 있었다. 신충이 원망하여 노래를 지어 그 나무에 붙였는데, 잣나무가 갑자기 말라 버렸다. 왕은 괴이하게 여겨 사람을 보내 살피게 했더니 노래를 얻었다가 바쳤다. 왕은 크게 놀라고 말했다.

"정무가 복잡하고 바빠 각궁角弓을 거의 잊을 뻔했구나."

이에 신충을 불러 벼슬을 내리니 잣나무가 그제야 다시 살아났다. 그 노래는 이렇다.

'뜰의 잣나무가 가을에 아니 이울지매, 너를 어찌 잊으리오.' 하신 우러르던 얼굴 계시온데,

달그림자가 옛 못의 가는 물결 원망하듯, 얼굴사 바라 보니누리도 싫은지고.

후구後句는 없어졌다.

이로써 신충에 대한 총애는 양조兩朝에 경덕왕景德王 22년 계묘癸卯에 신충은 두 친구와 서로 약속하고 다음 벼슬을 버리고 남악南岳으로 들어갔다. 두 번을 불렀지만 나오지 않고 승려가 되었다. 그는 왕을 위해 단속사斷俗寺를 세우고 거기에 살았는데, 임금의 진영을 모셔두었는데 금당 뒷벽에 있는 것이 바로 그것이다. 남쪽에 속휴俗休라는 마을이 있었는데 지금은 이것이 와전되면서 소화리小花里라고 부르고 있다.(『삼화상전三和尙傳』에 보면 신충봉성사信忠奉聖寺가 있는데 이것과 서로 혼동된다. 계산해 보면, 신문왕神文王 때는 경덕왕景德王과 100여 년이 되는데 하물며 신문왕神文王과 신충信忠이 숙세宿世의 인연이 있었다는 사실은 이 신충이 아님이 분명하다 자세하게 살펴봐야 할 일이다.)

또 별기別記에는, 경덕왕 때 직장直長 이준李俊은 나이가 50 나이 50이 외 되면 중이 되어 절을 세우게 되리라 하였다. 천보天寶 7년 무자戊子 때 50세가 되면서 조연소사槽淵小寺를 고쳐 지어 큰 절을 만들고 단속사斷俗寺라 하고 자신도 머리를 깎고 법명을 공굉장로孔宏長老라 했다. 이준은 이 절에 기거한 지 20년 만에 세상을 마쳤다. 이는 앞의 『삼국사三國史』에 실린 것과 같지 않으나 두 가지 설說을 모두 기록해 의심나는 부분을 줄이고자 한다.

찬하여 말한다.

공명은 다하지 못했는데 귀밑머리 먼저 세고,
임금 총애를 비록 많았으나 한평생이 바쁘도다.
언덕 저편 산이 자주 꿈에 들어오니,
돌아가 향화를 피워 왕의 복을 비오리다.

포산이성包山二聖

신라 때 관기觀機와 도성道成 두 성사聖師가 있었
는데, 어떤 사람인지는 알 수가 없다. 두 사람은
함께 포산包山에 은둔해서 살았는데 관기는 남쪽 고개에 암
자를 지었고, 도성은 북쪽 굴에서 살았다.

서로 10여 리쯤 떨어졌지만, 구름을 헤치고 달을 노래하면
서 항상 왕래했다. 도성이 관기를 부르고자 하면 산속의 수
목이 모두 남쪽을 향해 굽혀 서로 영접하는 것 같으므로 때
문에 관기는 이것은 보고 그에게로 갔다. 또 관기가 도성을
맞이하고자 하면 이와 반대로 나무가 모두 북쪽으로 구부
러지므로 도성도 관기에게로 가게 되었다. 이렇게 하기를
여러 해가 지났다.

도성은 살고 있는 뒤의 높은 바위위에 늘 좌선을 하였는데
어느 날 바위 사이로 몸을 빼쳐 나와 온몸을 허공에 날리면
서 떠나갔는데, 간 곳을 알 수 없었다. 혹자는 지금의 수성
군壽城郡인 수창군壽昌郡에서 죽었다고 했다. 관기 또한 뒤
를 따라 세상을 떠났다.

지금 두 성사聖師의 이름으로 그 터를 명명命名했는데 모두

유지遺址가 있다. 도성암은 높이가 두어 길이나 되는데, 후세 사람들이 그 굴 아래에 절을 지었다.

태평흥국太平興國 7년 임오壬午에 승려 성범成梵이 처음 이 절에 와서 기거했다. 만일미타도랑萬日彌陀道場을 열어 50여 년을 부지런히 힘써서 여러 번 상서로운 조짐이 있었다. 이때 현풍玄風의 신도 20여 명이 매년 결사結社해 향나무를 절에 바쳤는데, 향나무를 쪼개 씻어서 발箔 위에 펼쳐 두면 그 향수가 밤에 촛불처럼 빛을 냈다. 이로 말미암아 고을 사람은 향나무에게 보시하고 빛을 얻은 해라 하여 하례했다. 이는 두 성사의 영감이고 혹은 산신의 도움이었다. 산신의 이름은 정성천왕靜聖天王으로 일찍이 가섭불迦葉佛 때 부처님의 부탁을 받았고 본서本誓에서는,

"산중에서 1,000명의 출세出世를 기다려 남은 과보果報를 받겠다."

라고 했다.

지금 산중에 9성聖의 유사遺事를 기록한 것이 있으나, 자세하지는 않다. 9성聖은 관기觀機·도성道成·반사搬師·첩사牒師·도의道義·자양子陽·성범成梵·금물녀今勿女·백우사白牛師 이다.

찬하여 말한다.

서로 지나가다 달빛 밟고 운천雲泉을 희롱하던 두 노인의

풍류 몇 백 년이 지났는고?

  연하烟霞 가득한 구렁에는 고목만이 남았는데,

  어긋버긋 찬 그림자 서로 맞는 모양일레.

  반槃은 음이 반般인데 우리말로 피나무雨木라 하고, 첩牒은 음이 첩牒인데 우리말로 가을목加乙木이라고 한다.

  두 성사聖師가 오랫동안 산골에 운둔하면서 인간세상과 사귀지 않고 나뭇잎을 엮어 옷으로 입고, 추위와 더위를 겪었으며 습기를 막고 하체를 가를 뿐이었다. 그래서 반사·첩사로 호를 삼았던 것인데, 일찍이 들으니 풍악風岳에도 이런 이름이 있었다고 한다. 내가 포산包山에 살 때 두 스님이 남긴 미덕美德을 쓴 것이 있어 여기에 아울러 기록한다.

  자모紫茅와 황정黃精으로 배를 채웠고,

  입은 옷은 나뭇잎, 누에 치고 베 짠 것 아닐세.

  찬바람 쏴쏴 불고 돌은 험한데,

  해 저문 숲속으로 나무해 돌아온다네.

  밤 깊고 달 밝은데 그 아래 앉았으면,

  반신半身은 시원이 바람 따라 나는 듯.

  떨어진 포단蒲團에 가로누워 잠이 들면

  꿈속에도 속세에는 돌아가지 가지 않노라.

  운유雲遊는 가버리고 두 암자만 묵었는데,

  산 사슴만 뛰놀 뿐 인적은 드물구나.

영재우적永才遇賊

승려 영재永才는 성품이 익살스럽고 재물에 얽매이지 않았으며, 향가를 잘했다. 만년에 장차 남악南岳으로 은거하려고 대현령大峴嶺에 도차했는데, 도둑 60여 명을 만났다. 도둑들이 그를 해치려고 했지만, 영재가 칼날 앞에서도 두려워하는 기색 없이 이연怡然하게 대하므로 도둑들이 이상히 여겨 그 이름을 물으니 영재라고 했다. 도둑들은 평소부터 그 이름을 들었으므로, 이에 노래를 짓게 하였는데 그 가사는 이러하다.

제 마음에 형상을 모르려던 날,
멀리 지나치고 이제는 숨어서 가고 있네.
오로지 그릇된 파계주를
두려워할 짓에 다시 또 돌아가리.
이 칼날이 지나고 나면 좋은 날이 오리니,
아아, 오직 요만한 선善은 새집이 아니 되느니.

도둑들은 그 노래에 감동받아 비단 2필을 그에게 주니 영재는 사양하면서 말하기를,

"재물이 지옥에 가는 근본임을 알고 장차 궁벽한 산중으로 피해 일생을 보내려고 하는데, 어찌 감히 이것을 받을 것인가?"

하고 땅에 던지니 도둑들은 다시 감동되어 칼과 창을 버리고 머리를 깎고 영재의 제자가 되어 함께 지리산智異山으로 숨어 다시는 세상에 나오지 않았다. 이때 영재의 나이 거의 90살이었으니, 원성대왕元聖大王의 시대이다.

찬하여 말한다.

지팡이 짚고 귀산하니 뜻이 한결 깊어,
비단과 구슬인들 어찌 마음 다스리랴.
푸른 숲의 군자들아 그런 것 주지 말라,
지옥이란 다름아닌 재물이 근원이네.

물계자勿稽子

신라 제10대 내해왕奈解王이 즉위한 17년 임진王辰에 보라국保羅國·고자국古自國(지금의 고성固城)인 사물국史勿國(지금의 사주泗州)등 여덟 나라가 연합해 변경을 침범했다. 왕이 태자 내음과 장군 일벌一伐등에게 명해 이들을 막게 하면서 여덟 나라가 모두 항복했다. 이때 물계자勿稽子의 공이 제일 컸지만, 태자에게 미움을 받아 공을 인정받지 못했다.

이에 어떤 사람이 물계자에게 이르기를,

"이번 싸움의 공은 오직 당신뿐인데 당신에게 미치치 못했으니 태자가 그대를 미워함을 원망할 것인가?"

하고 묻자, 물계자는 대답하기를,

"임금이 위에 있는데 인신人臣인 태자를 왜 원망하리오."

했다. 그 사람이 이르기를,

"그러면 이 일을 왕에게 아뢰는 것이 옳지 않겠는가?"

하니 물예자는,

"공을 자랑하고 이름을 다투며 자신을 나타내고 남을 가리는 것은 지사志士의 할 바가 아니오. 힘써 때를 기다릴 뿐입니다."

했다.

십 년 을미乙未에 지금의 합포合浦인 골포국骨浦國 등 세 나라 왕이 각각 군사를 동원해 지금의 울주蔚州인 갈화竭火를 침범하자 왕이 친히 군사를 이끌고 이를 막으니 세 나라가 모두 패했다. 이때 물계자가 죽인 적병의 목이 수십 급이었지만, 사람들은 그의 공을 말하지 않았다. 물계자가 그 아내에게 말하기를,

"들으니 임금을 섬기는 도리는 위태로움을 보면 목숨을 바치고, 환란을 당해서는 몸을 잊어버리며, 절의를 지켜 죽고 사는 것을 돌보지 않는 것을 충이라 했소. 무릇 보라保羅(지금의 나주羅州)와 갈화竭火(지금의 나주羅州)의 싸움은 나라의 환란이었고 임금의 위태로움이었소. 이에 나는 일찍이 내 몸을 잊고 목숨을 바치는 용맹이 없었으니 불충하기 이를 데 없소. 이미 불충으로써 임금을 섬겨 그 누累가 아버님께 미쳤으니 어찌 효라고 할 수 있겠소. 이에 충효의 도리를 잃었으니 무슨 낯으로 다시 조정과 시정에 얼굴을 내밀 수 있겠소."

했다. 이에 머리를 풀어헤치고 거문고를 메고 사체산으로 들어갔다. 그리고는 대나무의 곧은 성벽性癖을 슬퍼하고 그것에 비유해 노래를 짓고, 흐르는 시냇물소리에 맞춰 거문고를 타고 곡조를 지었다. 그는 그곳에 은둔하면서 다시는 세상에 나오지 않았다.

영여사迎如師

실제사實際寺의 승려 영여迎如는 그 집안 내력과 성씨는 알지 못하지만, 덕과 행실이 훌륭했다. 경덕왕景德王이 그를 맞아 공양을 드리려고 사자를 파견해 그를 불렀는데, 영여는 대궐로 들어가 재를 올리고는 돌아가려고 했다. 왕은 사자에게 명해 그를 절까지 모시도록 했다. 그는 절 문에 들어서는 즉시 숨어버려 있는 곳을 알 수가 없었다. 사자가 이 사실을 아뢰자 왕은 그를 국사로 추봉했다. 그 뒤로 또한 세상에 나오지 않았는데, 지금 그 절을 국사방國師房이라고 부른다.

포천산布川山 오비구五比丘 경덕왕대景德王代

삽량주 동북쪽 20리 가량 떨어진 곳에 포천산布川山이 있는데 석굴이 기이하고 빼어나 마치 사람이 깎아 만든 것 같았다. 이곳에 다섯 비구比丘가 있었는데, 이름은 알 수가 없다. 이들은 이곳으로 와 아미타불阿彌陀佛을 외면서 서방정토西方淨土를 구하기 몇십 년에 갑자기 성중聖衆이 서쪽에서 와 그들을 맞이했다. 이에 다섯 비구가 각각 연화대에 앉아 하늘로 올라가 통도사通度寺 문밖에 이르러 머물러 있는데 하늘에서 음악이 간간히 들려왔다. 이 절의 중들이 나와 보니 다섯 비구는 무상고공無常苦空의 이치를 설명하고 유해를 벗어 버리더니 큰 광명을 내비치면서 서쪽으로 가는 것이었다. 절의 중이 정자를 짓고 이름을 치루置樓라고 했는데, 지금까지 남아 있다.

염불사念佛師

남산南山 동쪽 산기슭에 피리촌避里村이 있고, 그 마을에 절이 있어 피리사避里寺라고 했다. 그 절에 괴이한 승려가 있었는데 성명을 말하지 않았다. 항상 아미타불을 외우는데, 그 소리가 성 안까지 들려 360방 17만호에서 그 소리를 듣지 않은 사람이 없었다. 소리는 높낮음 없이 낭랑하기가 한결같았다. 이로써 그를 이상히 여겨 공경하지 않는 사람이 없었고, 모두 그를 염불사念佛師라고 불렀다. 그가 죽자 소상塑像을 만들어 민장사敏藏寺에 모시고, 그가 본래 살았던 피리사를 염불사念佛師로 개칭했다. 이 절 옆에 또 절이 있는데 이름을 했으니 양피사讓避寺라고 했는데, 이것은 마을 이름을 따서 얻은 것이다.

진정사眞定師 효선쌍미孝善雙美

법사法師 진정眞定은 신라 사람이다. 세속인이었을 때 군대에 예속되어 있었는데, 집이 가난하여 장가를 들지 못했다. 군대 복역 기간 중 여가를 이용해 품을 팔아 홀어머니를 봉양했는데 그의 집안에 재산이라고는 오직 다리가 부러진 솥 뿐이었다. 어느 날 중이 찾아와 절을 짓는데 필요한 쇠붙이를 구하므로 어머니가 솥을 시주는데 이윽고 진정이 돌아오자 어머니가 그 사실을 말하고 아들의 생각을 살피니 진정은 기쁜 안색으로 말하기를,

"불사에 시주하는 것이 얼마나 좋은 일입니까? 비록 솥이 없어도 무슨 걱정이 되겠습니까?"

하고는 와분瓦盆을 솥으로 삼아 음식을 익혀 어머니에게 봉양했다.

그가 일찍이 군대에 있을 때 의상법사義湘法師가 태백산맥에서 설법을 한다는 소리를 듣고 사모하는 마음이 생겨 어머니에게 고했다.

"효도를 마친 뒤에는 의상법사에게 가서 중이 되어 도를 배우겠습니다."

어머니는 말했다.

"불법은 만나기 어렵고 인생은 너무 빠른 것이니, 효도를 마친 후라면 늦지 않겠느냐. 그러니 어찌 내 죽기 전에 네가 불도를 아는 것만 하겠느냐 주저하지 말고 빨리하는 것이 좋을 것이다. 주저하지 말아야 한다."

진정이 말하기를,

"어머님 만년에 오직 소자가 옆에 있을 뿐인데, 어찌 버리고 출가할 수 있겠습니까?"

했다. 어머니가 이르기를,

"아! 나를 위해 출가하지 못하면 나를 지옥에 떨어지게 하는 것이다. 비록 생전에 삼뢰칠정三牢七鼎으로 나를 봉양해도 어찌 가히 효도가 되겠느냐. 나는 의식依食을 남의 문간에서 얻더라도 천수天壽를 누릴 것이니 꼭 나에게 효도하고자 한다면 네 말을 말아라."

했다.

진정이 오랫동안 깊이 생각하는데 어머니가 즉시 일어나 쌀자루를 털어 보니 쌀 일곱 되가 되었다. 어머니는 이 쌀로 밥을 지어서

"네가 밥을 지어 먹으면서 간다면 늦을 것이다. 지금 내 눈앞에서 그 한 되 밥을 먹고 엿 되 밥은 자루에 싸 가지고 빨리 떠나라."

진정은 흐느껴 울면서 곧이 사양하며 말하기를,

"어머님을 버리고 출가함은 자식 된 도리로 차마 하기 어

려운 일이거늘, 하물며 며칠 동안의 미음거리까지 모두 싸서 떠난다면 천지가 저를 무엇이라고 하겠습니까?"

세 번을 사양했으나 어머니 역시 세 번을 권했다. 진정은 그 뜻을 어기기 어려워 길을 떠나 밤낮으로 3일 만에 태백산에 이르러 의상에게 의탁해 머리를 깎고 제자가 되어 이름을 진정眞定이라 하였다. 3년 후 어머니의 부고를 받자 진정眞定은 가부좌를 하고 선정禪定에 들어가 7일 만에 나왔다.

설명하는 이는 말하기를,

"추모와 슬픔이 지극해 견딜 수가 없었기 때문에 정수定水로써 슬픔을 씻은 것이다."

라고 했다. 혹자는 이르기를,

"선정禪定으로써 어머니가 살고 있는 곳을 관찰했다."

하였고 또 어떤 이는,

"이것이 실리實理와 같이해서 명복을 빈 것이다."

라고 했다. 선정하고 나온 뒤 그 일을 의상義湘에게 고하자, 의상은 문도門徒를 데리고 소백산 추동錐洞으로 가서 초가를 짓고, 제자 3천 명을 모아 약90일 동안 화엄대전華嚴大典을 강론했다. 이때 문인 지통智通이 강연의 요지를 뽑아 두 권의 책으로 만들고, 이름을 『추동기錐洞記』라 하여 세상에 널리 폈다. 강론이 끝나자 그 어머니가 꿈에 나타나 이르기를,

"나는 이미 하늘에 환생했다."

고 했다.

대성大城 효2세부모孝二世父母 신문왕대神文王代

　　　　모량리牟梁里에 가난한 여인이 경조慶祖에게 아
이가 있었는데 머리가 크고 정수리가 평평한 성
과 같으므로 이름을 대성大城이라 하였다. 집이 옹색하여
부자인 복안福安 집에서 품팔이를 하고, 그 집에서 약간의
밭을 얻어 의식을 해결했다.

　이때 개사開士 점개漸開가 육륜회六輪會를 흥륜사興輪寺에
서 베풀고자 복안의 집을 찾아가 보시를 권하니 복안은 베
50필을 보시함에 점개는 주문을 읽어 축원하였다.

　"단월檀越이 보시하기를 좋아해 천신이 항상 지켜주실 것
이며, 한 가지를 보시하면 1만 배를 얻게 되며, 안락하고 수
명 장수하게 될 것입니다."

　대성이 이 소리를 듣고 어미에게 달려가 말했다.

　"제가 순간에 온 스님이 외는 주문을 들었는데, 한 가지를
보시하면 1만 배를 얻는다고 합니다. 생각하건대, 저는 숙
선宿善이 없어 지금 곤궁한 것이니 지금 보시하지 않으면
내세에서는 더더욱 구차해질 것입니다. 제가 고용살이로
얻은 밭을 법회에 보시해 뒷날의 응보를 도모하면 어떻겠
습니까."

어머니가 허락하므로 대성은 밭을 점개에게 보시했다. 얼마 지나지 않아 대성은 세상을 떠났는데,

이날 밤 국상 김문량金文亮의 집 하늘에서 외침이 있었다. "모량리 대성이란 아이가 네 집에 태어날 것이다."

집 사람들이 크게 놀라 사람들을 시켜 모량리를 조사하게 하니 대성이 과연 죽었는데 그날 하늘에서 외친 때와 같았다.

김문량의 아내가 임신해 아이를 낳으니, 아이는 왼손을 쥐고 있다가 7일 만에 폈는데, 대성大城이란 글자가 새겨진 금간자金簡子가 있으므로 다시 이름을 대성이라 하고, 그의 어미를 모셔와 함께 봉양했다.

이미 성장하여 사냥하기를 좋아했는데, 어느 날 토함산吐含山에서 곰 한 마리를 잡고 산 밑 마을에서 잤다. 꿈속에서 곰이 변해 귀신이 되어 나타나 시비를 걸며 말하기를,

"네 어찌 나를 죽였느냐. 내가 환생해 너를 잡아먹겠다."

했다. 이에 대성이 두려워 용서해 달라고 청하니, 귀신은,

"그렇다면 나를 위해 절을 세워주겠느냐?"

했다. 대성이 그러마하고 약속했는데, 꿈을 깨자 땀이 흘러 자리를 적셨다. 그 후부터 사냥을 그만두고 곰을 잡은 자리에 장수사長壽寺를 세웠다. 그로 말미암아 마음에 감동되는 자비의 원함이 더해 갔다.

이에 이승의 양친을 위해 불국사佛國寺를 세우고 전생의 부모를 위해 석불사石佛寺를 세워 신림神琳과 표훈表訓 두 성

사聖師를 청해서 각각 살게 했다.

대성이 장차 석불을 조각하기 위해 큰 돌을 다듬어 감개龕 蓋를 만들고 있는데, 돌이 갑자기 세 조각으로 쪼개졌다. 대성이 아깝게 여기다가 어렴풋이 졸았는데 밤중에 천신이 내려와 완성시켜 놓고 되돌아가므로 대성은 자리에서 일어나 남쪽 고개로 급히 달려가 향나무를 태워 천신에게 공양했다. 그래서 그곳의 이름을 향령香嶺이라 했다.

옛 향전鄕傳에 실려 있는 것은 이와 같으나 절 안의 기록은 이렇다.

"경덕왕景德王 때 대상大相 대성大城이 천보天寶 10년 신묘辛卯에 불국사를 짓기 시작했다. 혜공왕惠恭王을 거쳐 대력大歷 9년 갑인甲寅 12월 2일에 대성이 죽어 나라에서 이를 완성했다. 처음에 유가교瑜珈敎의 고승高僧 항마降魔를 청해 이 절에 거주하게 했고 이런 계승이 지금까지 이르렀다."

이처럼 고전古傳과 같지 않으므로 어느 것이 옳은 것인지 알 수가 없다.

찬하여 말한다.

모량牟梁에 봄이 지니 삼무三畝의 밭을 보시하고,
향령香嶺에 가을이 오니 만금을 거두었네.
어머니는 백 년 사이 가난과 부귀를 겪는데,
귀정槐庭은 한 꿈 사이 이세二世를 오갔다네.

향득사지向得舍知 할고공친割股供親
경덕왕대景德王代

웅천주熊川州에 향득向得이란 사지舍知가 살고있었는데, 흉년이 들어 그 아버지가 거의 굶어 죽게 되자, 자신의 다리 살을 베어 봉양을 했다. 고을 사람들이 이 사실을 자세히 임금에게 아뢰자, 경덕왕景德王은 곡식 500석을 상으로 하사했다.

손순매아孫順埋兒 흥덕왕대興德王代

손순孫順은 모량리牟梁里 사람으로 아버지가 학산鶴山이고 어머니가 운오運烏이다. 아버지가 죽자 아내와 함께 남의 집에 품을 팔아 양식을 얻어 늙은 어머니를 봉양했다. 손순에게는 어린 자식이 있었는데, 항상 어머니의 음식을 빼앗아 먹으니 손순이 민망하게 생각해 그 아내에게 말하기를,

"아이는 다시 얻을 수 있지만, 어머니는 다시 구하기 어렵다오. 그런데 아이가 어머님의 음식을 빼앗아 먹어 어머님은 굶주림이 심하니 아이를 땅에 묻어 어머님 배를 채워드려야겠소."

했다. 이에 아이를 업고 취산醉山 북쪽 들로 가서 땅을 파던 중 석종石鐘 하나를 얻었는데, 심히 이상하였다. 부부가 놀라고 괴이하게 생각해 잠시 나무 위에 걸어 놓고 재미로 두들겼는데, 그 소리가 은은해 듣기에 좋았다.

아내가 말했다.

"이것을 얻은 것은 아마 아이의 복인 것 같습니다. 그러니 이 아이를 묻지 않는 것이 좋겠습니다."

남편도 이 말을 옳게 여겨 아이와 석종을 지고 집으로 돌

아와 종을 들보에 매달고 두드리니 그 소리가 대궐까지 들렸다. 홍덕왕興德王이 이소리를 듣고 좌우 산하들에게,

"서쪽 들에서 이상한 종소리가 들려오는데, 맑고 멀리 들리는 것이 보통 종소리가 아니니 속히 가서 조사해 보아라." 명했다. 왕의 사자가 그 집에 가서 조사하고 돌아와 자세하게 아뢰자 왕은,

"옛날 곽거郭巨가 아들을 땅에 묻자, 하늘에서 금 솥을 내리더니 이번에는 손순이 그 자식을 묻으려고 하자, 땅 속에서 석종이 나왔으니 전세의 효도와 후세의 효도를 천지가 함께 본 것이로다."

라고 했다. 이에 손순에게 집 한 채를 하사하면서 매년 벼 50석을 내려 순후한 효성을 숭상했다. 손순은 예전에 살던 집을 희사해 절로 삼아 홍효사弘孝寺라 하고 석종을 안치했다.

진성왕眞聖王 때 후백제의 도둑이 그 마을에 쳐들어와서 종은 없어지고 지금은 절만 남아 있다. 그 종을 얻은 ㄸKㅇ을 완호평完乎坪이라 했는데, 이것이 와전되면서 지금은지량평枝良坪이라고 한다.

어머니를 봉양한 가난한 여인貧女養母

효종랑孝宗郎이 남산南山 포석정鮑石亭에서 놀자고 하니, 문객들이 모두 급하게 달려오나 오직 두 사람만 뒤늦게 오므로 효종랑이 그 까닭을 묻자, 그들은 대답하기를,

"분황사芬皇寺 동쪽 마을에 20세 안팎의 처녀가 있어 그 처녀가 눈먼 어미를 안고 서로 통곡하고 있어서 마을 사람에게 그 까닭을 물으니 말하기를, 이 여자는 '집이 가난하여 빌어다가 어머니를 봉양지 이제 여러 해가 지났는데 때마침 흉년이 들어 걸식하기도 어렵게 되어 이에 남의 집에서 곡식 30석을 얻어 주인집에 맡겨 놓고 종살이를 하고 있습니다. 날이 저물면 전대에 쌀을 담아 집으로 돌아와 밥을 지어 먹고 어머니와 함께 잠을 자고, 새벽이면 주인 집으로 가서 일을 했습니다. 이렇게 한지 며칠이 지나자, 어머니가 말하기를 전날 강비(糠粃:겨와 쭉정이라는 뜻인데, 거친 식사를 비유적으로 이르는 말)를 먹을 때는 마음이 편했는데, 지금 쌀밥은 창자를 찌르는 것처럼 마음이 편치 못하니 어찌된 일이냐고 했습니다. 그 처녀가 사실대로 말하자 어머니가 듣고 통곡하는 것이었습니다. 이에 여인은 오직 어머

니의 구복口腹의 봉양만을 하고, 색난(色難 : 자식이 부모의 얼굴빛을 보고 그 뜻에 맞게 봉양)을 하지 못함을 탄식하여 서로 껴안고 서럽게 울고 있는 것이오.' 하는 것이었습니다. 그것을 보느라 이렇게 늦었습니다."

라고 했다. 이 말을 들은 효종랑은 눈물을 흘리면서 곡식 100석을 보냈다. 남의 부모 역시 옷 한 벌을 보냈고, 많은 낭郎의 무리들도 곡식 1,000석을 거둬 보내 주었다. 진성왕眞聖王이 이것을 알고 곡식 500석과 집 한 채를 하사했으며, 또 군사들로 하여금 그 집을 호위해 도둑을 막도록 했다. 또 그 마을을 표창해 효양리孝養里라고 했다. 그 뒤에 그 집을 희사해 절을 삼고 양존사兩尊寺라고 하였다.

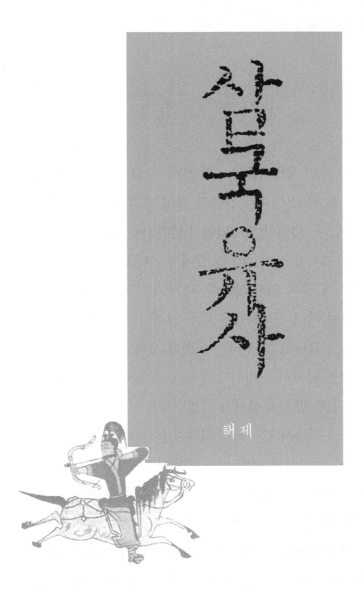

삼국의 재사

해제

삼국유사발三國遺事跋

우리 동방 삼국三國의 본사本史나 유사遺事 두 책은 딴 곳에서는 간행된 것이 없고 오로지 본부本府에만 있었다. 세월이 오래되면서 완결(나무, 돌, 쇠붙이 등에 새긴 글자가 닳아서 흐려지다.) 한 줄에서 알아볼 수 있는 것이 겨우 서너 자 밖에 되지 않는다. 내가 생각건데, 선비가 이 세상에 나서 여러 역사책들을 두루 살피고 천하의 치란治亂과 흥망興亡, 그리고 그에 따른 이상한 사적 제반에 대해 오히려 견식을 넓히려는 것인데 하물며 이 나라에 살면서 우리나라의 일을 알지 못해서야 되겠는가?

이에 이 책을 다시 간행하기 위해 완본完本을 널리 구하려고 몇 해를 애썼지만 이를 얻지 못했다. 그것은 일찍이 이 책이 세상에 드물게 유포되어 사람들이 쉽게 구해 보지 못한 탓임을 알 수 있다. 만일 지금 이것을 고쳐 간행하지 않는다면 장차 내용이 소실되어 동방의 지나간 역사를 후학들이 마침내 들어 알 수 없게 될 것이니, 실로 한탄 할 일이다.

다행이 사문斯文 성주목사星州牧使 권공權公 주輳가, 내가 이 책을 구한다는 말을 듣고 완본完本을 구해 내게 보내주

었다. 나는 이것을 기쁘게 받아 감사監司 안상국安相國 당塘
과 도사都事 박후전朴候佺에게 이 사전을 자세히 알리니 이
들이 모두 좋다고 했다. 이에 여러 고을에 책을 나누어 간
행하여 본부本府에 돌려보내 보관하도록 하였다.

아아! 물건이란 오래되면 반드시 폐해지고 폐해지면 반드
시 일어나게 마련이다. 이렇게 일어났다가 폐해지고 폐해
졌다가는 다시 일어나게 되면 것은 당연한 이치인 것이다.
이치의 떳떳함으로 일어날 때가 있음을 알아 그 전하는 것
을 영원토록 하고 또 후세에 배우는 사람에게 도움이 되기
를 바라는 바이다.

황명皇明 정덕正德 임신任申 계동季冬에 부윤府尹 추성정난
공신推誠定難功臣 가선대부嘉善大夫 경주진병마절제사慶州鎭
兵馬節制使 전평군全平君 이계복李繼福이 삼가 발문을 쓴다.

[刊記]
생원生員   이산보李山甫
교정생원校正生員   최기동崔起潼
중훈대부행경주부판관경주진병마절제도위中訓大夫行慶州

府判官慶州鎭兵馬節制都尉　　　　　　　이류李瑠

봉직랑수경상도도사奉直郎守慶尚道都事　　　박전朴佺

추성정난공신가정대부경상도관찰사겸병마수군절도사
推誠定難功臣嘉靖大夫慶尚道觀察使 兼兵馬水軍節度使　　안당安塘

고전역사서를 쉽게 풀어쓴
총서 삼국유사

초판 1쇄 인쇄 2020년 6월 5일
초판 1쇄 발행 2020년 6월 10일

원 저 일연
엮 음 대한고전문화연구회
발행인 김현호
발행처 법문북스(일문판)
공급처 법률미디어

주소 서울 구로구 경인로 54길4(구로동 636-62)
전화 02)2636-2911~2, **팩스** 02)2636-3012
홈페이지 www.lawb.co.kr

등록일자 1979년 8월 27일
등록번호 제5-22호

ISBN 978-89-7535-844-9 (03910)

정가 24,000원

이 도서의 국립중앙도서관 출판예정도서목록(CIP)은 서지정보유통지원시스템 홈페이지(http://seoji.nl.go.kr)와 국가
자료종합목록 구축시스템(http://kolis-net.nl.go.kr)에서 이용하실 수 있습니다. (CIP제어번호 : CIP2020022260)